GERALD
ENTRE DUAS FILEIRAS
THOMAS

GERALD THOMAS
ENTRE DUAS FILEIRAS

1ª edição

EDITORA RECORD
RIO DE JANEIRO • SÃO PAULO
2016

CIP-BRASIL. CATALOGAÇÃO NA PUBLICAÇÃO
SINDICATO NACIONAL DOS EDITORES DE LIVROS, RJ

T38e

Thomas, Gerald, 1954-
Entre duas fileiras / Gerald Thomas. – 1ª ed.– Rio de Janeiro: Record, 2016.
il.

ISBN 978-85-01-08957-1

1. Thomas, Gerald, 1954 – Autobiografia – Narrativas pessoais. 2. Diretores e produtores de teatro – Brasil – Biografia. 3. Teatro – Brasil – História – Séc. XX. I. Título.

16-35053

CDD: 927.920233
CDU: 929:792.071.1

Copyright © Gerald Thomas, 2016

Tradução: Alessandra Bonrruquer

Todos os direitos reservados. Proibida a reprodução, armazenamento ou transmissão de partes deste livro, através de quaisquer meios, sem prévia autorização por escrito.

Texto revisado segundo o novo Acordo Ortográfico da Língua Portuguesa.

Direitos exclusivos desta edição reservados pela
EDITORA RECORD LTDA.
Rua Argentina, 171 – 20921-380 – Rio de Janeiro, RJ – Tel.: (21) 2585-2000.

Impresso no Brasil

ISBN 978-85-01-08957-1

Seja um leitor preferencial Record.
Cadastre-se em www.record.com.br e receba informações sobre nossos lançamentos e nossas promoções.

EDITORA AFILIADA

Atendimento e venda direta ao leitor:
mdireto@record.com.br ou (21) 2585-2002.

Sumário

Nota do editor   9
Dedicatória   11

Introdução   13
1. Dia um (Partes desmembradas de um corpo humano. No centro do palco, uma cabeça fala.)   19
2. Dia dois (Cena *à la* Humphrey Bogart. Filme *noir*. Chuva e vento. Na esquina, um homem usando uma capa de chuva tenta desesperadamente acender um cigarro.)   27
3. Dia três: MATERIAL PESADO (Pessoa na cama, desligando o alarme e estendendo a mão para um copo d'água.)   33
4. Dia quatro (Pessoa em uma cruz. Silhuetas de outras pessoas ao fundo e na própria cruz.)   38
5. Dia cinco (Pessoa andando de um lado para o outro na faixa de pedestres.)   42
6. Dia seis (Imóvel. Mas a projeção do tubarão de Damien Hirst aparece no ciclorama.)   45
7. Dia sete (Noite: pessoa olhando para a lua.)   51
8. Dia sete e meio   55
8,5. Nasce um bebê do terceiro mundo na Fifth Avenue   59

8,7.	Como aprendi a ser adulto e prostituto ao mesmo tempo: Ellen Stewart, como sinto a sua falta 62
9.	Anistia Internacional 91
10.	Sim, 1980 está quase chegando ao fim. Mas não ainda 99
11.	Ruth Escobar 108
11,5.	Minha mãe e Chico Buarque 112
12.	*Sir* Fernanda Montenegro 120
13.	Eu sempre estava lá quando a merda batia no ventilador 125
14.	Falsificando livros — LINGUAGEM 126
15.	Aids ou dengue? 129
16.	SILÊNCIO PETRIFICADO POR CERCA DE TRÊS MINUTOS 130
17.	Philip 135
18.	O nascimento de *MattoGrosso* 141
19.	NÃO POSSO CONTINUAR, QUEIMEM TODOS OS LIVROS. NINGUÉM sabe de nada. Vive um ser chamado "Lucky" dentro de mim 144
20.	*MattoGrosso* 148
21.	Espelhos e ouro 152
22.	Insônia 156
23.	Muros 159
24.	Sempre fugindo 161
25.	Fausto, Goethe, Graz 163
26.	Sr. Berio, *Zaide*, "Onde está Mozart?" 170
27.	Veneza, *M.O.R.T.E. 2* em Taormina, a Itália em geral e Pontedera, na Toscana 174
28.	Eu sempre estava lá quando a merda batia no ventilador 182
29.	O autorretrato de Rembrandt 183
30.	A total decomposição de uma ex-rainha de *Star Wars* de passagem pelo Rio 187
31.	Em Roterdã 190
32.	Espoleto e MEU COLETE — A CASA VAI PEGAR FOGO 194
33.	Meu pai biológico e a abertura de uma carta 199
34.	John Paul Jones — Retrovisor — Correndo loucamente para perder a gordura — Hoje faço 61! 203

35. Sputnik em meus pulmões 206
36. Refinamento 214
37. De volta para o futuro! 222
38. Obsessão por agendas 228
39. Culpem Kafka 231
40. Os Estados Unidos da América — País Fundadores — "caminhão de mudanças" 233
41. seymour chwast — milton glaser — push pin studios / *Atlantic Monthly* — Mother Jones — print Mag / *Boston Globe*... Pianos Steinway 239
42. *Déjà vu* — Presidentes e secretários de Estado 241
43. raul julia (+ Judith Malina, *A família Adams*) 243
44. Não sei onde começou — hambúrguer no serviço de quarto, Tim Leary etc. 245
45. *Sympathy for the Devil* está bem aí em seu coração e em seu cérebro 247
46. O Concorde e meu pai nas Alemanhas Oriental e Ocidental 248
47. Esquete para *squatter* 253
48. *Koyaanisqatsi*, Margot Fonteyn e os tropicalistas 256
49. Grande drama 259
50. Ainda não é o fim! 261
51. Lou Reed — o fim? 263
52. A guerra que preenche o buraco — Warhol 268
52,5. "Eu poderia continuar a acreditar em Deus como tal?" 272
53. Digamos que tudo começou onde termina: *Entredentes ou ju--deus*! 275
54. a era glacial das redes sociais 277
54,5. Perambulando com um propósito — a arte está morta — muro em Holborn 280
55. biografias e o artista como *persona* pública 282
56. biografias — Caetano Veloso — Ruy Castro — *Ela é carioca* — Minha avó como amante de Hitler e a morte de minha mãe 284

57. *Fog* E MÁQUINAS DE FUMAÇA   287
58. James Joyce escapou e "compôs" na página escrita   288
59. DESCULPE, G — E-MAIL DE UM HACKER   291
60. Deus abençoe? Meu compromisso com esta vida, na Terra, agora, NÃO é com nenhum tipo de verdade. É com meu palco   296
61. PROFANAR é um ATO DIVINO (de ARTE) — Duchamp, Rauschenberg, Jasper Johns e Michelangelo — Capela Sistina — A situação BLACK MOUNTAIN COLLEGE   299
62. Medo da linguagem   301
63. Minha mãe no retrovisor   307
63,5. "Agora explodiram o retrovisor"   312
64. Tempestade num copo sem água! Os amigos que morrem   317
64,5. AMIGOS? O PAPA? Leonard Easter, Lisa Giobbi   319
65. Lendo vogais e consoantes   324
66. Médium — OBAMA, PERCUSSÃO + DEPRESSÃO   325
67. Viena, Munique, conquistando a EUROPA   328
68. SAMBA — ROCINHA E MANGUEIRA   331
69. DEPRESSÃO E VÍCIO   334
70. Led Zeppelin, Viena, Ellen K.   336
71. Tereza Albues Eisenstat   339
72. Campo 14, Coreia do Norte   344
73. Se Deus existe, ele deve ser as letras vivas de George Harrison   345
74. Uma criança dividida em dias amorosos   347
75. Nova York, Londres, Rio de Janeiro e Wengen   350
76. A "RETROSPECTIVA" de Steinberg   352
77. O Muro de Berlim — Princesa Diana — John Lennon   354
78. Fabiana Gugli   357
79. O artista é sempre uma "outra pessoa"   361
Epílogo   363

Sobre o autor   365
Índice onomástico   367

Nota do editor

Este livro foi escrito em inglês e traduzido. Uma empreitada muito curiosa e estimulante, uma vez que Gerald Thomas domina o português. Isso resultou em que ele pudesse acompanhar, rever e discutir cada pormenor da tradução.

Ao longo dos vários meses de dedicação editorial ao texto, Gerald esteve sempre presente, sempre disponível, ainda que desde os EUA ou da Suíça, para trabalhar na tradução.

Ao final do processo, provocado pela natureza incomum da jornada, Gerald Thomas terá escrito este livro duas vezes — em inglês e em português — e o revisto pelo menos cinco. É o que pode se chamar de luxo.

Dedico este livro a todos os ARTISTAS, vivos e mortos, a todos aqueles que defendem uma utopia, já que essa coisa que chamam de "realidade" só nos leva a credos e guerra entre credos, ideologias e guerra entre elas, políticas falidas e corrupções em todas as áreas. Mas existe a ARTE. E, através dela, entramos em contato com algo que vocês, os leitores, muitas vezes, chamam de "mentira".

Claro que é uma espécie de mentira porque, enquanto recitamos a "verdade" e fazemos vocês rirem, chorarem etc., estamos vendo os sarrafos que seguram o cenário, estamos vendo toda a fiação, as varas de luz que nos ilumina, estamos vendo toda a movimentação na coxia (ou aqueles técnicos que assistem TV e cagam pra nós enquanto nos esforçamos em dar TUDO...).

Sim, então, essa ilusão, a de grudar a retina de nossos olhos num refletor elipsoidal — pra que nossos olhos sejam vistos num tamanho maior do que realmente são e passem a ideia do vazio do vasto universo negro... ah, isso tudo é técnica. Técnica, assim como é técnica estar pronto quanto bate o terceiro sinal, às 9 da noite e a cortina abre, e, não importa em qual estado a gente se encontre, TEMOS que dar tudo e passar esse encanto pra vocês, essa utopia que vocês chamam de "ah, ele foi tão verdadeiro, não?".

Em inglês é melhor: chamamos a arte de representar ou a de interpretar simplesmente de "playing" ou de "to play"... ou seja, brincar, assim como uma criança brinca. Só que a criança não ensaia por dois meses essas frases que não são dela, marcações de deixas que não são dela e uma delicada e precisa coreografia que não é dela.

Mas é através desse "playing" que nós, escondidos em papéis assumidamente falsos e mentirosos, podemos sonhar, talvez até dormir. E, ao dormir, sonhamos que entramos num território utópico que nada tem a ver com essa realidade miserável cotidiana que nos mata horrivelmente, passo a passo, minuto a minuto.

No palco, morremos todas as noites quando o pano fecha e renascemos todas as noites quando o pano abre, e rimos e choramos, mas de mentira enquanto nossos corações sentem sempre o contrário daquilo que representamos!

Não é incrível?

O ÚNICO compromisso que temos é com a UTOPIA, com a vida, em trazer "a VIDA é um sonho" pra vocês, seja através de uma sinfonia, através de uma tela, através de uma peça ou de solo de dança. Aí sim, Zeus ou Zaratustra fala com todos. É a vez do eterno sublime, do eterno retorno, e, no final de tudo, quando colocamos as mãos na cabeça e choramos, é a ÚNICA coisa que importa, fora o sarrafo que segura o cenário e aquele monte de refletores que (para nós, no palco) parecem estrelas que nos cegam mas que, para vocês, nos iluminam. No teatro é quase tudo o contrario do que se parece. Mas paro por aqui antes que eu entre em Pirandello ou em Shakespeare, nosso grande contemporâneo, afinal, essa dedicatória é sobre a Utopia e, portanto, raspa em Thomas More... Mas eu não queria ter ido tão longe.

Fui.

Gerald Thomas
Wengen, agosto de 2016

Introdução

Este palco forneceu minhas melhores e piores experiências; ele me tornou amado e odiado, sem meios-termos.

Este palco me colocou na lista das mais procuradas mentes inventivas de minha geração.

Sim, eu sempre disse a verdade e nada além da verdade neste palco, nesta plataforma, de frente para vocês.

Quanto a minha vida fora do teatro, ela foi muito interessante. Para além de interessante. Fantástica. Para além de fantástica. Sempre à beira de ser apanhado e morto. Mas nunca sendo!

É isso que sou.

Estou aqui para contar minha história.

Os poderosos homens e mulheres que habitam este meu planeta fazem parte de uma estranha organização, uma peça bizarra, um roteiro sem fim. Também fazem parte de uma conspiração global, a minha, uma organização secreta que se estende por todos os continentes e tem aprontado durante as últimas seis décadas. Alguns chamam esse grupo de *E, mortos, caminhamos*. Outros o chamam de teatro.

Quero que vocês acompanhem minha vida e vivam no mundo que eu quero que vocês pensem que vivem.

Eles começam guerras, criam caos.

Eu começo guerras, crio caos. Eu os soluciono.

E quando convém a eles e quando convém a mim, tudo se resolve.

Em *E, mortos, caminhamos,* ou *Entre duas fileiras,* ou seja lá isso onde nós estamos, todos os personagens são reais e, ao contrário de qualquer outra biografia ou autobiografia, são funcionais e movimentarão mais dinheiro na quadra ao lado que o Banco Mundial em todo o ano que virá. Dinheiro cenográfico. Notas falsas. Sua aliança afeta mudanças marítimas e o caos climático em cada aspecto da vida humana — valor e distribuição de *commodities*, dinheiro, armas, água, combustível, a comida que ingerimos para viver, a informação na qual nos baseamos para nos dizer quem somos.

Que fique claro. No fim, "a verdade será revelada".

Então, vamos lá.

Ah, sim, antes que as luzes se acendam e o sol se ponha nesta sala, peço gentilmente que desliguem seus celulares. E NÃO conversem. Por favor, concentrem-se. Estou em ruínas e sou difícil de acompanhar!

(Ruínas pornográficas)

Não pertenço a nada. É o que sempre me disseram. "Prepare-se para reunir suas coisas de valor, RÁPIDO! Estamos fugindo."

"Estamos fugindo."

Quando criança, sempre acreditei que minha família fosse criminosa. Caso contrário, por que estaríamos sempre prontos para "fugir"?

Levei algum tempo, mas descobri a verdade.

E a verdade era tão triste que quase quis voltar à crença de que fôssemos criminosos.

Por favor, concentrem-se. Estou em ruínas e sou difícil de acompanhar!

Eu me moldei em alguma coisa que ninguém seria capaz de agarrar ou responsabilizar. Eu estava, por assim dizer, acima da lei! Isso me tornava criminoso? Não. Não estou falando desse tipo de lei.

A lei a que me refiro é a lei da comunalidade, da ignorância e da multiplicidade. Multiplicidade de preconceitos e multiplicidade de valores que só fazem destruir.

Philip Glass explica a mim (e à obra de minha vida) da seguinte maneira: "Um ser integralmente teatral."

Hahaha! Isso é engraçado, Phil. Muito engraçado!

E é isso que sou.

Vejo o mundo como ELES, nunca como NÓS.

— ELES, os alemães.

— ELES, os ingleses.

— ELES, os brasileiros.

— ELES, os americanos.

Sim, pode-se dizer que sou americano, brasileiro, inglês ou alemão por escolha, nascimento, sorte ou destino ou azar. *Le hasard*. Azar em português significa má sorte.

Jamais estou incluso no conjunto porque SOU o palco. Eu observo enquanto vocês assistem.

Durante toda minha vida (e especialmente aqui, neste palco), fui "O artista como persona PÚBLICA", um SER que pertence ao olho público, e essa é uma premissa básica! Assim, a própria noção de manter uma vida "privada" é, em si mesma, absurda. Sim, estou falando sobre O artista como criador, iluminador!

Tudo sobre O artista (aos olhos de Saul Steinberg, Artaud ou Duchamp) é o que leva aquele ser a existir, seu COMBUSTÍVEL, suas idiossincrasias, e assim por diante. Além disso, OS artistas recebem *feedback* da reação do público a comportamentos extremos, melodramáticos, frequentemente alimentados por poções secretas, obsessões e compulsões! Censurá-los seria como dissecar o corpo humano e retirar dele a espinha dorsal ou um órgão vital. Embora meus sentimentos sejam obviamente pessoais, ao serem expressos e exteriorizados, eles passam a pertencer a vocês, e já não a mim.

Assim, não se preocupem. Não levarei para o lado pessoal. Ataquem, se quiserem. Ataquem! Estou pronto.

Este palco é meu rosto, e meu rosto é, acima de tudo, um lugar neutro, uma plataforma a partir da qual construir. Meus genitais são minhas salas de ensaio, a coxia é meu pau e minha bunda; minha mente, um mosaico abrangente de imagens se desdobrando em palavras, palavras, palavras sendo ditas.

No que eu acredito mesmo é em personagens, em como todos interpretamos um papel distorcido e heroico nessa inacreditável tentativa de "englobar tudo", englobar a vida, englobar a ciência de uma vida ou uma sentença de morte, dependendo de no que se acredita — ou não. É tudo invenção. Tudo atuação.

Mas, nessa "atuação", "a verdade será revelada".

No que eu acredito mesmo é na Morte. É quando desce a cortina, a única ocasião em que a atuação é interrompida!

Verdade? Vocês obviamente estão pensando: é um papel. Um papel ruim. Fico impressionado com o quanto esses personagens mundiais — de líderes revolucionários a filósofos, de guerreiros a refugiados — acreditam em seus papéis! Historicamente, é tudo uma grande manifestação de histeria — uma telefonia sem ouvinte — e, ainda assim (de modo bastante surpreendente), as pessoas fingem ouvir, mas o que realmente fazem é... transformar essas crenças e projetá-las em um caminho estreito que chamam de "modo de pensar".

POR FAVOR, ouçam. E, POR FAVOR, parem de tossir!!!

Obrigado!

Guerras tribais, peles de leopardo, vencedores e perdedores, todos os uniformes, soldados, generais: todos papéis formidavelmente ruins!

Quem os escreveu? Papéis e figurinos, tradições encenadas segundo um roteiro terrivelmente mal escrito. Quem o escreveu?

É sinistra a visão de mim mesmo como palco, e não como pessoa. Sim, percebo isso.

Como era mesmo? Se Harold Bloom escreveu *Shakespeare: A invenção do humano*, no meu caso, seria o "reverso do oposto". O oposto do humano, ou, melhor ainda, "a morte do humano dentro da microcélula".

Uma coisa é certa: vejo o mundo de maneira cômica.

Uma comédia sardônica, de erros ou não, destrói tudo o que vive e reconstrói sua ótica do fundo das cinzas.

E é isso que sou.

Fico repetindo: "É isso que sou."

Talvez porque vocês tenham se perdido a certa altura ou... alguém tenha tossido durante minha pinacular sentença de morte: "A verdade será revelada."

Talvez, antes de continuar a contar a história de minha vida, eu deva dizer: é isso que eu era.

Isso é sobre alguém que "costumava ser". Uma biografia escrita por um homem morto que pretende... Bem, que pretende sobreviver um pouco mais contando a história como se fosse "em tempo real".

Sei que é difícil.

Vivo para dar voz a minha visão, e minha visão é moldada por uma maneira muito estranha de ver o mundo. Sim, por favor, comprem seus ingressos na bilheteria.

Assim, pode ser presunçoso de minha parte dizer que meu rosto é um palco e que eu sou o teatro. Ok. Talvez seja mais justo dizer que sou uma planta baixa: o esboço de um diagrama para um teatro.

Oh! Está acontecendo alguma coisa comigo. Não consigo me levantar. Ou melhor, consigo, mas estou tonto. Pernas bambas, braços imóveis e cabeça explodindo.

Vocês podem me dar licença? Preciso de uma caminhada rápida. Voltarei em breve. Vamos fazer um intervalo de sete minutos. Obrigado.

Os próximos sete capítulos são *um diário* que adaptei desde cedo na minha vida, como uma espécie de lembrete que colei nos espelhos de todas as minhas casas, e que leio religiosamente todos os dias.

1

Dia um (Partes desmembradas de um corpo humano. No centro do palco, uma cabeça fala.)

Cena em rua movimentada

Som de sirenes, pessoas nas calçadas e aquela estranha excitação de quando todos os serviços de emergência acorrem à cena de um crime. Estou deitado em uma poça de sangue, meu próprio sangue (deve ser). Pela pupila de meu olho direito, vejo os policiais isolando a área. Não consigo ouvir. Lentamente, tudo se transforma em um borrão e os sons parecem diminuir uma oitava. Estou dormente e já não consigo... Alguém me toca e abre minha jaqueta. Está um frio de *racharrrrrr*. Alguém atira um livro de Tom Wolfe em mim. Paralisado como estou, não há nada que eu possa fazer. Assim como o inseto de *A metamorfose*, de Kafka, permaneço na mesma posição. Só que agora um livro de capa dura de Tom Wolfe, muito, muito pesado, cobre metade de meu rosto. Ai!

INFERNO! Hoje, um garotinho cego me abordou na esquina da Cornelia Street com a Bleecker para pedir informações. Eu me inclinei e perguntei o que ele estava fazendo lá, para início de conversa. Segurando uma flor morta na mão direita, ele simplesmente me perguntou onde ficava a Great Jones Street. Eu disse que seria muito difícil explicar a localização de maneira geofisicograficológica e que, se ele quisesse, eu o levaria até lá. Ele declinou e, estranhamente, caminhou para longe.

Estranhas dores no peito, um Picasso sem jeito, peões de xadrez, tártaro nos dentes e na roupa, cavaleiros sem torres no leito, rainhas do Queens no Brooklyn, noites brancas acordado e, em meio a uma confusão de pesadelos, meu maior ídolo, Muhammad Ali, se foi! Xeque-mate, tudo parado, soco no ar, filme *noir*, nocaute, inércia. E eu, ainda *Ali*, deitado na rua, acredito.

No chão, as pessoas se inclinam sobre mim:

— O senhor está bem? Precisa de ajuda?

Ora, qualquer um caído no chão precisa de ajuda, especialmente numa calçada movimentada. A mão de alguém. Eu a seguro e, muito, muito lentamente, volto a estar com os pés no chão. Essa expressão... Consegui compreendê-la pela primeira vez. Primeiro um pé toca o chão e o agarra, por assim dizer. Então o outro o segue, mais timidamente, e também agarra o chão. O menino... Eu conseguia vê-lo desaparecendo à distância. Dores no peito, fortes como amêndoas tostadas, como se tesouras estivessem me cortando sem toda a equipe de médicos e paramédicos, e visões embotadas de enlouquecer em uma esquina deprimente de Saint-German-*Deprê*, em Paris. O garoto cego.

Enquanto ele se afastava, sem uma bengala para guiá-lo ou fazê-lo deslizar, protegê-lo ou projetá-lo, eu me perguntei se seria realmente cego, e o segui. Eu estava debilitado e fraco. Na esquina da Bleecker com alguma outra rua — Sullivan, acho —, ele parou completamente, estancou, ficou imóvel. Isso durou — de acordo com meu relógio — exatos dez longos, exaustivos e desesperadores minutos. Após dez minutos sem que ele sequer se virasse (será que não mereço um pouco de suspeita? Não? Nem um pouquinho?), alguém apareceu para encontrá-lo. Encontrá-lo. Isso soa engraçado: encontrá-*lo*. Encontrar-se *com* ele. Eles se encontraram e...

Subitamente, os dois se viraram. Eu congelei. Nu. Não, não é verdade, eu não estava nu, mas me sentia como se estivesse. Fiquei simplesmente parado lá, sem saber o que dizer, para onde ir ou olhar, sem saber como disfarçar, sem saber se cruzava a rua, se me crucificava ou se me atirava na frente de um táxi. Eu corri. Sim, eu penso e escrevo (e sonho) em inglês e "Eu corri" em inglês é: "I ran" (inevitável, e I ran é I RAN) e Iran e Irã, Iraque, sim, o garoto era árabe. Assim como o homem que se encontrou com ele. Puts! Conspiração! Um garoto cego se aproxima pedindo informações, apenas para se recusar a segui-las. Estou caído na calçada, com fortes dores no peito. Então ele se afasta, mas não sem antes se assegurar de que eu o seguirei. Por dez minutos *eternos*, ele para, eu paro e Cronos para. Sim, certamente são terroristas tentando me atrair para alguma coisa... algo...

Cristo! Não, Cristo não! Ali. Não, Ali não. Alá, para! Para! "Concentre--se", pensei (sei lá eu o que pensei!). Tenho de correr daqui. Mas algo me segura. É seu rosto. O rosto do garoto, quero dizer. É inocente e de algum modo convincente. Besteira. Não é inocente. Nem tampouco convincente. É macabro. Por que a Great Jones Street, aliás? Por causa do corpo de bombeiros? Do estúdio de ensaios La MaMa? Do velho ateliê de pintura de Basquiat? O quê? Comecei a correr.

— Pare, senhor! — gritou o garoto.

Eu parei. Parei e consegui sentir a maneira como meus ossos fizeram um estranho esforço para parar. Tive *flashes* de memória do Challenger explodindo logo depois do lançamento, mas, por favor, não me perguntem por quê. Meu corpo aterrissou de maneira desconfortável. Meus músculos pareciam não se encaixar nos ossos, nos nervos e na pele, e, durante esse momento brusco, tentei parecer indiferente. Somos todos tão estúpidos no fim, preocupados com detalhes! Ajustei meu cachecol enquanto algumas palavras em francês me vinham à mente. Não lembro quais. Tudo de que me lembro é de uma entrevista coletiva em francês sobre direitos humanos, tortura, violação de liberdades e fotografias sobre o assunto. Mas por quê? Por quê?

Então, subitamente, nada mais foi dito.

A *Sinfonia n. 2º* de Mahler ressuscitou em minha mente por alguns momentos, alguns momentos estanques, enquanto meu corpo tentava reajustar seu conteúdo a sua forma, ou vice-versa. Notei que eles... A *Ressurreição*. Mahler em seu melhor momento. Não há nada como ela. Não há nada no universo como ela. E quando o coro chega a seu *grand finale*, não há um único olho seco na plateia. Eu me pergunto se garotos cegos choram lágrimas reais quando ouvem música, ou se suas vidas já são trágicas o suficiente. A música provavelmente soa muito diferente para eles, e esta é uma sensação que jamais serei capaz de experimentar: o amarelo (como Borges o descreveu) ou o sombrio universo de uma pessoa cega. Ele deve parecer tão vazio e tão pontuado por sons que sua riqueza não se compara a nada do que conhecemos.

Ambos se aproximam. O garoto me estende uma nota. Ai! Que dor aguda, agora. Como se uma faca estivesse sendo enfiada. Não pode ser! Alguém me ajude, por favor. Estou sem oxigênio. Uma carnificina acontece dentro de mim. Então tudo para. Passa-se um segundo, depois outro. Eles me entregam um papel dobrado e partem rapidamente.

Não. Nada disso. Na verdade, estou na Idade Média, sob o Marble Arch, e posso vê-los caminhando para o que um dia será a Edgware Road.

— FIQUEM — tento dizer (com a força impedindo que eu enuncie a palavra) —, por favor, fiquem — sussurro, com a garganta semidegolada, mas ninguém consegue me ouvir, porque o Marble Arch também é a parada final de todos aqueles *double-decker Routemasters*, os tais ônibus de dois andares, entrando em Oxford Street e partindo Londres ao meio como se fosse o zíper de uma calça Levi's, como fez um cirurgião com um dos maiores ícones americanos.

Um pedaço de papel? Estou tremendo por causa de um pedaço de papel? Peraí, dá um tempo! Mas é verdade. Boca seca, pele seca, ópera seca e um pedaço de papel em minhas mãos que parece ter sido entregue por uma garrafa boiando no oceano. Eu me sinto tão sozinho quanto aquelas isoladas ilhas que recebem mensagens em garrafas. E essas mensagens normalmente machucam.

Lentamente, abro a nota, que diz: "Você tá numa enrascada."

Dobro o papel, achando que recebi uma ameaça. Após alguns momentos e uma breve pausa, desdobro o papel e continuo a ler o que está escrito na nota: "Isso não é uma ameaça nem uma tentativa de extorsão ou chantagem. É apenas o conselho muito, muito amável de um velho amigo. Você tá encurralado numa 'zona de *loop* temporal' filosófica e eu sou um símbolo vivo que pode ser interpretado da maneira que você quiser."

Bom. Fiz uma pausa. Refleti. Olhei para minhas articulações e não consegui ver nada. A poça de sangue. Voltei a mim. Onde eu estava? Qual situação era real? Eu estava deitado em uma poça de sangue ou já morrera e estava no inferno? Ou na parte favorável do acordo? Judeus não acreditam em nada disso. Eu só queria saber em que porra de lugar eu estava.

ÓTIMO. "INTERPRETE da maneira que quiser", dizia a nota. Isso, para mim, talvez fosse uma punição tão grande quanto o foi quando Beckett começou seu romance *Companhia* dizendo ao personagem: "Você está de costas no escuro e é sua única companhia." Eu consigo ler coisas nas coisas, e essas coisas em milhares de outras. Interpretar me manteria acordado por cerca de dois anos, sem aditivos, se é que me entendem.

Mas tudo isso deve ter sido um trote enfiado em minha retina por um de meus amigos. Olhei em volta. Descobri, aliás, que o olho tende a fazer isso — olhar em volta.

A mensagem devia ou podia ter sido entregue à pessoa errada. Afinal, o garoto era cego, com os olhos abertos, mas insensíveis (seriam mesmo?), ou então bem abertos, quem poderia dizer? Naquele momento, percebi que as incontáveis esquinas em que me encontrava — Bleecker e Sixth Avenue, Downing Street e aquela ruazinha onde fica a Banana Republic, acho que se chama Minnetta Lane — haviam sido tomadas por dezenas de réplicas do garotinho cego, literalmente dezenas deles, todos com uma flor morta na mão. Dezenas, se não mais! Como se fosse uma história de Poe ou um livro de Borges. Não, não estou citando. Sim, não. Não é preciso perguntar. É claro que eu suava como um porco, embora a temperatura estivesse abaixo de zero.

Refletindo sobre o que havia sido escrito no papel — como fizera um milhão de vezes antes —, cada palavra fazia sentido. Eu me via preso em um período, uma zona temporal, uma era, e não conseguia sair.

Mas quem poderia ser esse meu velho, velho, velho amigo?

Não tenho nenhum velho, velho, velho amigo! Essa é a verdade. Eu conhecia algumas pessoas muito, muito velhas. Será que estariam me enviando mensagens do "exterior"? Cristo! Cristo! Não, Cristo não! Ali. Não, Ali não. Alá, para! Para! Blaine! Socorro! Será que eu estava recebendo "mensagens" do "lado de lá", de velhos, velhos amigos, bem ali na Avenue of the Americas? Que apropriado! E no Columbus Day! O que mais deveria acontecer? Talvez um táxi passasse por mim, um táxi de uma companhia chamada Vespúcio!!! Ovos deveriam cair dos céus, para provar alguma coisa? Será que eu deveria pegar um deles, fazer com que ficasse em pé e anunciar uma descoberta? Por que digo tudo isso?

Eu me afastei da cena quando o primeiro ovo caiu. Quando cheguei à Houston Street, olhei para trás e o lugar tinha virado uma bagunça, uma massa, um purê, um dilúvio religioso de ovos, sem NENHUMA arca de Noé à vista. Nada fazia sentido para mim. Era uma arca que não é! Bleargh.

Faz sentido para vocês? Eu ouvi falar de peixes, partes de aviões e pássaros mortos caindo dos céus, como se fossem penas, mas... milhares de ovos?!

[Pausa — **mesmo dia (alguém entra e enfia alguns guarda-chuvas no chão)**]

"Assim que a vi, achei que estivéssemos na presença de uma parte muito especial de uma porta muito especial", disse Harry Tzalas, o historiador que liderou a missão grega. "Não havia como uma peça tão pesada, com encaixes para dobradiças e portas duplas, ter sido movida pelas ondas; assim, não havia dúvidas em minha mente de que pertencia ao mausoléu. Como as portas das tumbas macedônicas, quando ela se fechava, era para sempre."

Doutor? Do que eles estão falando? "Missão grega?" Para quê? Esse cara, Harry Tzalas... Isso tem relação com a nota que recebi? Doutor? Doutor, me diga uma coisa: o que "estou preso" significa para essas pessoas? Que posso acabar no fundo de uma pirâmide ou de uma tumba macedônica, ou que estou sendo ameaçado por alguma organização terrorista? QUEM ESTÁ POR TRÁS DISSO? Doutor? Quem está me colocando aqui?

Desde aquele dia, as coisas ficaram piores, e certamente não melhores, em minha vida. Nos três meses seguintes ao evento, tentei revisitar a área diariamente, na esperança de encontrar o garotinho cego, ou os garotinhos, no plural, mas sem sorte. Traços da chuva/purê de ovos ainda estavam por toda parte. O Departamento Sanitário não limpara a área completamente, e eu me perguntava por quê. Qualquer que fosse a razão, a esquina se tornara um paraíso para ratos e pombos.

Aqueles que imaginam que o curso da evolução é um paraíso para ratos e pombos são paranoicos e estão se dirigindo a passos lentos para alguma agradável consumação com o Criador; estão logicamente comprometidos (embora de modo geral falhem em perceber isso) com a visão de que o Criador não é onipotente ou, se o é... Espere. Quem está pensando isso? Por que isso está vindo à minha mente? Para começar do começo... Ouvi isso em algum momento, no início de minha juventude, mas onde e como? Ratos, pombos, morcegos, iscas, *bait. Bait man.* Um homem pendurado de cabeça para baixo e torturado até a morte porque encontrou uma rara coleção de garrafas de vinho. Para ser preciso, não o vinho em si, mas as datas nas garrafas: 1933 e 1945. Barolo 1933 e Brunello 1945, ascensão e queda, e, nas garrafas, em vez de vinho... sangue humano. Se isso não fosse o bastante, não "apenas" sangue humano, mas o sangue de todos os filósofos e escritores do século XX. Oh, *Bait man*. Você vagueia por uma área deserta, um tanque de areia onde caixas de vinho humano engarrafado são símbolos de tal importância, que todas as caixas que recebeu logo após o 11 de setembro de 2001, contendo "material sensível", foram praticamente esquecidas? É assim que funciona? É assim que você se apresentará perante o Criador?

O Criador poderia decretar o fim sem se preocupar com os meios. Não percebo nenhuma consumação para a qual o universo estaria se encaminhando. Encaminhando? De acordo com os físicos, gradualmente a energia será distribuída de maneira mais uniforme e, conforme se distribuir, se tornará mais inútil. Gradualmente, tudo o que achamos interessante ou agradável, como a vida e a luz, desaparecerá — ao menos, é o que nos asseguram. O cosmos é como um teatro no qual apenas uma peça é exibida, mas, depois que a cortina desce, o teatro é deixado vazio e frio, até se transformar em ruínas. E as ruínas caem sobre o teatro. Tudo decai e desmorona, e eles ficam em pé e aplaudem enquanto voltamos sozinhos e, sozinhos, pensamos sobre ter agradado ou irritado milhares. A ressonância da miríade de sons vindos da plateia ainda ecoa em meus ouvidos e, mesmo assim, estou sozinho com as estrelas mais brilhantes, afundando em um buraco, como todos tendemos a fazer, sendo um e unos com o universo.

O que pensar a respeito do garoto cego, da nota, da flor, do Criador e das informações que ele pediu? Estou no meio de um complô prestes a se desdobrar?

2

Dia dois (Cena *à la* Humphrey Bogart. Filme *noir*. Chuva e vento. Na esquina, um homem usando uma capa de chuva tenta desesperadamente acender um cigarro.)

Quando ponho isso no papel, a história tende a se solidificar, o que significa que chega a um fim, a uma conclusão concludente — ou enredadora, se preferirem —, e que deixa todas as pistas no ar, piora a confusão, afrouxa ainda mais os nós e a teoria das cordas, algum salto quântico ou, para os presidiários, San Quentin. A ideia de estar preso dentro de seu corpo porque você é cego e jovem me levou à loucura e, às vezes, às lágrimas.

Percebi quão grato sou, ou *amful*, por ter boa visão. Visão! Que bênção! E, contudo... Sim, cacete: AMFUL, palavras que não existiam até ontem passam a existir hoje, não é, Riverrun? *Amful* vem de... alguma coisa, uma combinação disso e daquilo, e mais... de uma eterna gratidão a Shakespeare por ter sido testemunha em primeira mão de um Raul Julia atordoado, massacrado por palavras bardas, mardas e cheias de fúrias trinculosas, que não conseguiam percorrer o curto espaço entre sua memória e seu diafragma ou sua boca e, muito menos, suas lágrimas.

A tempestade no Delacorte Theater, em pleno Central Park, onde meu papel era minúsculo, se tornou maiúsculo ao ver aquilo tudo naufragar e, mais uma vez, Caliban e eu, mãos dadas, éramos dois dadaístas rindo de tudo com lágrimas nos olhos.

Ao acordar e olhar para o alarme, fico alarmado. É o mais infeliz que já me senti em meus 61 anos. Esférico pode ser, de fato, o mais incrível conceito já criado. Os planetas, na esférica dança deste imenso universo, sendo sensualmente bronzeados pelo Sol e, um por um, sugados pelo buraco negro. Que conceito. Que ideia, e simplesmente a aceitamos sem pensar duas vezes!

Estou pensando: preciso ir a um café em Istambul e encontrar o garoto cego. Também estou pensando que, no minuto em que chegar lá, ou seja, a Istambul, entrarei no primeiro café que encontrar. E o garoto estará sentado lá. E daí? "E daí?" é uma pergunta simples demais.

QUEM ESTÁ DIZENDO ISSO? ISSO ESTÁ SENDO DITO POR UM GHOST-WRITER?

Estou predestinado a seguir quaisquer passos que ele ou ela determine? Não tenho nenhuma personalidade?

Sentado perto (por favor, notem o "perto", que não é "em um") de um café em Zurique, leio um jornal:

"Mas ainda mais assombrosa que a esfera é a caixa feita pelo homem. Ela é — de fato — a coisa mais representativa do que somos e de tudo o que contemos. Uma mera caixa de papelão corrugado, do tipo 'monte você mesmo': é isso que somos. E, em seu vazio, residimos e permanecemos, e evitamos explodir ao vermos o que vemos, ou seja, INJUSTIÇA por toda parte, caixa sobre caixa sobre caixa, camadas e camadas delas, até que alguém diga... nada. Estou cansado de concluir cada ideia. Esta fala por si mesma. Somos caixas, será que vocês não conseguem entender a metáfora?"

"Ok", digo para mim mesmo. É um sinal. É o sinal verde pelo qual estive esperando. Em Bellevue Platz, entre todos os lugares, perto do teatro, logo ao lado do prédio do *Neue Zürcher Zeitung*. Agora tudo faz sentido. Tenho que tentar arrancar essa página e decodificá-la. "A esfera é a caixa feita pelo homem", o que quer que isso signifique. Preciso descobrir o que significa.

Imagens das duas últimas noites em Londres me voltam à mente. Com quem me encontrei? Com quem conversei? Quem me abordou enquanto eu caminhava sozinho pelo Hyde Park às sete da manhã ou, mais tarde no mesmo dia, em Primrose Hill? O motorista de táxi que me apanhou em casa na Lowndes Square era suspeito de algum modo? Sim? Não? Eu simplesmente telefonei para o número usual, 0207436..., e alguém chamado Ross me apanhou e me levou até o aeroporto de Luton. Ross?

E quanto a Nova York, três noites antes disso? Quem era aquele motorista da Dial 7? Ele também parecia extremamente familiar. Isso não pode ser uma conspiração e eu não posso lidar com tudo isso como se estivesse ficando paranoico. Mas ele parecia extremamente familiar, aquele homem paquistanês de Islamabad.

Três noites depois de ser apanhado em Waterside Plaza, Nova York. O homem discutindo comigo na esquina da 10th Street com a First Avenue me deu um soco bem aqui. Conseguem ver? Bem aqui, embaixo do olho direito. Escolhi o cara errado para discutir metafísica e o que e quem somos. Era um sem-teto que vivia em uma caixa. Mas era uma caixa preta. Sinto muito! Tão humilhante que coloquei o rabo entre as pernas e caminhei um quarteirão para o norte, até o Veniero's, e pedi um cubo de gelo para colocar no olho. Eles me cobraram 1 dólar.

Estou tão acostumado a ser humilhado em público, no último quarto de século, por meio de críticas e escândalos públicos, que minha infelicidade vem de uma perspectiva diferente: minha profissão está morta. Minha arte — o teatro experimental — está morta. Ela simplesmente não interessa ao público como interessou no passado. Agora é a vez desses ridículos *reality shows*, dessas pessoas absurdamente insossas que comem vermes ao vivo na TV. Deveríamos alimentar o teatro experimental com esses mesmos vermes. Ou deveríamos experimentar comer vermes. Talvez o teatro experimental tenha se transformado em programas de TV como *Survivor* e similares, e ainda não tenhamos percebido.

Quem está me fazendo dizer tudo isso? Por que o teatro experimental está sendo discutido quando estou em Zurique, tentando escapar de meus perseguidores? Quem está interferindo em minha escrita? Quem está interferindo em MINHA VIDA?

Estou me desviando do assunto. Não quero ser descoberto. O garoto cego, como esperado, está sentado aqui neste café em Istambul. Logo, realmente há um ghost-writer envolvido. Quem é ele? Quem é ela? Será que consigo ficar um passo à frente? Devo tentar me esconder, imediatamente. Mas isso também deve estar no texto. Ele está escrevendo com MINHA mão, ou eu estou escrevendo com a mão dele?

Estou pensando com a cabeça dele, ou vice-versa?

Sou minha própria e primeira cidade proibida e cenário. Vocês estão sendo cegados pelo garoto cego e por todos esses lances de espionagem, pelo complô terrorista real, pelos perigos reais de viver e pelos intrínsecos valores da vida. Entretanto, no ruído de sua imaginação, no escaldante calor de sua vívida imaginação, o que vocês teriam? Sexo e solidão? Sexo e morte? DOUTOR! Ei, doutor!

Talvez aquela nota, "Você está preso", estivesse se referindo a isso. Ela fora endereçada a mim, pessoalmente, mas pode ser que pretendesse se referir a tudo, de modo genérico, ao teatro que pratico, e assim por diante. Vermes. *Campylobacter*: que excelente metáfora para este tempo. Meu tempo. Meu tempo.

Eles nos roubam tudo. É por isso que tudo precisa ser protegido. Talvez por isso fosse cego o garoto que estava naquele primeiro local, para não reconhecer o que estava entregando, ou a quem.

Sim, é uma vida inteira de se esconder em sua própria sombra com severas dores no peito, como as que sinto agora, com essas luzes tão fortes e ofuscantes e um time de cirurgiões o escavando em busca de uma nota perdida.

Neste teatro cirúrgico, me sinto mais livre que nunca. Este é um teatro experimental. E, se eu morrer, a cortina descerá, a bilheteria encerrará a noite e os assistentes de palco terão de me guardar no caminhão de adereços, junto com todo aquele lixo.

E, a cada momento, algo me faz lembrar do garoto cego. Quem o enviou? Um ghost-writer do serviço secreto de algum país? Aqui em Zurique, ou mesmo em Londres, ontem, eu não teria percebido que havia outra mente em atividade. Mas obviamente há. Já levei em conta o elemento de paranoia ou bipolaridade. Não se preocupem: penso em tudo com antecedência e tomo precauções.

— Warren! Que prazer em vê-lo! Mas, com esse tempo... O quê? Não consigo ouvir. Quer dividir o meu? Claro, sem problemas. Continue ouvindo.

Eu e minhas obsessões passadas: o teatro simplesmente já não tem o poder de atingir, convencer ou mesmo inspirar as pessoas. Ele foi superado pela ESTUPIDEZ. Não, vou refazer a frase: "estupidez" não é a palavra. "Ignorância" é mais apropriado.

— Você bebeu? — pergunta Warren. — Usou alguma droga?

Estou totalmente lúcido enquanto penso nessas coisas (estou?) e consciente de que entramos em uma nova era, embora seja necessário enfatizar que esta será muito parecida com alguma era passada. Ainda é muito cedo para dizer qual. Talvez nenhuma em particular, mas uma mistura de pedaços e peças apodrecidas do pior de todos os séculos anteriores. Não é culpa do governo. É a globalização, e ela não nasceu ontem.

Nada nasceu ontem. Somente alguns poucos bebês nasceram ontem, e olhem para eles: parecem bem velhos para mim!

— Preciso ir — diz Warren. — Estou todo molhado, mas terrivelmente atrasado e...

— Fique mais um pouco. Estive conspirando sozinho antes de meter uma bala na cabeça e... Diga, Warren, você é ghost-writer?

— Não de verdade. Estou mais que atrasado. Superatrasado. Hiperatrasado. Tchau.

Warren é muito inglês. Não costumava ser. Ficou assim durante seu tempo como correspondente. As pessoas podem se tornar ou tentar se tornar aquilo que quiserem. Emulação, acho que é como se chama, em primeira instância; inveja, na última. Todos os impérios são uma forma ou tentativa de globalização. O romano, o otomano, o austro-húngaro e, especialmente, o inglês, todos os impérios foram uma tentativa de tornar reinos ou territórios GLOBAIS. E todos criaram essa síndrome, se é que se pode chamar assim.

E agora...

Esse processo em particular, chamado caçada, começou no dia em que a Guerra Fria foi iniciada por J. Edgar Hoover, quando ele declarou guerra ao próprio país.

Warren volta correndo.

— Quanto você quer pelo guarda-chuva?

— Não está à venda.

— Vamos lá, vou caminhar por quilômetros.

— E eu vou ficar aqui por horas. Sinto muito. Não estava esperando companhia no dilúvio, cara.

Isso é estranho e inexplicável, como em *O espião que sabia demais*. Eu achava que histórias assim estivessem ultrapassadas. E provavelmente estão. Mas o fato de Warren ter aparecido aqui me fez mudar de ideia. Meu guarda-chuva não tem ponta envenenada. OUVIU ISSO, WARREN?

Dublês? Talvez dublês! Talvez o garoto cego fosse um dublê. Assim como suas muitas replicações, assim como a flor morta que carregava, e o homem que se encontrou com ele, e a nota. Preciso respirar. Preciso de algum alívio, e rápido. Estou... estou sufocando!

3

Dia três: **MATERIAL PESADO** (Pessoa na cama, desligando o alarme e estendendo a mão para um copo d'água.)

Levar a vida de um duplo não é exatamente agradável. Não sei se estou sendo operado, se ainda estou deitado sobre meu próprio sangue, com pessoas me encarando, ou se me tornei meu próprio *Bait man*, pendurado de cabeça para baixo, querendo descobrir ou revelar caixas contendo garrafas de vinho transformado no sangue de filósofos. No entanto, começo a perceber que, em algum momento, devo ter sofrido uma perda parcial de memória. E essa perda de memória escolheu apagar precisamente minha missão, o que ela deveria ser, o que eu deveria fazer. Obviamente, fui trazido para este enredo a fim de interpretar. Há outro dentro de mim, alguém me penetrou. Desde aquela orgia... (O quê? O que estou ouvindo? Sem menção a orgias? Quem está dizendo isso? De onde vem essa voz?) E, entretanto, consigo visualizá-la perfeita e vividamente. Casais, héteros e gays, fodendo noite e dia e consumindo todo tipo de drogas, levando seus fetiches a limites extremos e quebrando todos os tabus. E eu estava lá. É a última coisa de que me lembro antes de caminhar pela Cornelia e pela Bleecker Street.

Enquanto tento retraçar minha visita prévia àquela orgia ou a qualquer outra memória em meu cérebro, penso que estava apenas caminhando pelas ruas. Ninguém me disse para caminhar. Caminhar me atrai e ataca a atenção de várias pessoas que me temem, me avisam sobre um perigo qualquer ou tentam me matar. Essas são sensações que tive e ainda tenho, mesmo agora. São instintivas.

Mas são inúteis, pois presumem que o garoto cego já sabia o que eu fazia ou estava predestinado a fazer. Ele começa a suspeitar, baseado em provas circunstanciais, que pode ser um assassino profissional. Um garotinho e, mesmo assim, um assassino em potencial.

Pelo amor de Deus! Por que alguém quereria me matar?

Talvez eu precise apenas voltar aos dias em que devorava todos os livros de todas as prateleiras da Sala de Leituras do Museu Britânico e começar do zero: Império romano, Toynbee, Hobsbawm, gregos, inquisidores, Antigo e Novo Testamentos e Cabala. Não, essa não é a ordem correta. Descartes, Hegel, Kant, Goethe, Marx e Engels, Zola, Gertrude Stein, Joyce, Mallarmé, Adorno e... e... e... até chegar a Barthes e Derrida, que morreu recentemente, assim como Haroldo de Campos, marcando o fim de uma ilusão, de uma era de utopia, da arte concreta ou da poesia concreta — que deu à nossa era um conteúdo, a esse conteúdo uma forma e a essa forma o corpo que ela merecia. Sim, o modernismo, sofisticado demais, desajustado demais ou "inadequado para publicação" neste nosso bravo Novo Mundo. Preciso vomitar.

— ENFERMEIRA!!!

Tento novamente:

— ENFERMEIRA, por favor!

O time de médicos olha para mim.

— Ele não deveria estar acordado. Seu peito está aberto. Rápido!!!

Meu peito está aberto: coração, fígado, intestinos e tudo o mais. Tudo exposto. Alguém veio até aqui e desfez a cirurgia.

E, de algum modo, desmaio novamente.

Sempre desmaio. Em 2003, nos bastidores do Teatro Municipal do Rio de Janeiro, desmaio. As pessoas me seguram para que eu não caia bem no meio do Ato 3, minutos antes da "Liebestod".

Aliás, falando de armadilhas, foi Richard Wagner quem escreveu o mais lírico e avançado tratado sobre o que significa estar encurralado: "Liebestod" praticamente não tem tradução. É, em linguagem, a música em si. Você sente ou não. Tudo que sei é que me vi tão nervoso ao lado de um dos tenores quando, subitamente, lá estava eu sobre o frio chão de metal, como costumo estar, na noite de abertura de uma grande ópera. Graças a Deus, estava consciente para ouvir "Liebestod" ser cantada para a plateia para a qual foi criada. Sim, Wagner escreveu *Tristão e Isolda* para o Rio.

Little Jew boy, go back to the camp!
Garotinho judeu, volte para o campo!
Du Kleine Jude, Zurück zum K-Lager!

Essas frases foram gritadas para mim durante as vaias no final. Por que eles querem que eu morra, esses nazistas do fórum Richard Wagner? E por que fui algemado após mostrar a bunda para a plateia? O que aconteceu? Alguém sabe? Uma solitária flor foi atirada para mim no palco. Disso eu me lembro. Parecia a que me foi entregue em Cornelia Street. Que merda bizarra!

Até mesmo desmaiar nos bastidores de um teatro é algo feito com glamour. Talvez a ópera e as estrelas (e com isso quero dizer os corpos celestes) realmente sejam próximas. O universo de Richard Wagner evoca símbolos enquanto a orquestra executa acordes que são demais para qualquer coração. O mesmo fazem Schönberg, Mahler, Shostakovich e outros, cada qual com seu próprio estilo. Mas uma coisa é certa: quando aquela soprano canta a toda voz, ela certamente não almeja chegar à última fileira de poltronas da casa. É para Plutão ou Júpiter que ela canta. *Assim falou Zaratustra*, escreveu Nietzsche, perfeitamente consciente de que nosso ciclo existencial não pode ser reduzido a essa passagem só de ida. E sua singular proximidade com Wagner desempenhou enorme papel em atrair para as criações do músico a atenção desse grande filósofo, talvez o maior deles. Nietzsche estava alarmado. Via imagens alarmantes. Assim como Wagner. E a Alemanha pós Wagner e Nietzsche sem dúvida foi um dos lugares mais alarmantes que a humanidade conheceu em centenas de anos. Fez com que questionássemos em que extensão a "sofisticação" e a "crueldade" podem andar juntas. Na Alemanha nazista, eles produziram um cerimonial. Um cerimonial de horrores e de assustadores lembretes de para onde a mente humana pode ir quando é conduzida pela linguagem. Má linguagem? Isso não existe. Linguagem! E uma bastante sofisticada. Pergunte a Goethe, Schiller, Buechner ou Heine.

Fico doente quando penso em nossa história. Fico doente quando penso em minha própria história, mas é ainda pior quando penso nas duas interligadas. Caramba, se eu fosse descrever todos os encontros que tive com todos os homens e mulheres notáveis de minha vida, jamais sairia desta cama. E todos os casamentos. E as orgias... E que vida sexual! Mas uma coisa, em particular, está presa em minha garganta e eu me pergunto por que e... Não, não me pergunto por quê. Sem mais perguntas. Uma vez que já não tenho memória.

Preciso parar. Estou alarmado demais! Nada disso aconteceu. Trata-se apenas da incansável mente de um hipocondríaco, e era isso que a nota que me foi entregue pelo garoto cego tentava enfatizar. A nota provavelmente era uma brincadeira, assim como o garoto. Eu provavelmente sonhei a coisa toda, como o "outro" de Borges. Pílulas, onde estão minhas pílulas? Merda! Estou ficando sem pílulas.

Não voltarei a nada. Jamais compreenderei nada. Só os jovens fingem entender. Vou refazer a frase. Só os ingênuos fingem entender o significado de uma obra pretensiosa, por exemplo. Jamais fingi entender, como jamais fingi amar Dante, embora pudesse sentir o "cheiro", cheirar as páginas inodoras dos círculos do inferno e rir durante o horror, assim como podia rir durante o horror de Joseph Conrad e das engraçadas e horríveis transmutações de Franz Kafka.

Estou tão a-cordado quanto Finn está *a-wake* ou em seu *wake*. Ah, Finnegan, chega! Fim.

Estendo a mão para pegar um copo d'água. Minha mão mal tem força para segurá-lo. Bleargh! A água aqui tem o gosto de séculos de ferrugem. As cortinas estão fechadas. Um cenário? O foyer? Um bunker? Ferimentos. Dor. O olho da câmera instalada no teto me encara. Então, eu o encaro também. Mas nenhum relacionamento se desenvolve. Somos dois indivíduos solitários, eu e quem quer que esteja sentado atrás da câmera me observando. Mas sou melhor que ele, pois sou o objeto de sua curiosidade.

Acho que aquela nota realmente estava dentro de meu corpo, assim como o garoto cego. Eles tiveram de operar... Esperem, eles tiveram de me abrir para retirá-la? É assim que funciona? Que lugar estranho!

Mas onde é aqui e agora? *Nowhere*, como em "Nowhere Man", uma peça ou a canção dos Beatles. E ninguém me reconheceria se eu decidisse dar uma volta pelas ruas. Será que mudaram meu rosto? Nenhum espelho à vista, quando um espelho seria o item mais importante depois da comida.

Talvez eu pudesse me ver através daquela câmera. Sim, talvez seja uma boa ideia! Mas sair da cama não é fácil. Estou amarrado. É engraçado. É como dizia a nota: estou preso e não posso sair. Estou amarrado e não consigo sequer me levantar.

Sim, havia uma vida. E em breve ela será esquecida, assim que este livro acabar. Está na hora de dar um tempo.

Para sempre.

4

Dia quatro (Pessoa em uma cruz. Silhuetas de outras pessoas ao fundo e na própria cruz.)

Na verdade, tudo aconteceu muito rápido. E eu tive tanta sorte que aterrissei na pista de pouso dos ícones que idolatrava, com relativa facilidade e sem muita angústia. Assim, qual é a pergunta? Há uma pergunta? Ou estou apenas falando sem parar para a cabeça oca de vocês?

Olá?

Sempre ri dos acadêmicos. Entrei na chamada "academia" pela porta dos fundos, por assim dizer. "O cu da academia!" Rá! Aos 13 anos, estava sendo fodido por Hélio Oiticica; um ano depois, estava lavando os pés de Jean Genet (sim, lavando os pés de Genet!) na casa de Ruth Escobar em São Paulo e, já naquele tempo, me sentia sufocado pelos desenhos de Saul Steinberg, o último dos cínicos, em cujo colo Daniela se sentou aos 21 anos aqui em Nova York. Tudo o que ele, Saul, queria fazer era enfiar seu minúsculo pau na minha ex-mulher. Mas, além de querer trepar com Daniela, Steinberg foi um ícone e uma figura de grande valor em minha vida. Ele me deu um enorme aconselhamento durante meus dias de ilustrador da página de opinião do *New York Times*. Vejam só, eu era um pintor, ou pelo menos eu me pensava como um. Mas a verdade é que ilustrar diariamente uma página de jornal era de certa forma degradante. E Steinberg era uma mistura dessas duas coisas — portanto fiquei aliviado quando ele viu meu trabalho e, bem... o aprovou.

Mas eu costumava ficar nauseado com tudo o que via, observava e interpretava. Tudo era algo relativo a SEXO! Cus, paus, bucetas e pés! E línguas, é claro.

Aprendi muito cedo que o SEXO, e não qualquer outra moeda, faz o mundo girar. Bem, há o dinheiro em si. Mas fiquei com o sexo.

Vocês têm alguma pergunta?

Não? Muito bem. Podemos continuar.

Não é saudável para um garoto de 9 anos estar consciente de que existe um conceito como "retrospectiva". O desenho de Saul Steinberg, retratando um coelho que olha para a esquerda enquanto está sentado nas costas de uma tartaruga que caminha para a direita, é tão perfeito e reflete a vida tão maravilhosamente bem que deveria ser proibido para menores. Todo o significado da vida está presente nesse simples desenho e, quando ele o atinge, você jamais se recupera. É pior que heroína.

Uma década depois de me sentar em frente a Steinberg, eu estava diante de Samuel Beckett, que tinha a reputação de não receber ninguém. Eu lera e memorizara todas as suas obras e, por sorte, como um sor-TUDO ou Nada, um maltrapilho chamado de sorte-tudo (mas que não vale nada), o personagem de *Esperando Godot*, aquele que sabe tudo quando tira o chapéu, e quando tira o chapéu jorram dizeres da antiguidade como, por exemplo, ideias remotas de Liotard ou Dante, Bruno, Vico, e por aí vai, compreendera o niilismo desse menos, dessa inutilidade, o humor no niilismo e a tragédia de partir rindo para o nada, para o vazio. Sexo!

— Volte ao sexo, rapaz! — disse e repetiu uma voz, lembrando-me de que isso era mais seguro do que pensar sobre a "retrospectiva" de tudo.

Entretanto, de modo bastante instigante, militei pela Anistia Internacional para manter minha sexualidade e minha sanidade. Faz sentido? Tentem. Fiquem comigo mais um pouco, por favor!

— O quê? O que você disse?

— Fique comigo mais um pouco, por favor! — grita uma voz solitária na escuridão. É a voz de um ator. Ele está me personificando. Mas vocês podem me ver e ouvir, não é?

Haverá mais que somente eu. Haverá eu e mais um.

Desde então, dirigi mais de mil atores. Alguns famosos, ultrafamosos e celebridades; outros, completamente anônimos. Talvez a nota implantada em mim — "você tá numa enrascada" — tenha vindo de atores ou, no mínimo, de imaginar o que todas as atrizes com quem me casei fizeram comigo (e vice-versa). Talvez eu já não perceba a nota como ameaça, e sim como uma espécie de chantagem emocional de alguma mulher ou ex-mulher. Quem pode saber?

"Fique comigo mais um pouco, por favor." Sim, soa familiar. Ouvi isso de muitas mulheres e ex-mulheres, e agora? Agora minha voz interna está gritando:

— Fiquem comigo mais um pouco, por favor!

A Anistia era um ambiente rançoso, quase como um hospital, com aquele cheiro de morte e sofrimento espalhado por toda parte.

Não, sem Anistia Internacional. Sexo!

Depois de ter vindo dos "hotéis cinco estrelas" dos anéis de prostituição de Nova York, onde velhos e velhas me torturavam apenas com seus olhares e sua celulite, sua visão pedófila e seu gosto por carne e sangue jovens.

Eu tinha 15 anos. Quinze e vendendo este meu corpo magro. Melhor do que mergulhar peras em algum vinho francês barato ou lavar louça por menos de 2 dólares a hora. Às vezes, eu ganhava 100 dólares em uma noite, dependendo de meu desempenho. A cocaína era barata e o hotel ficava com uma porcentagem, mas, cara!, eu não tinha do que reclamar. De vez em quando, é claro, eu vomitava. O que quer que tivesse comido, o vômito era sempre verde. Com pedaços de cenoura, mas verde.

Foram meus anos "vinagre".

Mas não importa. Mundo cão e tudo o mais. O que os próximos 99 anos trarão? Pessoas entorpecidas com seus iPhones multitarefas e a solidão de homens que podem apenas dizer: "Fique comigo mais um pouco, por favor!"

Acho que chegou a hora de eu atravessar a rua.

5

Dia cinco (Pessoa andando de um lado para o outro na faixa de pedestres.)

Afinidade com a finitude.

Sim, dou por mim andando de um lado para o outro sobre a mesma faixa de pedestres aqui em Hampstead High Street — em frente ao correio —, onde Alan Schneider foi morto em meados dos anos 1980, atropelado por uma bicicleta. Pode ou não ser irônico que tenha sido atropelado por um ciclista. Chamei o ciclista de Godeaux, o campeão do Tour de France após o qual, com suas deliciosas ironias e ricocheteios de palavras, Beckett intitulou sua mais famosa peça.

Schneider agora estava deitado sobre uma poça do próprio sangue, assim como eu estava na minha. É isso que acontece às pessoas ligadas a Beckett? Será esse autor um link para um secreto Código da Vinci Beckett?

"Aqui" em Hampstead, assim como em Manhattan, na East 23rd Street, em qualquer lugar do Rio ou ao longo da Viktoriastraße, em Munique, perambulo de um lado para o outro, pensando na expressão de Beckett ao receber a carta de Alan Schneider. A carta de um homem morto, postada três dias antes de London NW3, perto do Everyman

Theatre, o "Teatro do Homem Comum", por um homem comum. Eu estava com Beckett quando ele a recebeu.

Posso muito bem imaginar o que Schneider deve ter sofrido quando sua cabeça bateu no meio-fio e ele ficou semiconsciente, enquanto seu Godeaux o atingia cinquenta anos depois da *première* mundial de *Esperando Godot* no Studio de Paris, dirigida por Roget Blin, ou sua própria produção em Coconut Grove.

Godot mata todo mundo. Atores cujos nomes têm mais de doze letras são mortos em algum momento da produção. Godot mata até árvores. Ele tem afinidade com a finitude.

Sim! Godeaux é meu ghost-writer! Finalmente!

Não apenas escrevendo isto, mas também me abrindo em um teatro cirúrgico a fim de remover o que está dentro de mim: minha alma, minhas notas, meus sentimentos de remotos traços esquecidos, falecidos, distantes e minha vida em geral.

As duas torres do World Trade Center caíram — de modo muito parecido com *Esperando Godot* — e, para o observador externo, eram uma "peça" na qual "nada aconteceu, duas vezes". War Hole (Andy WAR HOLE)* usou e abusou do conceito de "duas vezes". A duplicação, aliás, foi um *plus* em nossa era de duchamplicações e iconoclastas. Ela me faz lembrar daquelas dezenas de garotos cegos na esquina da Sixth Avenue, com flores mortas nas mãos. O que era aquilo, afinal? Estou sonhando War Holes ou tendo dilúvios cerebrais? É uma ilusão, uma alucinação ou uma *vislusão*? *Fiat Lux*?

— Fiquem comigo mais um pouco, por favor!

Gradualmente, tudo o que achamos interessante ou agradável, como a vida e a luz, desaparecerá — ao menos, é o que nos asseguram. Eles? Eles, os americanos? Eles, os ingleses? Eles, os brasileiros? Eles, os alemães? Qual deles pode nos assegurar alguma coisa e...

---

* WAR HOLE é Andy Warhol, aqui numa brincadeira que significa GUERRA BURACO.

Uma coisa é certa: quando aquela soprano canta a toda voz, ela certamente não almeja chegar à última fila da casa. É para Plutão ou Júpiter que ela canta.

O cosmos é como um teatro que, uma vez que a peça termina e descem as cortinas, é deixado frio e vazio até se desfazer em ruínas. Ele afunda como uma pele em ruínas. E as ruínas caem sobre o teatro. Tudo decai e desmorona e eles ficam em pé e aplaudem enquanto voltamos sozinhos e, sozinhos, pensamos sobre ter agradado ou irritado milhares em nossos quartos impessoais de hotel.

Todo aquele silêncio depois de todos aqueles aplausos.

— Fiquem comigo mais um pouco, por favor!

Se eu pudesse deixar a plateia entrar, eu o faria. Pelo sexo, pela companhia, para jantar ou só para rir.

Estarei sozinho com as estrelas mais brilhantes, afundando em um buraco, um War Hole, como todos tendemos a fazer, sendo unos com o universo.

Sangrando da testa para baixo. Que estranha bênção deve ser.

Afinidade com a finitude.

Não posso evitar sentir essa síndrome do intestino irritável e rir, rir e rir, esperando que os ecos de minha risada possam ser ouvidos por alguém, qualquer um, perto ou longe, que compreenda minha dor e a dor de viver, a dor de estar vivo e a frustração de não ser capaz de solucionar a insolúvel doença chamada humanidade e seu sangue pútrido.

6

Dia seis (Imóvel. Mas a projeção do tubarão de Damien Hirst aparece no ciclorama.)

Tudo começou muito cedo. Foi em Nova Jersey, no Rio de Janeiro ou sob a ponte Putney? Não sei. Mas sei que foi sob alguma coisa, porque eu olhava para cima e via aqueles monstruosos cabides que chamei de "nuvens de um universo fantasiado".

Os planetas e sua dança, como descobriremos em breve, também giram em torno de uma teoria da conspiração.

"Nuvens de um universo fantasiado" e sua **"afinidade com a finitude"**. Isso já não é Kant. Mas tem algum valor?

Dois corpos rígidos, mortalmente rígidos e imóveis, jazendo em poças de sangue. Ambos, contatos de Beckett. O árabe que esfaqueou Beckett, quando levado a julgamento, não tinha nada a dizer. Tudo que saiu de sua boca foi: "Não sei, não sei."

Entre espasmos de tristeza, eu podia ver meu pai tentando sintonizar alguma frequência no rádio, *The Voice of America* ou o *BBC World Service*, na Bush House de Londres, em frente ao Aldwych Theatre, quando "invadi" o ensaio de Peter Brook de *Sonho de uma noite de verão* uma década depois.

E essas memórias são apenas nuvens de um universo fantasiado e sua **afinidade com a finitude!**

Tendo agradado ou irritado milhares, aqui neste teatro ou em qualquer outro, dou por mim pensando sobre a solidão de nossos impessoais quartos de hotel.

Todo aquele silêncio depois de todos aqueles aplausos.

— Fiquem comigo mais um pouco, por favor!

Se eu pudesse deixar a plateia entrar, eu o faria. Pelo sexo, pela companhia, para jantar ou só para rir.

Nasci com a *Kristallnacht* na cabeça, sendo alimentado com aquelas imagens, dia e noite, dia e noite, o tempo todo: UFA! Tendo perdido familiares em Auschwitz e Buchenwald, posso brincar com a ideia da morte, embora também sinta o derradeiro medo de morrer. Na verdade, cheguei a tentar, em janeiro de 2015, em Wengen (nos Alpes suíços), onde tenho um apartamento.

Mas agora, com o peito aberto neste teatro cirúrgico, olhando a câmera no olho, digo honestamente: não é a "minha" morte que temo, mas a morte de tudo que consegui conglomerar, configurar, amalgamar e, especialmente, transformar e interpretar.

Sim, eu posso e me dou o luxo de fazer piada com essas coisas quando entro numa coletiva na, digamos... Alemanha, dias antes da estreia de uma ópera eu tenha dirigido. Eu entro na sala lotada de jornalistas, cinzeiro supercheio na mão, lotadaço com guimba e cinzas e pergunto assim:

— Alguma objeção se a minha família me acompanhar aqui agora?

Reações sombrias, por razões óbvias, mas não tenho arrependimentos.

— Alguma objeção se a minha família me acompanhar aqui agora?

Os ESCOMBROS do século XX — tendo Dresden, Hiroshima, Nagasaki, o Marco Zero e o Muro de Berlim como metáforas — são mosaicos quebrados que não precisamos mais desconstruir. Parem. Parem, pelo amor de Deus. Todos ainda estão desmontando coisas e juntando-as novamente do modo como lhes é mais aprazível. POR

FAVOR! Se isso fosse aplicado a meu corpo, aqui neste teatro cirúrgico, exatamente o que aconteceria comigo?

Uma estranhamente mascarada e deformada criatura poderia entrar aqui e dizer, em voz alta e clara, que o que estava escrito naquele pedaço de papel entregue a mim pelo garoto cego era a essência dos escombros.

E, muito provavelmente, era.

Ele foi uma voz sussurrando constantemente em meus ouvidos; a reconfortante voz da calma e da tranquilidade nos últimos sessenta anos de minha vida, quando e onde quer que eu estivesse: escombros, escombros, escombros...

Som de sirenes, pessoas nas calçadas e aquela estranha excitação de quando todos os serviços de emergência acorrem à cena de um crime. Estou deitado em uma poça de sangue, meu próprio sangue (provavelmente). Pela pupila de meu olho direito, vejo os policiais isolando a área. Não consigo ouvir. Lentamente, tudo se transforma em um borrão, e os sons parecem diminuir uma oitava. Estou dormente e já não consigo... Alguém me toca e rasga e abre minha jaqueta. — Senhor, estou emocionalmente sufocando agora. Por favor! — imploro.

— Pode ser, mas, falando fisicamente, a morte e a destruição possuem um atributo prático: *Das Kapital* [*O capital*]. A remissão, a retração, a realimentação, digo, a reorganização dos bens materiais...

Os poderosos homens e mulheres que habitam este meu planeta fazem parte de uma estranha organização, uma peça esquisita, um roteiro sem fim. Também fazem parte de uma conspiração global, a minha, uma organização secreta que se estende por todos os continentes e o tem feito durante as últimas seis décadas. Alguns chamam esse grupo de *E, mortos, caminhamos*. Outros o chamam de teatro.

O homem de tal organização continuou a falar sozinho. Eu fui embora. Não tenho certeza se ele falava comigo ou não, mas eu não estava em condições de ouvir. Não naquele momento. Chega de teorias sobre "por que escombros e quanto mais burros n'água e dessa água não beberei, e esses escombros sombrios, e tanta falta de ombro pra me aparar e chega de tanto teatro, meu Deus!".

— Fiquem comigo mais um pouco, por favor!

Minha intenção não é tratar levianamente o fato de que minha família morreu nas câmaras de gás ou a questão sobre se os alemães de hoje possuem ou não alguma relação com os criminosos do passado.

De uma vez por todas: em certo momento, a cortina desce em sua mente. E VOCÊS, a plateia, são deixados de fora. Então, e somente então, você está realmente ACABADO. E ISSO ME DEIXA FURIOSO!

Sou construído por VOCÊS, e não por ELES. O ghost-writer em mim parece gostar de me fazer pronunciar as palavras DELE de volta para VOCÊS. E VOCÊS parecem estar completamente impressionados conosco. Por quê? Somos meramente espelhos de sua incompetência, dele, do ghost-writer.

Sou um dramaturgo, não um espião. E, como dramaturgo, sou um grande tolo por fingir exibir minha última descoberta e metáfora sobre a humanidade.

Bem, talvez eu seja metade do Muro de Berlim.

Se não metade, ao menos uma pequena parte.

Enquanto estou deitado nesta cama de hospital, lembro de todas as vezes em que tive de dizer adeus a uma mulher com quem dividira parte de minha vida.

Anos e anos de companheirismo e cumplicidade e então, subitamente, chega a hora de dizer adeus. Ambos banhados em lágrimas e ambos desejando voltar atrás e reconsiderar. Lá no fundo, você sabe que acabou — e ela também. Há um último suspiro. Um último abraço. Um último beijo e ela vai embora. E, mortos, caminhamos. O nó na garganta se transforma em tumor.

Anos depois, vocês se encontram e agem como completos estranhos. Vocês penetraram cada orifício que havia para penetrar, tiveram orgasmos que os levaram acima das nuvens e sugaram os fluidos corporais um do outro.

E agora, ao se encontrarem por acaso em uma festa e conversarem sobre banalidades, é como se nunca tivessem se conhecido. É chocante! Não há tal destruição na morte. Nada se compara a essa tristeza.

Bem, agora estou caminhando com XX pelo Hyde Park. Temos conversas muito sérias sobre a questão descrita acima.

— Com essa gente, a única solução é a solução final — diz ele, com um sorriso no rosto ruborizado.

— Solução final, XX? — interrompo.

XX é um senhor mais idoso que lutou na Segunda Guerra Mundial e conhece o significado exato da expressão. Sei que ele não está brincando.

— Você está falando sério, XX? Você lançou bombas sobre Dresden e isso o deixou devastado... Está falando sério?

Paramos num brusco de repente tão forte que os pneus das solas queimaram enquanto corredores passam por nós e patos tentam voar sobre alguns farelos de pão. Ele me olha nos olhos, quase 10 centímetros mais alto que eu.

— Estou falando sério e com toda sinceridade. Jogue uma bomba nos filhos da puta e acabe com eles, antes que nos comam vivos.

— Não foi essa minha pergunta! Eu estava falando sobre o fim de um relacionamento... XX, você está me ouvindo?

— Jogue uma bomba nos filhos da puta e acabe com eles, antes que nos comam vivos — repete XX.

XX permanece mortalmente sério enquanto retomamos a caminhada e prefere se manter em silêncio pelos próximos 800 metros. Nós nos despedimos em frente às Serpentine Galleries, onde ele deixou o carro. O meu está estacionado na esquina do Royal Albert Hall, onde, nos anos 1970, toda a equipe da Anistia Internacional (incluindo eu mesmo) estava presente, a convite de Yehudi Menuhin, quando ele subiu ao palco e anunciou, em lágrimas, que a Anistia acabara de receber o Prêmio Nobel da Paz.

Entrei no carro e contrastei as palavras de XX com o concerto para violino de Brahms, executado por Sir Menuhin. Durante uns dez minutos, fiquei completamente atônito.

Dez minutos se passaram e eu ainda estava lá. Abri o porta-luvas. Tirei um copo de papel, um pouco de água e todas as pílulas que havia ali: Topamax, Zoloft, Prozac, Ambien, Xanax, Zantac, Lexotan, Ponstan, Buscopan, Tylenol dia e noite, Lexapro, Digest Gold, Pharmaton, ciprofloxacina, claritromicina, clonazepam, fluoxetina, carbamazepina, lorazepam, metilprednisolona, propranolol, codeína, paroxetina, complexo B12, complexo B6, vitamina E 800 unidades internacionais, que equivalem a 6.870.000 unidades nacionais (todas enviadas para o Iraque e o Afeganistão), zinco, boro, selênio e algumas outras.

Eu as misturei em uma espécie de coquetel, engoli e esperei. Estou olhando para o Memorial da Princesa Diana, em Kensington Gardens. Não, é Central Park West com 72nd Street e estou olhando para Strawberry Fields Forever. Hyde Park? Central Park? Primrose Hill? Ibirapuera? O Jardim Inglês em Munique?

7

Dia sete (Noite: pessoa olhando para a lua.)

Acordo de um sonho ruim ou de uma overdose. Falei durante o sono, praguejando sobre Bush, Blair e o World Trade Center nesta gloriosa Era Obama. Por que, não sei.

Está chovendo e sou acordado às quatro da manhã por XX, em seu carro a caminho do Hyde Park.

— Precisamos nos ver, agora.

— XX, são 4 horas... escuro... acabei de...

— AGORA.

Ele desliga.

Faço força para me levantar, tomo meu Nexium e olho ao redor. Ela ainda está dormindo e não ouviu nada (ela nunca ouve ou se lembra de nada, de qualquer forma). Vou até a cafeteira.

XX está muito nervoso. Ele tem sob o braço um punhado de documentos. Sem nenhum plástico, vulneráveis à chuva que nos encharca como se fôssemos vira-latas. Nos encontramos sob a ponte.

— XX, você sabia que o minarete da nova Grande Mesquita de Marselha...

— O quê?

Acho que mencionei exatamente o assunto sobre o qual ele não queria falar, e na hora errada: eram apenas 4h45.

— Sim, a pedra fundamental será assentada em abril, e tudo será muito discreto: sem câmeras, sem cerimônia ao vivo. Eles não querem incomodar a vizinhança com a chamada para as preces.

— Do que você está falando? Por que está me dizendo isso?

— Porque li isso on-line, logo antes de ir para a cama — respondo.

— IMPOSSÍVEL — diz XX, quase gritando. — Eu o chamei aqui para avisá-lo sobre a mesma coisa.

— Avisar? Por que me avisar? Qual é o perigo?

— São as cores. Cinco vezes ao dia, o minarete emitirá um raio de luz por alguns minutos. Normalmente, a luz seria verde, a cor do islã. Mas Marselha é um porto, e o verde é reservado aos sinais para os navios no mar. Vermelho? Não, os bombeiros ficaram com o vermelho. Rá!

Olho para XX, começando a ter sérias dúvidas sobre sua sanidade. Ele me chamou até ali, às 4h30, para falar sobre as cores usadas por uma mesquita em Marselha?

— Em vez disso, a luz quase certamente será púrpura, uma cor bastante vulgar para uma construção tão "elegante". Construção "elegante". Construção "elegante". Construção "elegante". Construção "elegante". Construção "elegante".

— XX, pare! Você realmente...

— ELA É uma construção "elegante".

— Mas por que repetir desse jeito?

— Gosto do som. Construção "elegante". Construção "elegante". Construção "elegante". Construção "elegante". Construção "elegante". Construção "elegante". Temos de explodi-la. Conheço algumas pessoas.

— Pare com isso, XX. Você e suas conspirações. Estou disposto a ouvir sobre seus medos e tudo o mais, mas não vou ficar aqui parado escutando esse monte de merda, de novo.

— Temos de explodir aquela construção "elegante". Ela pertence a judeus. Pior. Judeus por Jesus!

Oh. XX está seriamente doente.

Alguns acadêmicos e artistas ocidentais veem nisso uma dinâmica destrutiva, em que a assimilação alimentaria uma reação que, por sua vez, geraria ressentimento, particularmente entre os jovens muçulmanos. Mas o que XX está dizendo ou tentando dizer? Uma construção elegante (uma mesquita) pertencente a judeus por Jesus?

XX cristaliza todos os tipos de temores e ansiedades xenofóbicos.

Duas mulheres usando burca passam por nós. Na verdade, estão completamente cobertas. Tudo que vemos é a fenda pela qual seus olhos espiam. O que há por baixo? Poderiam ser homens? Espiões?

XX estava lá para me dizer o que eu estava lá para dizer a ele. Já não era uma estranha coincidência. Quem quer que seja esse ghost-writer, ele está trabalhando bem. Ah, sim. A cobertura completa se chama *nicabe*. É melhor nos acostumarmos a esses termos. Eles farão parte de nossas vidas cotidianas.

— Bom dia — diz um jovem. — Eu me chamo Youcef. Desculpem o atraso.

XX sai correndo como um cachorro louco.

Não tenho a menor ideia do que está acontecendo.

— Youcef? E quem é você?

Silêncio.

— Eu trouxe seu livro.

— Livro?

— Aquele que você...

— Livro?

— Gleiss Wroughter.

— O QUÊ?

O design da capa... Não, vou recomeçar. O desenho... Não, não um desenho: era uma foto. Era a foto... A foto era similar à flor que me fora entregue pelo garoto cego.

— Youcef, quem lhe disse para vir até aqui? De onde você me conhece?

— O senhor não se lembra? Eu era criança na época, com uns 9 ou 10 anos, e pedi informações em Nova York. Eu precisava me encontrar com um colega em Great Jones...

— O QUÊ? VOCÊ O QUÊ?

— Eu lhe entreguei uma nota e uma flor, e então corri porque senti...

— MAS VOCÊ ERA CEGO! PORRA, VOCÊ ERA CEGO!

— Ainda sou, meu senhor.

8
Dia sete e meio

Oh... preciso de água. Preciso de um gole d'água, e não consigo engolir. É essa a aridez final? A solidão derradeira? Que ideia tola. Toda solidão é derradeira, vocês não acham? Afinal, a sensação de ser deixado para trás e esquecido é um tipo derradeiro de sentimento, não é? Se não fosse, não daríamos bola para o fato de estarmos sozinhos.

MAS NÃO É O CASO. EU *sou* DEIXADO PARA TRÁS E NÃO ESTOU ACEITANDO BEM.

A quem nos dirigimos quando dizemos que "interpretamos para", "organizamos uma exibição para" ou "escrevemos para" alguém? Será que realmente quero dizer para VOCÊS, a plateia em geral? Não, acho que não. Acho que estou mais preocupado em agradar a mim mesmo e a meus pares e competidores. É uma panelinha.

É como Rousseau entregando seus filhos para adoção.

A MENOS, é claro, que eu esteja com sede e me sentindo sozinho. Nesse caso, introduzo artifícios em minhas peças. Ou melhor, antiartifícios, sem artifícios, melhor, não artifícios. É exatamente isso que faço. Arte sem "arte-fícios"!

Vocês têm alguma pergunta?

Não? Obrigado. Podemos continuar.

Introduzimos antiartifícios a fim de dissimular o que está lá em sua forma mais pura e daí, *pimba*, a manchamos. É uma espécie de sabotagem. Criamos uma peça até a sua perfeição, e então, a fim de NÃO a amar demais, começamos a sabotá-la. Dessa maneira, é mais fácil nos distanciarmos dela quando chegar a hora de a cortina subir e a peça se tornar "domínio público". Assim, ao manchá-la, de algum modo a impurificamos e a tornamos um objeto separado de não desejo. Somos estranhos. Eu sou estranho. Deem uma olhada em todos aqueles mecanismos!!! Uau!

Deem uma olhada em todos aqueles mecanismos de desconstrução e pós-modernismo que acrescentam partes discordantes a nosso não concordante corpo. Isso só pode trazer desgraça.

Esperem! Não estou me queixando.

Eu era parte daquele vírus. Mas NÃO quero ser parte da cura.

Haroldo de Campos escreveu um livro, talvez seu melhor, chamado *Galáxias* (tomado, emprestado, transcriado de Ovídio), no qual algumas linhas sumarizam ou nulificam tudo: "Onde tudo é tudo e nada é nada."

Um ator, ao olhar de frente para um refletor, está olhando de frente para uma estrela. "Onde tudo é tudo e nada é nada." Ele está olhando para o universo. Está olhando para as *Galáxias*.

De onde eu vejo, a plateia se parece como uma espécie de universo populado por pequenos buracos negros ou um oceano cheio de baleias. Quando um ator fala, sua voz é dirigida pro "nada" ou pro espaço, ou para o "Espaço Vazio", que Peter Brook tão brilhantemente descreveu. Esse espaço vazio também serve como metáfora para o Espaço, esse espaço enorme, esse em que a gente gira, esse desconhecido.

Mas isso não deveria ser uma lição de interpretação ou... Eu não deveria escrever ensaios sobre o que somos e não somos. Embora seja isso que sejamos.

Não posso evitar. Afinal, ele, o ator, também fala ao inconsciente, ao entendimento subliminar da plateia, à mente subjetiva, à mente ultrassensível que opera de modo quase autista e parapsicológico.

Peraí. Vou corrigir isso: é um flerte.

Pois, quando a cortina desce, quando a luz se apaga e nós — atores e diretores — voltamos a nossos camarins, perdemos toda a nossa energia, e um estranho fenômeno tem lugar. A plateia vai embora iluminada. Nós, por outro lado, estamos mortos, inexpressivos e não temos nada a dizer, senão conversar sobre banalidades, repassar erros ou rir de algumas daquelas falas que perdemos, textos que deram branco e aquelas deixas de luz... NOSSA! Todo o brilho nos deixou, todo o glamour nos foi roubado. Somos esqueletos numa peça de Beckett, vagueando e procurando pelo que perdemos.

Por que isso acontece?

É natural. Quando olhamos para o céu em uma noite sem nuvens, também não temos a menor ideia de onde vem tudo aquilo.

Afinal, essa sensação de ser deixado para trás e esquecido é um tipo derradeiro de sentimento, não é? Se não fosse, não daríamos bola para o fato de estarmos sozinhos.

XX foi embora, desapareceu, e minhas pernas estão bambas. Aqui está Youcef, agora um homem, então um garoto, o mesmo garoto que me entregou: "Você está preso."

— Você é realmente cego? De verdade? Como pode ter corrido da maneira como correu? Diga!

Não há resposta.

— Lembre-se, sou filho do Holocausto — digo eu. — Sou americano-galês, sou brasileiro...

Eu gaguejava. Letras e vogais escorriam de meus intestinos. Acho que eu temia por minha vida!

O que XX carregava debaixo do braço?

— Senhor, o que aquele homem carregava debaixo do braço e por que ele saiu correndo quando me viu?

— Porque você parece muito familiar, Youcef. Às vezes, isso...

Sim, XX carregava documentos. Documentos que eu não vira porque Youcef aparecera depois de... quantos anos? Dias? Semanas?

As pessoas (às vezes) parecem realmente familiares, embora não sejam.

Hoje é domingo, certo? O sétimo dia está quase no fim.

Está chovendo, mas não estou me queixando nesta cama de hospital. Bem, na falta de outra explicação, aqui deve ser um hospital mesmo! Quer dizer, não há nada que diga que é um hospital, mas, por outro lado, não há nada que diga que não é. Se eu usar algumas leis da física, como aquela que... Não, tedioso demais e não prova nada. Aqui deve ser um hospital, pelo bem de minha sanidade, POR FAVOR!

É noite de domingo. O sétimo dia está quase completo, apenas para... Apenas para iniciar outra série de sete dias e outra e outra e...

Uma lágrima escorre de meu olho. Sim, estou chorando porque as memórias são tantas, as SETE vidas foram tantas, as despedidas foram tantas, em tantos lugares e com todas aquelas emoções.

Por favor, desculpem essa breve interrupção. Acaba de me ocorrer que tentar cometer suicídio não significa "querer morrer". Significa "não querer viver para ver o dia seguinte, não querer passar pelo amanhã"!

Desculpem a interrupção. Podemos continuar agora.

8,5

Nasce um bebê do terceiro mundo na Fifth Avenue

Uma mulher acaba de parir numa esquina. As pessoas se aglomeram ao seu redor. O bebê nasce. Aplausos.

Robert Lloyd, um ator que conheço há mais de quarenta anos (ele foi Puck no *Sonho de uma noite de verão* de Peter Brook) e que trabalhou na minha segunda versão de *All Strange Away*, no Teatro Samuel Beckett, na 42nd Street, estava entre os que aplaudiam. Robert adora aplausos. Ryan Cutrona, que fez minha *première* mundial de *All Strange Away*, não gosta.

Olhamos um para o outro de um jeito estranho, um jeito "strange" assim como em *Tudo estranho embora estranho*, assim como na peça de Beckett, como desconhecidos à distância, como se quiséssemos nos evitar.

Lloyd aplaudia o nascimento do bebê, olhava para mim pelo canto dos olhos e falava ao celular. Lentamente, o lugar ficou enevoado, como em uma de minhas peças. Todo o grupo que aplaudia parou ao mesmo tempo, como se tivesse ensaiado. E, como se tivessem ensaiado, todos começaram um ritual gregoriano. Bem, gregoriano não é o termo mais adequado. Era mais um tipo de gemido.

E o bebê foi erguido a uma altura que, em minha mente, era bastante assustadora. Era erguido como algum tipo de troféu ou taça, como na Copa do Mundo ou em uma cerimônia do Oscar. O gemido se intensificava proporcionalmente à altura do bebê. Era como se uma única mão tivesse uma manivela para controlar tudo: a altura do troféu e o volume dos gemidos.

O ghost-writer fazendo seu trabalho novamente, heim, Youcef?

Eu queria que você não fosse cego, Youcef, para que pudesse ver a beleza dessa cena.

Mas tudo isso na esquina da 57th Street com a Fifth Avenue? Lloyd e Youcef se perderam em meio à multidão enquanto eu procurava por eles. O volume das pessoas e dos gemidos crescia conforme mais pedestres se juntavam ao grupo. Deus, como eu já disse, é um objeto de nossa criação, e parecemos insistir em inverter esse valor meramente por causa de nossa insegurança (talvez), por sermos almas solitárias habitando este planeta redondo, com toda essa escuridão a nossa volta. Sim, é muito assustador.

Presos na armadilha do demônio. Quando pesquisam sobre alguém ou algo, como vocês fazem? Que motores de busca utilizam? Recorrem à mídia social? Acreditam no que descobrem? Presos na armadilha do demônio!!!

Engulo minha própria saliva, por falta de algo melhor para engolir neste mundo superficial e superfacial de entupimento da informação instantânea e sem valor, valor zero, qualidade ZERO e sem data de vencimento, como se ZERO não bastasse como data de expiração nessa superficialidade toda. ZERO!

O bebê recém-nascido, a esta altura, já havia sido abaixado e estava nos braços da mãe. A multidão continua a gemer. A multidão continua a vibrar.

A nota que recebi dizia: "Você está preso." Ela provavelmente expirou, como todas as coisas expiram, inclusive a noção de que existimos, ZERO, dado que a própria existência humana é apenas um passatempo safado e irônico nas mãos de algum lunático.

Quando olho para o outro lado do East River, para o número 131 da Kent Avenue, e me lembro de tudo isso, e então olho para mim mesmo no espelho, não posso evitar sentir essa síndrome do intestino irritável e rir, rir e rir, esperando que os ecos de minha risada possam ser ouvidos por alguém, qualquer um, perto ou longe, que compreenda minha dor e a dor de viver, a dor de estar vivo e a frustração de não ser capaz de solucionar a insolúvel doença chamada humanidade e seu sangue pútrido.

Já é tarde neste domingo, e meu sétimo dia chega ao fim enquanto choro e rio, choro e rio. Fecho as venezianas e as cortinas.

Está escuro e frio aqui. Assim como no dia em que nasci.

8,7

Como aprendi a ser adulto e prostituto ao mesmo tempo: Ellen Stewart, como sinto a sua falta

Não, digamos que a coisa toda começou assim: estou sentado aqui no meio da noite, pesadelando sobre *PéssimosÓtimosMornos* sonhos que tive quando escrevi um pequeno ensaio chamado "livro", bem aqui onde havia alguns anos longínquos Joyce morava e onde Max Frisch escrevia e quase possivelmente teria vivido. Ufa, que frase. Desculpa, essa frase foi um tanto quanto zero!

Não há sinal de Youcef em minha vida, a menos que ele tenha mudado seu nome para Joe e esteja escondido na coxia. Quanto ao "livro" que ele me entregou... Bem, era meu próprio livro, sobre um garoto que se apaixona. Agora que ele está em segurança, vou lê-lo em voz alta para vocês.

Por favor, apenas me deem algum tempo. Aquela poça de sangue sobre a qual estive deitado ainda é uma visão vívida de algum estranho transe em que entrei enquanto usava um adesivo de testosterona em um dia escaldante... Com as cobras e tudo o mais, adesivo gelado na nuca, eu me pergunto como nunca contei a vocês sobre todos os meus amigos e inimigos, todos que me endossaram como... como Ellen Stewart, Victor Garcia, Ruth Escobar, Peter Brook, Julian Beck e Samuel Beckett.

Sim, minha profunda recessão ou depressão é um *Despertar da primavera*, e sinto a síndrome em sua totalidade, como se fosse um personagem de *The Making of Americans*, de Gertrude Stein.

Sim. Ou, como me disse Beckett:

— Sentando, ajoelhando, arrastando, andando, levantando e olhando para as paredes. *Imagine*.

Eu imagino.

Estou vivo porque imagino!

Eu não aguento mais!!! (Sim, digo isso com frequência.)

Agora, neste átomo de segundo, alguém em Nova Orleans não vai sobreviver. Talvez ele ou ela não esteja andando. Talvez esteja morto e em pé. Sim, está em pé, mas não vai sobreviver.

No Rio, entretanto, uma filha grita pelo pai distante. Sim, pelo pai distante, assim como tantas vezes gritei por minha mãe e por meu pai, quando jovem e também mais tarde, tendo obtido respostas demais ou tendo perguntas demais para permanecer quieto. Tudo ficou muito quieto.

Não, não é o que vocês estão pensando. Chorar não cura. Abre ainda mais a ferida aberta de viver e se arrastar. Não oferece nenhum alívio.

Vocês já se colocaram no lugar de um sobrevivente de Kosovo ou de um refugiado sírio? Ou, digamos, de uma vítima numerada do Holocausto, braço ferreteado causticamente, napoleonicamente exilada na Córsega, assim como um Moleskine quando um moleque roubou um amendoim para fazer o quê? Um pé de moleque (ah, meu Deus, que desespero deve ser quando é de damasco ou lima). Ou de um sírio desidratado após uma horrível viagem rumo à Sicília?

Ou de um veterano americano?

Ou de um animal de estimação maltratado?

Ou de uma criança molestada?

Você, alguma vez na vida, já foi judeu? Você, alguma vez na vida, já tentou encarar o islã cara a cara, olho por olho, dente por dente — epa! Peraí!!! Vamos parar!!!!

BASTA!!!

Não, não pensem assim.

Olho para a iluminação pendurada no urdimento acreditando que é o céu de Zurique enquanto os bondes correm por seus trilhos e gemem as palavras de Stein: todos aqueles na família ainda vivos que ainda não são habilitados a ser um morto antes mesmo de estar um velho, vem a ser quase velho...

Você se apedreja... Eu me chapo até a morte e culpo todos os meus eus por não terem conquistado os objetivos das gárgulas e os Gargólios e todas as gargantas massacradas dos anos passados.

O que há lá fora? Será que alguém pode me dizer, por favor? O que há lá fora? Lá onde o olho interno não alcança e o olho externo não pode ver? Os que ficam suficientemente velhos sabem que envelhecer não é lá tudo isso. Para os que olham para a idade como uma coisa do passado, a vida nunca foi tudo isso.

Por que continuar percorrendo esse louco caminho, inexplicável para os cientistas, mas embasbacante o suficiente para se dizer, em voz alta, "Foi uma maravilhosa jornada até aqui. Suficiente para colocar um sorriso em meu rosto e deixar lágrimas secas em meus olhos"?

— Ei, você! Você está me olhando de um jeito esquisito. Seu olhar me distrai, e se quisermos que esta história tenha algum futuro, eu imploro: vire de costas ou saia do teatro por um instante. Vá até o lobby e entre em sua conta do Facebook. Faça alguma coisa!

Vocês não têm ideia de como um simples olhar ou um par de óculos podem ser desesperadoramente desnorteantes sob essas luzes... Estão vendo as luzes?

Estou perdendo o controle. Desculpem. É cedo demais para perder o controle.

Estou apenas nervoso. Desculpem a explosão.

Essas luzes estão focadas diretamente em minha córnea e... bem... minha memória fica enevoada quando penso em um garoto cego que conheci certa vez — décadas atrás — e me lembro destas sábias palavras: "Veja, por exemplo, um trevo rodoviário." Sim, vocês me ouviram. "Veja, por exemplo, um trevo rodoviário."

Essa sentença foi construída em concreto em minha mente e a contemplo desde sempre, sem compreendê-la ou conseguir conectá-la ao que quer que seja. "Veja, por exemplo, um trevo rodoviário."

(Estou com vontade de fumar. Não tenho essa vontade há mais de dez anos.) Os poderosos homens e mulheres que habitam minha cabeça fazem parte de uma estranha organização. Enquanto olho para vocês, percebo que vocês são eles e também parte de uma conspiração global. Ah, garoto cego. Ah, flor na mão. *E, mortos, caminhamos.* Vamos em frente!

Alguém tem alguma pergunta?

Ah, ok. Samuel Beckett. Sim, claro.

Eu não estaria aqui hoje se não fosse...

Ah, ok. Vocês querem saber como aconteceu?

Sim, é claro!

Eu estava... bem, eu estava... em... Nova York, para ser preciso.

Beckett estava... bem... ele estava... em algum lugar da França. Beckett tinha muita dificuldade para confiar nas pessoas e, assim, ele se apoiava em Alan. Alan Schneider estava em algum lugar dos Estados Unidos. Nova York, para ser preciso.

Certa vez, quando era jovem, em 1938 (acho), Beckett fora esfaqueado por um árabe nas ruas de Paris e sangrou até quase a morte, de modo que, não fosse por sua futura esposa Suzanne, não teríamos tido Beckett. Ela o salvou.

— Gerald, vire para a direita.

— Não, Alan. Não sou seu ator!

— Beckett, vire para a esquerda.

— Não, Alan. Sou o autor desta peça.

Voz:

— CORTINA.

— Gerald!!! O que você está fazendo na coxia? Quer um pouco d'água?

— Estou fugindo. Você não vê? Peguei meu casaco e meus papéis e... saí do teatro.

— GERALD!!! GERALD!!!

— SENHORAS E SENHORES: o narrador saiu do teatro. Faremos uma breve pausa. Fiquem à vontade para socializar no lobby. Vamos resolver isso. O vinho é por conta da casa. Mas não cerveja, somente vinho e café.

Muito bem. Voltarei a Beckett em um instante. É uma emoção forte demais para ser revelada agora.

— Ellen Stewart!!!

— Ellen, Ellen Stewart!!! Você aqui?

— Sei que você precisa de mim, querido — diz Ellen.

Ela estava certa. Ela sempre estava certa, mesmo quando estava errada.

Teria sido nosso trigésimo aniversário no ano seguinte, trinta anos de puro amor, de andar de mãos dadas, de uma enorme admiração e, bem, de algumas disputas domésticas. Em meu relacionamento com Ellen Stewart, minha mama, La MaMa, havia uma mistura de praticamente tudo. Em 1982, ela me disse para ir até o estúdio de ensaios na Great Jones Street (a uma quadra do teatro) e fazer uma série de workshops para atores, a fim de melhorar a qualidade de suas interpretações. Fiquei me perguntando a razão, mas fui. Completei dois anos de lotados, excitados e dinâmicos workshops.

— Texto demais — gritava ela com toda a força dos pulmões.

— Mas é Beckett, Ellen. É um texto de Beckett — respondia eu.

— TEXTO DEMAIS!!!

— Ei, Ellen, a plateia ouviu isso!

A plateia ouviu isso.

Vocês ouviram isso?

— SIM, OUVIMOS!

— Gerald, você voltou? Podemos subir a cortina?

— Sim, Michael, podem. Eu voltei!!! Vamos em frente.

Ah, ok. Samuel Beckett. Sim, é claro.

Schneider dirigia exatamente como Beckett queria. "Depois de contar até três, o ator se vira para a direita, pausa, respira, pausa, conta até oito, caminha sete passos, olha para a direita, olha para a esquerda. Pausa."

— Gerald, vire para a direita.

— Não, Alan, não sou seu ator!

Subitamente me ocorreu que Schneider poderia ser parte daquele grupo conspiratório *E, mortos, caminhamos*, e me dava ordens para que eu não fosse um obstáculo em sua vida.

— Alan, saia da minha frente! Estou aqui para...

Eu me calei. Estava prestes a dizer que estava lá para transformar a prosa de Beckett em drama para o palco, mas me calei.

Nada com que se preocupar. Schneider não era realmente um diretor. Era mais um auxiliar de palco que tornava as peças de Beckett viáveis. E era um cara muito rude e grosseiro, sempre usando um boné de beisebol.

Mas a crise ocorreu em 1984, quando meu *All Strange Away* passou para o Teatro Beckett e suas peças curtas de Beckett estavam no mesmo complexo. Tivemos de nos conhecer.

O clima era estranho. Fomos apresentados pelo produtor Jack Garfein, que disse:

— Olhem, sou sobrevivente de Auschwitz e vocês dois são judeus. Será que poderiam tentar se dar bem?

Eu não tinha o menor desejo de manter contato com Alan Schneider, e cabia a ele tentar tornar as coisas pessoais. Ele o fez.

Poderia tudo isso ser parte de uma estratégia do grupo conspiratório *E, mortos, caminhamos*, que me dava ordens para que eu não fosse um obstáculo em suas vidas?

Não entendo. Não entendo.

Tudo bem, meu senhor. Nenhum de nós entende.

É a guerra no Iraque? No Afeganistão? O que é?

Não entendo. Não entendo.

Tudo bem, meu senhor. Nenhum de nós jamais entende.

Eu ouvia essa voz a noite inteira, até ver o garoto cego. O garoto cego mudou minha vida. Não sei dizer se para melhor ou para pior.

Provavelmente para pior.

— Estou mal, coronel. Estou mal.

— Mas é Beckett, Ellen. É um texto de Beckett — respondia eu.

— Eu não ligo! Texto demais, palavras demais.

— *Você quer que eu corte Beckett?* — insistia eu.

Sem responder, ela desaparecia da última fila do teatro do primeiro andar (onde minha carreira começou) ou mesmo do Anexo (o maior de todos). Ia embora sem dizer uma palavra.

Ela realmente odiava teatro verbal, quem quer que fosse o autor. E, precisamente em minha *première* mundial de *All Strange Away*, de Beckett, em 1984, ela tirou vantagem do fato de termos (quase) setenta críticos na plateia (da Coreia do Sul à Grécia: todos estavam presentes!) para anunciar e promover o espetáculo logo acima de nós, no segundo andar do teatro: uma peça sem texto de John Jessurun.

Eu não entendo. Não entendo.

Tudo bem, meu senhor. Nenhum de nós jamais entende.

Sim, fiquei furioso. Mas, entre brigas, carícias, elogios e ásperas críticas, aqueles quase trinta anos foram pontuados por algumas rotinas engraçadas.

— Bem-vindo de volta, querido. Sente aqui comigo — dizia ela sempre que eu retornava de alguma aventura teatral no exterior, em algum teatro da Europa.

Sentada em um beliche (jamais entendi por que) em um quarto atravancado, com a televisão sempre no volume máximo e uma pilha de travesseiros, dezenas deles, ela dizia:

— Querido, por favor, pegue na geladeira a 7UP mais gelada que encontrar.

Atravessar o quarto para chegar à cozinha não era fácil. Significava manobrar por entre tambores e esculturas da Ásia e da África, uma harpa, uma espineta, instrumentos desconhecidos e marionetes. Centenas de marionetes, de Bali e de outros países. O suficiente para assustar qualquer criança. Seu apartamento no quinto andar do teatro principal era um museu, e sua coleção incluía um pato de palha que eu dissera ter comprado na China, mas conseguira em Canal Street, a 2,5 quilômetros dali.

— Belo pato — disse ela, segurando o monstrinho no colo e olhando diretamente para mim, sabendo que viera não da China, mas de Chinatown.

O que exatamente havia de errado com Ellen? Qual era o diagnóstico? Seu coração era grande demais. Sim, seu coração era grande demais e continuava a crescer. O que estou descrevendo não é uma metáfora. É real. Ellen Stewart, a mama com um grande coração, acabou morrendo devido a uma cardiomegalia. Eu voltava correndo para Nova York, vindo de alguma ópera ou peça que dirigira em algum teatro da Europa, mas tudo que ela queria saber era se seu nome e o logo do La MaMa estavam no programa ou no cartaz.

Em breve, ela sempre encontraria conforto em vê-los lá, na primeira sentença ou parágrafo. Na verdade, era eu que queria que as pessoas soubessem que eu era sua cria e que ela me inventara. E, usando a saudável autoestima que ela imprimira em mim, naveguei os mares bravios do mundo do teatro.

Contudo, o lado estranho da vida estava sempre presente, sem falhar nem um dia sequer. Ellen fingia ter sotaque francês. Sempre que descia de seu apartamento para tocar o sino e anunciar o show, o anúncio soava francês:

— *Benvinds ao La MaMá. Est' peçá...*

— Ellen, por que você finge ter sotaque francês? — perguntei um dia.

— Bem, eles me chamam de louca, então posso muito bem ser uma louca que fala francês. Não gosto muito dos EUA, para dizer a verdade. Eu me sinto mais próxima da Coreia que do Wisconsin, mas, se você espalhar isso por aí com essa sua boca grande, vai ver só. Eu mato você.

Sim, cinco lances de escada. Sem elevador, sem nada, apenas uma árdua escalada. Era inumano e, no entanto, autoimposto. Nos últimos anos, insistimos em instalar um daqueles elevadores individuais, mas apenas no último andar. Ainda havia outros quatro, e ela parecia estar sempre nas escadas. Isso é, quando não estava na calçada, vassoura na mão, cantarolando algo em lamamês.

Minha primeira peça a ir para o exterior foi a *Trilogia Beckett*, estrelada por Julian Beck. Saímos de uma temporada prolongada e bem-sucedida como nenhuma outra (no Anexo) e fomos diretamente para um palco experimental europeu muito sofisticado: o Theater am Turm, em Frankfurt. Foi Peter Iden, o crítico teatral do *Frankfurter Rundschau*, quem nos convidou, dando-nos uma ampla e intrigante cobertura: "*Wie Wirklich ist die Wirklichkeit?*" ou "Quão verdadeira é a verdade?", fazendo referência à presença de um ator moribundo, Julian, no papel de um personagem moribundo. Acho que devo a Peter o que agora chamo de "meu teatro metalinguístico".

Ellen, sentada nas primeiras filas da plateia durante as preparações para o ensaio geral, começou a fazer a contabilidade e a nos pagar em marcos alemães. Ela não entendia uma única palavra de alemão e não se dava bem com o contador do teatro. Sim, eu era fluente em alemão, assim como Julian. Judith Malina e George Bartenieff haviam nascido na Alemanha. Não importava.

— Calem a boca, todos vocês. Sei o que estou fazendo.

Ninguém dizia uma palavra, embora a contabilidade estivesse toda errada. Mas nosso silêncio tinha um significado: adorávamos olhar para ela dominando a cena e tínhamos um orgulhoso senso de admiração e gratidão por ela ser nossa capitã.

A ovação em pé que Julian recebeu naquela ocasião foi sua última. Ele morreu um mês depois.

Algumas de minhas peças (originadas em lugares que não Nova York) acabaram encenadas em outros teatros. Isso, é claro, deixava Ellen zangada. "Zangada" talvez seja uma palavra muito amena. Era razão suficiente para eu ser considerado um traidor. E uma briga entre mãe e filho digna de Wotan sempre se seguia. Era um inferno.

The Flash and Crash Days, com Fernanda Montenegro e Fernanda Torres, acabou no Lincoln Center.

— Eu não vou. Nem tente me levar até lá. Você me traiu.

Na verdade, eu não traíra ninguém. A peça fora convidada pelo Serious Fun Festival de 1992, e eu não tivera escolha. Um amigo meu acabou indo buscá-la no último minuto e conseguiu sentá-la na segunda fila. É desnecessário dizer que eu estava nervoso.

— Que cena horrível, Gerald. Aquela cena de masturbação entre mãe e filha... O que está acontecendo aí nessa sua cabeça?

Foi esse seu comentário. Ela estava furiosa. Embora, em termos de nudez ou sexualidade, eu tivesse ido muito mais longe em minhas peças no La MaMa. Ela estava apenas sendo possessiva, orgulhosa e ciumenta, tudo ao mesmo tempo. Agridoce. Ellen e eu tínhamos um relacionamento feito no céu.

Outras peças, como as premières de *Quartett*, de Heiner Müller, acabaram sendo encenadas no Theater for the New City (1985), por uma razão muito simples: George Bartenieff era um dos donos do TNC e o ator principal do dueto. Além disso, Ellen deixara claro que as peças de Beckett eram "teatro verbal" e ela não gostava de teatro verbal. Contudo, quando descobriu que eu dirigira no TNC, no Harold Clurman e no Theatre Row (42nd Street), demos algumas voltas pelo quarteirão. Sua voz, em um tom sério e profundo, era quase inimaginável.

— Por que, Gerald? Por quê?

— Você não gosta de teatro de palavras, mama. *Quartett* nada mais é que um longo monólogo após o outro.

— Se você tem de fazer, então faça no La MaMa — respondeu ela, respirando fundo e tossindo.

Müller estava comigo lá no Brooklyn, e — como era inevitável — ela não quis saber dele. Os dois só se conheceram em um simpósio no Museu de Arte Moderna de São Paulo, em 1988, e ela o tratou com frieza.

Ah, Ellen. Como sinto sua falta!

Foram quase trinta anos de levá-la a hospitais (Cabrini e Beth Israel) e segurar sua mão na parte de trás da ambulância, enquanto ela tentava resistir. Mais um ataque cardíaco.

Foram quase trinta anos de indescritíveis amor e encorajamento. Foi essa mulher que cunhou o termo "teatro experimental" e trouxe à vida pessoas como Grotowski, que ela literalmente sequestrou da Polônia de Jaruzelksi, e Andrei Serban, cuja família estava à beira do extermínio pelo regime de Ceausescu. Fomos todos adotados por ela, seus filhos, que ela espalhou pelo mundo para "fazer teatro". De Niro, Pacino, Bob Wilson, Swados, Philip Glass e Charles Ludlam (ou mesmo Harvey Fierstein, que disse que 80% do teatro americano vem do La MaMa), fomos todos adotados por ela.

Sabia que, depois de minha estreia no Pleasance aqui em Londres, não voltaria ao quinto andar para pedir sua bênção ou mostrar a ela as críticas e todo o material impresso. Fui tomado por uma profunda tristeza que não pode ser realmente descrita. Contudo, sei que esses trinta anos me ensinaram lições espetaculares. Uma das maiores foi a de nunca sentir pena de mim mesmo, nunca me lamentar e nunca cair na armadilha da autopiedade, pois, a despeito da enorme dor física que sentiu durante as últimas décadas, ela sempre exibia um grande sorriso, um sorriso belamente contagioso em seus lábios adoráveis.

Vocês ainda estão aí?

Fiz uma pergunta. Vocês ainda estão aí?

Foram embora. Todos foram embora. Tudo está silencioso como em uma peça de Beckett. Que ótimo!!!

Assim que li *Malone morre*, percebi que ele era o maior autor que eu já conhecera. Eu me lembro de estar no Museu Britânico lendo Beckett, e então em Nova York, lendo mais Beckett... E Beckett. E Beckett.

Digamos que tudo começou em uma tarde tempestuosa mas ensolarada de meados de outubro de 1984, quando Deirdre Bair me seguiu até minha posta-restante no correio da Prince Street, entre a Mercer e a Greene, e pacientemente ficou de lado enquanto eu separava minha correspondência e LÁ ESTAVA! O costumeiro cartão-postal semanal de Samuel Beckett. Eu e Sam trocávamos cartas e cartões-postais havia mais de um ano, mas daquela vez era diferente e — por alguma razão desconhecida — ela sabia disso. Daquela vez, era diferente. Daquela vez, era um grande cartão-postal todo escrito, na frente e atrás e dos lados, usando praticamente todos os espaços em branco, quase como se fosse necessário virá-lo de cabeça para baixo. E, naquele cartão, Beckett insinuara que "se", "um dia", "talvez", "quem sabe", "por acaso", eu estivesse "em Paris ou perto de Paris", eu deveria avisá-lo...

Deirdre, que a essa altura era praticamente um papagaio sentado em meu ombro, disse:

— Garoto, pegue o primeiro voo para Paris.

— O quê?

— Eu sei o que ele está dizendo. Ele está dizendo: "Venha para cá. Quero vê-lo."

Mais tarde naquele dia, como se fosse em um daqueles filmes românticos, eu estava sentado na última fileira do TWA 800 para Paris, Hôtel La Louisiane, rue de Sienne, com as despesas pagas pelo bom e velho Peter Brook, via Michel Guy, cortesia de Ellen Stewart — minha mama, La MaMa.

Sim, é uma porção de nomes. Mas é uma porção de vidas. Como pode uma vida que se desdobrou de tantas maneiras NÃO incluir todos esses nomes? As coisas ficam confusas.

Eu sei.

Digamos que tudo começou em uma fria madrugada de inverno em Nova York, quando eu caminhava pela Second Avenue, em lágrimas, depois de ter terminado um de meus "trabalhos". Que trabalho? Bem, eu tinha 15 anos, e meu trabalho era foder casais de velhos, gays, heterossexuais, bissexuais, transexuais... de fato, qualquer coisa que não fosse animal ou criança. Eu era a criança. Isso acontecia, bem... em um dispendioso hotel no centro de Manhattan. Atualmente, isso seria considerado pedofilia, mas, na época (especialmente em NY), era apenas algo que acompanhava a cocaína e fazia parte da cena "high" society, como o Studio 54. Os hotéis nos listavam como "serviços especiais aos hóspedes" e tinham fotos nossas em todas as poses e posições — uma espécie de cardápio plastificado.

Lembro de sempre ficar com medo enquanto subia até o quarto número tal e tal. Jamais sabia o que esperar. Uma vez que a porta se abria, eu quase inevitavelmente via um casal velho e obeso de Ohio, da Geórgia ou de algum lugar assim. Eu pedia para ir ao banheiro, onde cheirava uma gigantesca fileira de coca quase pura, a fim de aguentar aquelas pernas varicosas e cheias de celulite, aquelas vaginas e pênis e ânus. No fim da noite, com minha porcentagem no bolso (uma bolada), eu enfrentava a descida do pó andando até minha casa pela madrugada gelada, quase em lágrimas, quase em desespero, e me perguntando se havia algum futuro naquilo e, se houvesse, se valia a pena. Valia?

Sim, valia.

Também valia a pena quando eu me arrastava até o Museu de Arte Moderna, depois de me limpar, e ia até a sala de *Guernica*. Sim, a obra-prima de Picasso era o ponto alto daqueles dias, e eu ficava lá, em pé, examinando cada centímetro quadrado, cada camada de tinta, cada detalhe e nunca, nunca me cansava.

Digamos que tudo começou certo dia, um dia muito simples, comum e normal, quando minha avó foi nos visitar. Uma mulher orgulhosa — tão orgulhosa, que, por pressão, levou o próprio filho ao suicídio... Eu explico: ele tinha 17 anos e era abertamente gay. Em Berlim, no início dos anos 1930, era muito elegante ser gay. Mas era também o início do Terceiro Reich, e a pressão crescia. Minha avó realmente acreditava que, se o filho (meu tio) namorasse um oficial nazista, eles contornariam ou evitariam totalmente o regime e os campos de concentração. Certa noite, quando minha mãe tinha 9 anos, e ele, 17, e os dois estavam sozinhos na grande mansão, ele se enforcou. Minha mãe o encontrou.

Bem, décadas depois, nos anos 1970, ela foi nos visitar. Meu pai fizera carne assada. Morávamos no Rio.

Ela começou uma briga dizendo como e por que a carne tinha de ser cortada de certa maneira. Meu pai respondeu:

— Aqui é minha casa, esse é meu assado e vou fatiá-lo do jeito que quiser.

A próxima coisa de que me dei conta foram meus pais lutando para segurar minha avó pelos tornozelos. Sim, ela saltara imediatamente pela janela do quarto andar. Infelizmente, eles foram rápidos o bastante para segurá-la a tempo. Eu e meu pai tínhamos o pacto (não tão secreto) de fazê-la sofrer tanto quanto possível, sempre que possível.

Digamos que tudo começou em Montreal, quando eu tinha 16 anos e estava em um hotel ligeiramente grã-fino — em Place Ville Marie (com neve até os joelhos), dando um tempo depois de meus nove meses de prostituição aqui em Nova York.

Estou em Nova York, certo? Vocês também estão? Estão me acompanhando?

Seu silêncio é mortal, mas... já enfrentei piores.

Michael, preciso de uma garrafa d'água, por favor. Minha garganta...

Só dando um tempo, e optei por Montreal. Eu poderia ter ido para Miami ou Los Angeles, mas escolhi Montreal porque não tinha ideia de como era e porque achava que Quebec fosse um lugar inteiramente francófono, que odiava o inglês — e era. Assim, me hospedei no Hotel Laurentien. Meu cabelo "afro" e as calças boca de sino me faziam parecer muito mais velho e quase certamente uma estrela pop. Ninguém fez perguntas e pedi a suíte mais luxuosa — aprendi essas coisas com as entrevistas de Bacon e no hotel onde servia como... bem, vocês sabem, garoto de programa.

Uma pausa. Por favor, me deixem fazer uma pausa para... para refletir. É realmente difícil falar de meu passado olhando para o presente. E olhando para vocês nesse silêncio mortal e...

Michael, por favor, um copo ou uma garrafa d'água!!!

Oh, obrigado pela água.

Agora só preciso de um pouco de barulho.

Obrigado. Agora posso continuar.

Após aquele quase um ano em Nova York, eu usava Montreal mais como um bunker. Ignorava a cidade. Só queria esfriar a cabeça. Descansava em minha suíte, assistia TV, na maioria programas americanos, como Ed Murrow, Walter Cronkite e *American Bandstand*, com Dick Clark. A despeito do estranho rumo que minha vida tomara, ainda carregava fortes lembranças (minhas mais fortes lembranças) de meus pais se atirando no chão, em lágrimas, no dia em que JFK fora assassinado e como o tempo parara para nós naquela ocasião. Lembro de meu pai fechando as cortinas do apartamento, como se fosse o fim do mundo (e era!), e tentando consolar minha mãe (embora também chorasse incontrolavelmente), enquanto eu me sentava em silêncio no canto, em profundo pesar, achando que morreríamos asfixiados e que todas as histórias que ouvira desde que nascera, sobre o Holocausto e as câmaras de gás, finalmente se repetiriam conosco em nosso próprio apartamento. Não se ouvia um som que fosse, com exceção de um eventual soluço.

Montreal estava do outro lado da janela do hotel, mas eu raramente a notava. Pedia café da manhã no quarto, caminhava um pouco pela neve, visitava a cidade subterrânea sob Place Ville Marie e voltava ao quarto para pintar. Pintar, pintar e pintar.

E pensar. E escrever.

Foi quando aprendi a deixar o sinal de "Não perturbe" na porta por dias ou semanas inteiras.

— Sr. Thomas, poderíamos ao menos trocar as toalhas?

— Não, não é preciso. Estou bem. Na verdade, quero mudar para um andar mais baixo.

Eles me passaram para o segundo andar, acima da recepção.

Alguns dias depois da mudança e mais ou menos um mês depois de chegar a Montreal, levei a cabo meu plano.

Às 2 da manhã, escolhi meus bens mais importantes, minhas pinturas, joguei-as pela janela na neve lá fora, saí pela porta do hotel e fingi ir a um nightclub.

Em vez disso, fui para o aeroporto, sem pagar a conta de um mês de hospedagem no hotel. Comprei uma passagem só de ida para o LaGuardia com a Air Canada, partindo por volta das 5h30. O resto, bem, o resto... foi *flash and crash day*.

Não, sério. De verdade. O avião despressurizou, um dos motores pegou fogo e fizemos um pouso de emergência sobre espuma no LGA. Foi minha primeira experiência com a morte e com espuma.

Eu era o único passageiro da classe econômica e havia seis japoneses na primeira classe. Todos os comissários estavam endoidando, meio que pendurados pelo pescoço no teto do avião por causa da gravidade e da grave situação, e assim...

E assim... eu sabia que era sério.

Ao chegar ao apartamento do Hélio na Second Avenue, entre a East 4th e a East 5th, tudo o que ele disse foi:

— Boneca, como você está pálida!

Hélio basicamente tratava todos como garotas, ultragays ou gueixas.

Alguém poderia achar que ele me daria algum tempo para me recuperar ou mesmo contar o que acontecera. Mas não. "Para a cama!" E então começou a foda.

Não me queixei.

Não estou me queixando agora.

Estou aqui em Londres, certo?

Posso alegar estar em qualquer lugar. Com meu pedigree e meu conhecimento, posso dizer que estou pousando em Marte. Engolir a porra que transbordava do pau de Hélio em minha boca às vezes era difícil. Mas jamais me queixei. E não estou me queixando agora.

Digamos que tudo começou aqui em Londres, muito cedo, logo depois que eu e Jill D. (minha primeira mulher) nos casamos no Wandsworth Town Hall, em South West London.

Era estranho estar casado, sendo tão novo. Era estranho ser hippie — quase um ano depois de Woodstock — e ser uma "pessoa casada". Mas parecia engraçado. Ainda parece.

Durante aquele casamento, aconteceu Absolutamente tudo. Absolutamente, com "a" maiúsculo (como em Aprendiz, Ardiloso ou Águia: "A"). Aprendi como era ser casado, alugar apartamento em Londres, pagar conta de luz, trabalhar em empregos "normais" e não tão "normais", a buscar Jill no The Place (London Contemporary Dance, ou The Place), ou naquele outro lugar na Floral Street, em Covent Garden. Dance Center? Então, mais tarde, Sanctuary ou Pineapple? Não importa! Ela fazia aulas de jazz com um americano chamado Matt Mattox. Esse Matt fora colaborador de Bob Fosse em algum momento.

Londres foi onde aprendi tudo. Quero dizer, quase tudo.

Nova York, naqueles dias, era lixo espalhado, roubos por toda parte, ataques, estupros, a mais profunda violência, dezenas de taxistas sendo mortos e vigaristas. Vigaristas e mais vigaristas. Era o oeste selvagem! Tínhamos SETE trancas na porta e barras nas janelas: vivíamos em prisões. A tranca mais esquisita era uma barra diagonal de metal, presa ao chão e contra a porta: era a "tranca policial".

Mas Tony, um cara bonitão do Harlem, cujo trabalho era buscar meu filho Fernando na Little Red School House e levá-lo para casa, costumava dizer, com acentuado sotaque característico dos negros daquela região:

— Se forem te pegar, vão te pegar DE QUALQUER JEITO!!!

Tony era engraçado e usava o casaco de pele mais caro que já vi. Levei Tony e seu casaco para avaliação de meu tio, Peter Kent (que era peleiro), em sua supertrancada e prisional loja no Garment District, e meu tio quase caiu para trás:

— PUTA QUE O PARIU! Isso vale 25 mil dólares!!!

Tony e eu tentamos vendê-lo para a Bloomingdale's por 5 mil... e conseguimos!

Londres, por outro lado, era um exemplo de organização, limpeza, eficiência e, bem... de Europa. Mas, ouso dizer, melhor que a Europa. Melhor que o mundo. Uau! Que declaração.

"A" de aprendiz

Eu dirigia bem e tinha minha própria van Morris Minor — que já pertencera ao serviço postal da Grande Londres. Mas não tinha carteira de motorista. Tinha um "A" colado no para-choque, o que significava que podia dirigir com um motorista licenciado a meu lado.

Certo dia, vi um anúncio no *Evening Standard*: "Quer ser motorista de veículos de emergência? Ligue para este número." Liguei.

Quando vi, estava em High Wycombe, uma cidadezinha horrível a norte de Londres, "treinando", "derrapando", fazendo manobras no óleo e no gelo e correndo a toda velocidade, como um maníaco. MAS tinha de aprender direção defensiva. Era uma ambulância, afinal.

Seis meses daquilo e me "formei". As aulas eram de graça. Em troca, era minha vez de dirigir uma ambulância e resgatar pessoas. Fui designado para o Royal Free Hospital, em Hampstead, a 3 metros de meu apartamento.

Mas o estresse! O barulho da sirene sobre minha cabeça!!! A "urgência" de chegar até onde... uma velha senhora ficara desidratada na Marks & Spencer, ou um gato ficara preso em uma árvore!!! Ora, por favor.

Ei, Michael, você poderia me trazer mais água e, POR FAVOR, um expresso bem forte... O quê? Não, não café coado... Sim, a máquina de expresso que comprei ontem está em meu camarim. Faça um triplo, por favor. Obrigado.

Posso continuar.

Perguntei se poderia ser transferido para um lugar menos "emergencial". Eles aceitaram e me enviaram para coletar/catar/remover brutalmente todos aqueles viciados em heroína da estação de metrô Piccadilly Circus e levá-los para o centro de recuperação de Tooting Bec. Era um trabalho horrível e muito deprimente. O pior era que os viciados e suas famílias estariam de volta à estação Piccadilly no dia seguinte.

Eu queria sair.

O que mais?

Provador de café na London Coffee "Exchange"?

Operador de chamadas internacionais na Phone "Exchange"?

Qual a razão de tantos "Exchanges"?

Será que eu estava prestes a ser *exchanged*?

Muito antes disso, eu me matriculara na Sala de Leituras do Museu Britânico para ser, bem, "leitor". Não era fácil. Você recebia uma cadeira, uma escrivaninha forrada de veludo com várias prateleiras e o direito de ir até o epicentro daquele domo gigantesco, construído por Sydney Smirke em 1854, cem anos antes de eu ser trazido a este mundo.

Foi naqueles corredores silenciosos e cheios de ecos que começou meu amor pela leitura.

Eu costumava pedir todo tipo de livros, espalhá-los a minha frente e lê-los simultaneamente: de Descartes a Arthur Koestler, de Marx (que escreveu *O capital* naquela mesma sala) a... escolha: Pascal, Hegel, Nietzsche, Bernard Levin etc., tomando notas em um bloco.

Os livros tinham um cheiro todo próprio, acompanhado dos roncos de todos aqueles velhos *scholars* que estavam sempre dormindo, usando uma pilha de quatro livros como travesseiro.

Uma grande parte do que sou nasceu lá.

Minha certidão de nascimento deveria dizer: "Nascido na Sala de Leituras do Museu Britânico."

Eu precisava do endosso acadêmico de alguém em posição elevada na cadeia intelectual de comando. Pedi que minha tia Erika me ajudasse, e ela me encaminhou a Ronald Hayman, biógrafo de Brecht, de Kafka e de muitos outros (entre os quais, Beckett, como descobri depois), que não apenas escreveu uma carta de recomendação, como também me deu dicas importantes sobre quais peças assistir, de *A metamorfose* e *O processo*, de Kafka — por Steven Berkoff, no Collegiate Theater — até Calderón de la Barca, e assim por diante. Nem é preciso dizer que, posteriormente, eu me encontraria com Berkoff, em Londres, na Patisserie Valerie ou em seu loft na área das docas, e, mais tarde, no Rio, para confessar que minha *Trilogia Kafka* fora inspirada por ele.

Mais tarde, Ronald Hayman, que vivia na Church Row, 25, em Hampstead, me alugou um enorme estúdio no segundo andar de sua enorme casa com teto enormemente alto, para que eu pudesse pintar, fazer bagunça e "espalhar meu universo", porque, como ele disse (após ver meu trabalho):

— Você precisa continuar a fazer isso, e isso requer asteroides e vulcões atingindo a Terra de tempos em tempos, o que produz muita bagunça.

Ele era um homem sábio, que não se importava com seu limpo chão de madeira. Sua mulher me servia chá de tempos em tempos, e eu lembro que Jean Genet era nosso assunto mais recorrente. Tendo testemunhado a grande produção mundial de Victor Garcia e o ódio que Genet sentia por ela, eu tinha muito a acrescentar. Eu e Ronald tínhamos muitas conversas fáceis sobre "inversão de papéis" no teatro. Ele era fascinado por isso. Eu achava o conceito meio ultrapassado. Mas eu tinha 17 ou 18 anos. Ele tinha 40 ou mais.

Sim, inversão de papéis era a razão principal de seu interesse pelo teatro e pela literatura, e explicava o porquê de *A metamorfose* (homem se transformando em inseto) e do extraordinário trabalho de Lindsay Kemp: um dançarino que se transformava em *Diário de um ladrão* ou *Nossa Senhora das Flores*, de Genet.

Minhas leituras no Museu Britânico não tinham ordem, mas eram guiadas por Hayman e por puro instinto.

— Você está dando voltas — disse Ronald, após ler o que eu escrevera. — Precisa colocar alguma ordem nisso.

— Estou tendo convulsões, Ronald. Minha cabeça está explodindo com esse maldito existencialismo, essa *Weltschmerz* e outras obras literárias asfixiantes. Ordem, ordem! Ordem no tribunal! — provoquei, como se fosse um juiz em Old Bailey.

— Precisamente — disse ele. — Não é uma ideia ruim. Você deveria ir até o tribunal e se sentar nas galerias por alguns dias, para aprender ORGANIZAÇÃO!

— Você não está falando sério.

— É claro que estou. Faça isso, ou vou escrever para a ILEA[Inner London Education Authority], descontinuar essa tutela, e sua afiliação ao Museu Britânico irá pelo ralo.

Nem é preciso dizer que eu estava furioso. Fiz uma pausa entre livros no Museu Britânico e caminhei pela Great Russel Street até chegar a Strand/Fleet Street, onde pedi para assistir a um julgamento.

Meu mundo mudou. Minha audição mudou. Minha visão mudou.

Fiquei fascinado. Puro teatro! Quero dizer, teatro em sua forma mais pura. Quase Platão.

No dia seguinte, fui o primeiro a chegar, pela manhã.

E fiz o mesmo durante uma semana.

Após a segunda semana, me reportei a Ronald, não sem antes escrever um relato cartesiano e "ordenado" do que vira.

Caro Ronald,

Agora sei por que você me enviou até Old Bailey. Não foi por nenhuma outra razão senão observar o mais bizarro e absurdo espetáculo teatral, completo com seu próprio figurino, cenografia e tramas da vida real, melhor que qualquer um que se possa ver do outro lado da ponte, no National ou no Old Vic. Obrigado.

Posso, agora, retornar às minhas pinturas, meus sanduíches de queijo com tomate e minhas regulares leituras desorganizadas?

Mais tarde naquela noite, eu e Ronald rolamos de rir.

— Você é o garoto mais esperto que já conheci. É muito difícil enganá-lo. Sim, você entendeu bem a missão. Eu me pergunto o que você acharia de passar uma semana dormindo perto da sepultura de Marx, no cemitério de Highgate...

Finalmente, após seis anos disso, eu me graduei no que a ILEA considerava um louvável curso de história e filosofia. Será que aquilo poderia ser chamado de "graduação"? Não, acho que não. Eles me deram um pedaço de papel, e foi tudo. Mas, naquele pedaço de papel, em latim elaborado e com alguns carimbos formidáveis, havia algumas linhas que jamais traduzirão a realidade de ter vivido, amado e aprendido sob aquele imenso domo.

Não sei de nada. No máximo, sei muito pouco.

— Boneca, como você está pálida!

Eu tinha 13 anos quando fui apresentado a Hélio Oiticica ou, melhor ainda, ele se apresentou a mim. Intimamente. Foi doloroso? Sim. E prazeroso também. Tudo ao mesmo tempo, porque, um ano antes, eu fora estuprado por um cara enorme, na lavanderia do Paramount Hotel, em Nova York, enquanto minha família voltava do Tennessee para o Rio. Aquilo foi doloroso.

Não posso dizer que era amor, com Hélio. Não era. Mas havia coca e "boas manobras". E uma grande quantidade de erotismo realmente perverso. Muito diferente de ser agarrado por trás, ameaçado e fodido no cu, sem lubrificante. Com Hélio, meu cu queria. Com o outro cara, ele rejeitava, obviamente.

A primeira vez que pus os olhos em Hélio foi em uma espécie de "reunião" semanal organizada e guiada por meu professor de pintura, Ivan Serpa, que ocorria todas as noites de quinta-feira, em um andar alto de uma daquelas pocilgas de Copacabana — do tipo que ia de apartamentos de prostitutas a carpintarias e lojas de quinquilharias.

Eu tinha 9 anos e todos os outros caras tinham uns 30. Gerchman, Vergara, o próprio Hélio e Darcílio Lima (que viera do Museu de

Imagens do Inconsciente, fundado pela doutora Nise da Silveira). O trabalho de Hélio era o mais próximo do de Marcel Duchamp — cinético, por assim dizer. Hélio era um personagem "de ligação" que subia e descia, de Duchamp a Warhol, e de Warhol a Carmen Miranda e à cultura da favela, tudo ao mesmo tempo, em uma única pincelada. Não, não pincelada. Não pintura. Instalações, ninhos: ele era um artista autodidata, pop, moderno, hippie e concreto — erudito. Um artista muito erudito, subversivo e contracultural.

Foi quando comecei a notar os filmes da Nouvelle Vague, de Godard e Kenneth Anger, em locais estranhos: The Eletric Cinema Club, em Portobello Road, e o Museu da Imagem e do Som, no Rio. E foi assim que topei com Glauber Rocha, Rogério Sganzerla, Bressane e, especialmente, Cacá Diegues: um GRANDE cineasta e grande amigo.

O que eles têm em comum? NÃO são apenas artistas. São os "pensadores" de sua arte. Hélio, Cacá, Glauber, Caetano e Gil não são apenas pessoas que fazem arte. Eles fazem a arte acontecer pela ótica da filosofia de "pensar a arte".

Clement Greenberg, Rauschenberg, Jasper Johns, Duchamp, John Cage e Merce Cunningham estão nesse grupo. Warhol escolhia ignorar as grandes declarações e manifestos, e suas respostas se reduziam a "sim", "não" ou "porque quis".

E assim... eu tinha 9, 10, 11 anos, e depois de alguns debates muito intelectuais sobre o futuro (ou a MORTE) da arte, Hélio me convidou para ir até sua casa, no Jardim Botânico, no Rio de Janeiro. O pretexto era ajudá-lo a terminar o cenário que ele estava preparando para o show de Gal Costa na boate Sucata. Consistia em costurar e amarrar filamentos azuis de plástico em uma grade que ficaria suspensa na entrada da boate e pela qual a plateia teria necessariamente de passar para chegar a seus lugares. Hélio queria arruinar os penteados das senhoras pseudorrefinadas da alta sociedade do Rio e de São Paulo, que compareceriam com suas roupas caras. De um modo muito conceitual e elegante, queria "destruir" a própria elegância.

Eu tinha 13 anos. E foi quando a foda começou.

O trabalho de Hélio era sempre agressivo, das imagens do Jimi Hendrix pintadas com cocaína (*Cosmococa 5, Hendrix War*) aos ninhos onde os membros do público eram convidados a "entrar e foder" sobre superfícies duras como rochas, pedregulhos, sisal, feno e assim por diante. De qualquer modo, foi na casa de Hélio que nosso relacionamento começou. Havia coca. Muita coca. Hélio ganhava a vida vendendo cocaína, uma vez que sua arte, suas criações de vanguarda, dificilmente seriam consideradas "colecionáveis" naquela época.

Ele era um amante perigoso. Um homem procurado!!! Um criminoso da vida real. "Procurado vivo ou morto." Um bandido chamado Cara de Cavalo e o chefe de polícia do Rio sabiam o que estava acontecendo, e caça e caçador se encontravam regularmente, cheiravam algumas fileiras e... Coisas assim só acontecem em lugares como o Brasil e a Nigéria — ou Miami. "Chefão das drogas se encontra amigavelmente com o comissário de polícia Fulano de Tal" — as manchetes eram tão reais que era quase possível vê-las nos tabloides.

O chefe de polícia também era conhecido por ser parte de uma gangue de policiais ilegal e perigosa, que se autointitulava "Esquadrão da Morte".

Hélio já passara da fase da "arte que se pode vestir", seu período parangolé. Os parangolés haviam sido concebidos como fantasias de carnaval (todos plásticos, todos muito reais), e, a fim de lhes dar visibilidade, ele lançava mão de nomes famosos da favela e da cultura popular negra, como Carlinhos do Pandeiro, Paulinho da Viola e Cartola. É claro, o *establishment* também era convidado a vesti-los e a posar para fotos (o cartunista Ziraldo e o colunista de fofocas Carlos Leonam foram alguns exemplos), e eu e Hélio rolávamos de rir sempre que isso envolvia a fotógrafa Marisa Alvarez Lima (uma dama muito requintada). Todos eles se sentiam desconfortáveis. Contudo, era uma área de certo conforto, em que o *antiestablishment* (os tropicalistas) e o *establishment* apertavam as mãos como cavalheiros, sem uma guerra ideológica (como, por exemplo, na França, onde tal coisa seria inimaginável: imaginem Sartre posando para um artista conceitual e meio hippie. Jamais!!!).

Eu e Hélio sempre nos encontrávamos com Ivo Meirelles e subíamos o morro da Mangueira (uma favela sofisticada e responsável pela principal escola de samba do Rio, vencedora absoluta de quase todos os desfiles). Nosso objetivo não eram apenas as drogas, mas também entrar em contato com os brasileiros REAIS, os compositores de samba. Cartola e Nelson Cavaquinho são dois exemplos, mas, à noite, a Mangueira era uma festa que misturava as raízes reais do Brasil que eu queria conhecer e dos brasileiros que eu queria tão desesperadamente ser.

Lembrem que, naqueles dias, eu já escalara vários degraus da escada dos debates sobre arte conceitual e "tudo o mais" conceitual. Afinal, Ivan Serpa me dispensara de suas factuais, atuais e práticas aulas de pintura no Museu de Arte Moderna, aos sábados, nas quais damas ricas e seus poodles cor-de-rosa aprendiam como segurar uma paleta e pintar nus ou naturezas-mortas!

Ele dissera a minha mãe:

— Ele é talentoso demais para ser desperdiçado entre aquelas velhas senhoras. Deixe que participe das discussões de quinta-feira em Copacabana.

Foi lá que conheci Hélio.

Ivan Serpa. Que homem! De certa maneira, ele foi a mãe e o pai do movimento de pintura modernista no Rio. O professor dos professores, que nunca lembrava meu nome, mas sempre ofendia minhas pinturas.

— Você está perseguindo a obra-prima, e é a obra-prima que deve perseguir VOCÊ!!! — dizia ele toda quinta-feira, furioso, na frente de todos aqueles gênios adultos.

Agora, sentado neste palco, mais de cinquenta anos depois, eu me lembro bem dele. Não afetuosamente. Não calorosamente. Eu me lembro dele com lágrimas nos olhos e agradeço o fato de ele ter validado minha vida neste planeta. Agradeço porque ele "me viu", investiu em mim e me fez acreditar que tudo era possível. Não é amor. É mais que isso. É a gratidão que se sente quando alguém lhe dá luz verde, um timão e um barco e diz: "VELAS AO MAR, garoto. Você consegue!!!"

Não tenho certeza de como me sinto em relação a um dos maiores gênios que já conheci.

Steinberg.

Eu não fiquei apenas chocado quando a porta se abriu. Fiquei embasbacado! Eu estava na residência de Saul Steinberg, em Manhattan, na East 75th Street com a Park Avenue, e mesmo assim não sabia qual era sua aparência. Ninguém conhecia sua aparência. Steinberg se orgulhava de seu anonimato.

De fato, precisava dele, pois era no anonimato que podia observar as pessoas em locais públicos, fazendo coisas privadas enquanto ele espiava...

Ele simplesmente se recusava a ser uma pessoa pública. Embora fosse um cartunista famoso e o mais brilhante caricaturista do American Way of Life, ele se misturava facilmente às *personas* que retratava.

A porta se abriu:

— Olá, sr. Thomas. Entre, por favor.

Lá estava eu, em meio a uma dúzia de cavaletes de madeira, completamente calmo e cercado por esboços. Quase me senti estranho quando ele me disse (e a minha ex, Daniela Thomas):

— Espero que gostem de seu expresso puro.

Nem um único som. Ele era um observador silencioso, mas eu também era.

Assim como Beckett, jamais esperei que ele fosse me receber. É claro, Steinberg precede Beckett em alguns anos, no que me diz respeito.

Esse tipo de gente não recebe, não entretém, nem fica presa em uma casa ou apartamento com desconhecidos. Eu também não.

Assim, aqueles dois eram muito similares: Beckett e Steinberg. E, assim como Beckett, o velho gênio jamais se cansava de fazer perguntas. Exatamente como Beckett. Os minúsculos homens de Steinberg, agrupados em uma vasta paisagem, são bastante similares a "O despovoador", de Beckett.

— Você tem os olhos de um judeu errante, sempre buscando — disse ele durante uma de minhas visitas, depois de ver meu desenho no *New York Times* daquele dia.

— É verdade, sr. Steinberg. Tenho uma visão ampla. Minha visão periférica é meu maior atributo.

Eu estava "pintando", fazendo de tudo para me promover, e não dava a mínima para a modéstia. Mas nada daquilo era necessário.

Steinberg entrou primeiro em minha vida, e eu senti que quebrara a bola de cristal das pessoas que não recebem pessoas. Conversamos pelo telefone e, um dia, ele simplesmente me deu seu endereço. A pessoa que nos colocou em contato foi uma amiga italiana. Eu e Daniela T. tínhamos uma amante chamada Hilaria Frechia, que meio que fazia parte da Mabou Mines. Sua mãe estudara arquitetura com Steinberg em Milão, e eles haviam se mantido em contato. Foi Hilaria quem fez acontecer. Meu Deus, mesmo? Steinberg?

Um dia, ele telefonou para minha casa, e eu não estava. Daniela atendeu. Ele disse algo como: "Venha até aqui, quero desenhá-la." Sendo filha do cartunista Ziraldo, Daniela não conseguia acreditar que se tornaria uma pintura de Steinberg, e foi até lá. Eu tenho sorte por ela ter saído viva; ela ficou completamente traumatizada. Mesmo assim, ela disse:

— Não quero que você rompa com ele. Sei que ele é importante para você e que você o estudou a vida inteira; é como conhecer Duchamp. Mas ele tentou me estuprar. Foi terrível. Pavoroso.

Telefonei para Steinberg uma semana depois. Ele achou que Daniela não tivesse me contado sobre o quase estupro e mentiu, dizendo que passara duas semanas em Long Island. Pensei comigo: "Que filho da puta."

— Venha até aqui, preciso ver seu trabalho — disse ele.

Ele fazia perguntas o tempo todo. Era quase como se não pudesse responder a nenhuma pergunta, então as fazia sem parar. Qual minha percepção do mundo? Qual minha opinião sobre De Chirico? E sobre outros pintores? E sobre Francis Bacon? E Picasso? E assim por diante, infinitamente.

Ele trabalhava em coisas simultâneas o tempo todo, o que era uma bela ideia. E me deu uma ideia: eu não tinha de trabalhar em uma única peça, podia trabalhar em várias ao mesmo tempo. Era só uma questão de espalhar as coisas e deixá-las secar.

— Você também trabalha com coisas simultâneas, sr. Thomas?

Pensei: "Ah, meu Deus, se eu pudesse fotografar esse momento para provar às pessoas que não acreditarão em mim." Eu estava sozinho no ateliê de Steinberg, olhando para um novo trabalho, que ninguém ainda tinha visto. Na minha vida daquela época... eu chegara o mais alto possível na escala dos fãs.

Ele se preocupava com coisas tão pequenas, que chegava a ser inacreditável!

Havia esse outro cara que fazia ilustrações para o *New York Times*, chamado Eugene Mihaesco, outro romeno. Ele imitava Steinberg. Suas imitações eram grosseiras e horríveis, e todos em torno de Steinberg queriam matá-lo, agarrar Eugene Mihaesco e esganá-lo. Um dia, Steinberg me disse:

— Um dos maiores problemas de minha vida se chama Eugene Mihaesco.

Eu estava furioso com minha diretora de arte, Jerelle Kraus (após uma longa briga), e disse:

— Vou falar com Jerelle, e ela vai parar de publicar esse cara.

Tive uma conversa séria com Jerelle. Ela fez uma pausa e disse:

— Se você conseguir que Steinberg me faça um desenho, prometo que jamais publicarei Eugene novamente.

Voltei a Steinberg e disse:

— Ouça, sr. Steinberg, sei que parece tolo e soa como chantagem, mas Jerelle disse que...

Sendo um sobrevivente, Steinberg entendeu imediatamente:

— Sem problemas. Farei um desenho!

Fiquei com as pernas bambas.

Assim, fui responsável por levar um desenho virgem de Steinberg ao nono andar do *New York Times*, na 43rd Street, onde trabalhávamos. Era fato consumado: a vida de Mihaesco terminara.

Apresentei muitas pessoas à obra de Steinberg, do mesmo modo como ele me apresentou a uma visão de vida que eu não possuía antes.

— Tente ver a vida como um negócio, Thomas.

Agora, sentado neste palco, mais de quarenta anos depois, eu me lembro bem dele. Não afetuosamente. Não calorosamente. Eu me lembro dele como um gato se lembra de um peixe em um aquário. Não tenho certeza de como me sinto a respeito de um dos maiores gênios que já conheci.

9

Anistia Internacional

Em um dia extremamente tenso de 1976, decidi que já tivera o bastante. Eu estava sentado em meu lugar habitual na Sala de Leituras do Museu Britânico, lendo isso e mais aquilo, e com o *London Times* aberto na seção de política, onde li um artigo sobre a Anistia Internacional e o que ela fazia pelos "prisioneiros de consciência", a favor da liberdade de expressão e contra a tortura e a opressão no mundo.

Eu lia compulsivamente havia dois anos, quase como um rebelde sem causa, e achei que talvez fosse útil ser útil. Fui até o escritório da Anistia (na época, na Theobald's Road, em Holborn), e percebi que chegara na hora errada. Alguém abriu a porta e disse:

— Por favor, volte depois. Estamos sem pessoal...

— É precisamente por isso que estou aqui...

— Ah, sim. Então, volte daqui a duas semanas e vá ao novo escritório, na Southampton Street, em Covent Garden.

— Ok. Obrigado.

Duas semanas depois, escritório novo. Covent Garden.

No meio da correria habitual, consegui conversar (embora apressadamente) com alguém e deixei claro que também falava em alemão fluente e, principalmente, em português brasileiro.

— Acho que eu poderia ajudar...

Sobrancelhas arqueadas, queixo caído, e eu estava "dentro". Quero dizer, estava dentro mesmo antes da mudança. Sentado entre caixas de papelão e espirrando como minha mãe, comecei a percorrer os quase apodrecidos "Arquivos Brasil". Meu Deus!!! Que confusão do caralho!!!

E aquele foi meu primeiro contato com destroços, destroços reais, mentais e metafísicos. Lá estava eu, sentado entre dezenas de empoeiradas caixas de papelão, com uma máquina de escrever elétrica da IBM à mão, lidando com os destroços políticos e os ossos corroídos daqueles que haviam sido mortos por suas crenças e ideologias, credo ou cor da pele. Tudo muito inacreditável e muito verdadeiro para o filho de uma criança do Holocausto.

Eu tinha de seguir regras estritas. Regras da Anistia. Regras de Peter Benenson, Seán MacBride e Martin Ennals. E regras de Thomas Hammarberg. E reuniões e mais reuniões e convenções e grupos de apoio — "grupos de adoção dos prisioneiros de consciência" — na Alemanha, Holanda, Dinamarca, Suécia e Suíça, e todas aquelas reuniões. E brigas entre departamentos. América Latina *versus* Cortina de Ferro *versus* Departamento Africano e todos nós *versus* Departamento Asiático. Tudo por uma boa causa, mas os egos... Uau, os egos!!!

Lá estava eu, tentando desesperadamente ser de alguma ajuda, ajuda anônima. Contudo, minha existência teatral me seguia, e na Anistia Internacional, no Secretariado Internacional, o cérebro de tudo, não era diferente.

O trabalho progredia. O trabalho progredia tão rapidamente e em tal extensão que tive de interromper minhas leituras no Museu Britânico e fazer com que meu filho Fernando (com 4 ou 5 anos, na época) dormisse no chão da sala de telex, no último andar — enquanto eu tentava evitar que brasileiros fossem torturados, mortos, exterminados, como minha família fora exterminada apenas por ser quem era.

Eu tinha 23 anos e, obviamente, já era velho o bastante para ir até Paris e me encontrar com os principais grupos de exilados brasileiros.

De Arraes a Gabeira, de Liszt Vieira a membros zangados do PCB, do PCdoB, do PCBR, do MR-8, da Var-Palmares, da Ação Popular e de todos os grupos derivados, todos em conflito, odiando uns aos outros, EXATAMENTE como em *A vida de Brian*, do Monty Python, em que os palestinos se separam em grupos minúsculos e incontáveis. Sim, dos estudantes (trotskistas) aos maoistas (pró-Albânia, na época), aos envolvidos com as guerrilhas urbanas e aos que simplesmente tinham conexões com o Kremlin.

Como entender tudo aquilo? Era como ter de virar o mundo de cabeça para baixo de uma só vez, rapidamente, e reaprender geopolítica em seu sentido mais desagradável.

Eu escrevia para chefes de Estado, ministros, juízes militares, esposas de prisioneiros, os próprios prisioneiros, diretores de prisão, advogados... Ah, tantos advogados. Advogados, grupos legais, escritórios, grandes bancas, todos, como na história de Kafka, dizendo o oposto do que os outros haviam dito, enquanto pessoas recebiam choques no pau de arara, eram mantidas acordadas durante dias na "geladeira" ou simplesmente afogadas nos porões dos militares. E havia tantos! OBAN, DOI-CODI, e assim por diante. O sistema era um produto de exportação americano. Cortesia da CIA. Técnicas de tortura explicadas por Philip Agee, um agente que desertou e buscou refúgio no Reino Unido.

SINISTRO!!!

É uma vida mais que sinistra ter de lidar, em tempo real, com pessoas que estão prestes a morrer.

Minha vida mudava rapidamente!

Foda-se a ARTE! Havia vidas humanas em jogo e, assim... foda-se Descartes!!! Foda-se "desCARTES". *That's my stripping the master of his bachelors, even.**

---

* "Este sou eu, despindo o mestre de seus pretendentes." Referência a *The Bride Stripped Bare by Her Bachelors, Even*, de Marcel Duchamp. (N. da T.)

Mas eis o perigo! Subitamente, eu estava lidando com grupos organizados e indivíduos irascíveis que, hoje, chamaríamos de "terroristas". Pessoas sem nenhuma consideração pela vida humana. Capazes de matar e justificar seus atos com duas coisas muito idiotas:

1. A doutrina de Che Guevara, ou leninista, que favorece as massas, mas exclui o humano.

2. Os ditadores militares, que justificavam suas técnicas de tortura e assassinato EXATAMENTE COMO o faziam aqueles que aprisionavam.

Esse é um terreno perigoso, porque nunca há um "muito obrigado". Aos olhos deles, eu era apenas um peão fazendo seu dever. Era? Sim, absolutamente. Eu era um peão político, e a menor batata na maionese, mas estava disposto a interpretar esse papel em nome da "justiça". Sim, em nome dos "direitos humanos".

Terreno perigoso! Especialmente quando, um ano antes de a "anistia" ser declarada no Brasil, em 1979, decidi fazer um inventário completo, ou uma expedição exploratória, e viajei para falar com os prisioneiros *in loco*.

Um repórter do *Jornal do Brasil* chamado Carlos Rangel descobriu minha intenção e esperou por mim no aeroporto. Eu precisaria ser absolutamente invisível para que a viagem tivesse alguma utilidade. Mas não. Rangel me deu uma página inteira no jornal mais importante do Rio, em uma matéria intitulada "Thomas, pintor, 24 anos, veio ver e ouvir".

Minha foto foi deliberadamente impressa como as da polícia. De frente e de lado.

Era uma página inteira no jornal de domingo, que os cariocas invariavelmente levavam para a praia. Achei que estivesse fodido.

Mas não estava. Fui meramente seguido pela polícia política, o DOPS, enquanto entrava nas prisões e conversava com Alex Polari de Alverga e Nelson Rodrigues Filho, no Rio, e com todos os prisioneiros em São Paulo e Salvador.

Anotei seus nomes. Fui seduzido por esposas, me encontrei com o cardeal Evaristo Arns, com o padre Renzo Rossi, com Iramaya Benjamin e outros ativistas políticos.

Fiz a ponte Rio — São Paulo — Rio CINCO VEZES em um dia. Foi pesado. Um cronograma muito pesado.

Voltei para casa, em Londres, e fiquei doente.

Puro estresse! Chorei até não poder mais, tive um troço e fui levado ao St. Thomas — e não ao Royal Free, perto de minha casa, em Canfield Gardens, NW3.

Daniela Thomas foi me visitar. Dudu Continentino, com quem eu estava casado, foi me visitar. Era a primeira trégua entre nós. O fim de um feudo? Talvez não.

E não era estresse: era hepatite, mas eu só ficaria realmente doente em Nova York, em 1980, instalado em um loft na esquina da East 23rd com a Lexington. Fiquei ictérico, tão amarelo quanto um táxi nova-iorquino, e tendo de cuidar de Fernando (que fora comigo e tinha 6 anos na época). Arrastando meu corpo pela 23rd Street em câmera lenta, quase como um imaginário prisioneiro político, visitei o pronto-socorro do Bellevue Hospital, onde um atônito grupo de médicos olhou para mim e disse:

— Não há cura. Tente comer fígado. Cru, se possível.

Hepatite é uma coisa horrível. Você mija preto e caga branco, coça o dia inteiro, dorme e, durante dois meses, nada acontece. Você literalmente apodrece.

Eu estava apodrecendo, quando, então, subitamente... macrobiótica.

Daniela Pinto (Thomas) ainda estava em Londres, assim como Dudu. Eu estava sozinho com Fernando naquele apartamento em Nova York, dormindo e coçando e só conseguindo descer para ir até um horrível restaurante grego do outro lado da rua, pedir fígado. Eca.

Eu sabia a causa. Eu contraíra a doença no presídio Frei Caneca, comendo uma feijoada de domingo preparada especialmente para mim pelos prisioneiros. Mas, obviamente, a água estava contaminada. Obviamente, eles estavam acostumados, mas eu, com meu delicado estômago inglês, não estava.

Era 1980, e não ainda 1984.

Foi um ano bizarro. Ao menos para mim. Eu estava me habituando a viver em Nova York novamente, após oito anos em Londres.

Alex Polari foi libertado, assim como todos os outros.

Eu prometera a ele e a mulher, Sonia, que os levaria para Nova York com minha vasta milhagem da Pan Am. E levei. Segundo Alex, John Lennon fora a coisa que o fizera suportar os anos de cárcere. A poesia de Lennon inspirara a sua, e Lennon, como um todo, fornecera "graduação espiritual" e iluminação durante seus anos de prisão.

Eu já tinha outro loft, no número 250 da Mercer Street, no NoHo. E era totalmente macrobiótico — mas chegarei a isso em um instante.

Por favor, me deem um segundo. Preciso de mais água e café. Michael? Por favor?

Então, lá estava eu, tirando fotos de Alex e Sonia em frente ao Dakota em um congelante 8 de dezembro de 1980. Era ali, obviamente, que Lennon e Yoko viviam, e Alex queria o momentum.

Dedução óbvia: o assassino de Lennon, David Chapman, está naquelas fotografias. Mas elas desapareceram. Que pena. Sem iPhone nem celulares naquela época, somente o boca a boca.

Eu arrastara Alex e Sonia para a macrobiótica.

Sim, eu estava doente como um cão, mas meu então quase sogro, Ziraldo, costumava me enviar a edição semanal do *Pasquim* — a versão brasileira de *Ramparts* e *Mad*, uma revista da resistência, um símbolo do movimento de esquerda.

E, naquela edição do *Pasquim*, o sr. Zanatta tratava da questão da hepatite e como curá-la em três dias com... chá de dente-de-leão!

Havia um número de telefone no fim da entrevista.

Telefonei para Zanatta.

— Você está ligando de Nova York? Bem, telefone para Michio Kushi, em Boston. Ele é o DEUS da macrobiótica.

Eu telefonei. Estranhamente, Kushi estaria em Nova York no dia seguinte.

E, o mais importante, tinha um horário às onze. Assim, entre o momento em que li a entrevista de Zanatta e a invasão de meu apartamento por uma dúzia de "homens de preto" que jogaram fora toda a minha comida e me prepararam um chá de kuzu-umeboshi--gengibre-rábano... bem, toda a transformação foi feita em menos de doze horas.

E assim aprendi tudo sobre os horrores das comidas processadas, dos produtos derivados do leite, do açúcar branco, da farinha, da carne, a coisa toda.

Comecei a dieta do arroz integral e, segundo Kushi, tinha de caminhar, e não dormir, o dia todo. Eu andava e andava. No terceiro dia de minha nova dieta macrobiótica, já não estava amarelo, me sentia espetacularmente bem e conseguia andar até a 92nd Street e voltar. Confrontei a equipe médica no Bellevue.

Ninguém acreditou em mim.

Daniela, telefonando de Londres, ficou horrorizada. Achou que eu tivesse me convertido a algum novo tipo de religião.

A morte de Lennon chegou pela voz de Scott Muni — o DJ da 102.3 FM, WNEW. "Atiraram em Lennon." Eu estacionei o carro em frente ao Gramercy Hotel, por puro acaso. Acabara de deixar Alex e Sonia em meu apartamento vago na Lex, e estava voltando à Mercer Street.

Momentos depois: "Lennon está morto!!!"

Silêncio.

Dirigi de volta até o Dakota, onde passara boa parte do dia. Vestia apenas uma jaqueta leve de couro e estava congelando. Quando cheguei à Central Park West com a 72nd Street, devia haver umas quinhentas pessoas lá, segurando velas acesas. Sim, uma vigília. Foi a pior sensação que já tive.

Decidi não contar a Alex.

"Let It Be", pensei. "Contarei a ele amanhã."

Que horrível peça de horror!!!

Contei a Alex no dia seguinte, e ele chorou. Foi estranho testemunhar alguém como Alex (que fora acusado de matar 21 pessoas em nome da "libertação" ou do "marxismo") chorar porque seu ídolo fora assassinado.

Pessoas que matam pessoas também choram.

Indivíduos podem (ou se reservam o direito de) levar adiante "atividades terroristas", mas não os governos!!!

Contudo, o problema é que um "golpe militar", ou junta militar, não é um governo legítimo! Assim, é uma comparação difícil. Uma equação difícil.

10

Sim, 1980 está quase chegando ao fim. Mas não ainda

Eu e Fernando Gabeira permanecemos amigos durante todas essas décadas. Ele é provavelmente o político mais progressista da história do Brasil. Sempre um pioneiro no campo dos direitos raciais e dos gays (ou de qualquer outra minoria), é também um amigo próximo, e me confidenciou muitas coisas. Gabeira é um crítico notório da infantilidade da esquerda e de seus velhos e expirados valores. Foi um dos sequestradores do embaixador americano no Brasil, nos anos 1970, mas, como pensador real e alternando seu tempo de exílio entre Estocolmo e Paris, adotou o papel de estrela do rock, com todos os valores das estrelas do rock. E eu adoro isso. Não há nada assim aqui ou mesmo na Argentina. Nada como Gabeira, o Caetano Veloso ou Almodóvar da política.

Quanto a Alex Polari, ele se tornou uma espécie de xamã do Santo Daime. É a versão brasileira da ayahuasca e ele é um tipo de guru, pregando em seu retiro nas montanhas próximas ao Rio.

Foi um inverno infernal, aquele. A morte de Lennon afetou a todos e me enviou uma mensagem. Qual? Não tenho certeza.

Eu estava ilustrando para a op-ed do *New York Times* em 1981, além de dar workshops no La MaMa. Após meu breve encontro com a companhia de teatro Mabou Mines e minha participação em *A tempestade*, de Shakespeare, no Delacorte (parte do The Joe Papp Festival, ao ar livre no Central Park), estrelando Raul Julia e um lutador de sumô...

Desculpem, estou divagando.

Preciso de uma pausa de cinco minutos para ir ao banheiro. Espero que esteja tudo bem para vocês.

Tudo bem? Ok, voltarei em cinco minutos.

(Michael, por favor, desça a cortina.)

Ok, podemos continuar.

Mabou Mines, Lee Breuer, Bill Raymond, Steven Keats e a trupe. Ah, Fred Neumann. Sim, a Mabou Mines e, o mais importante, Jerelle Kraus. Jerelle, minha diretora de arte no *New York Times*.

A morte de Lennon foi algo grande para todos nós, e, seis meses depois de seu assassinato, no verão de 1981, estávamos no Delacorte, a apenas dez quarteirões do Dakota. E o apartamento de Jerelle, no mesmo complexo residencial em que Isaac Bashevis Singer também vivia, na West 86th Street, era o ponto de encontro de todos os "filhos dos anos sessenta" — e do Holocausto.

Eu explico. Explico antes que vocês explodam na estratosfera.

Ativistas como Abbie Hoffman e Jerry Rubin, pintores como Basquiat, a atriz teatral pornoconsciente Annie Sprinkle e o acrobata de corda bamba Philippe Petit se reuniam durante esses looongos jantares na casa de Jerelle. Pintores, gente da contracultura e "órfãos de Lennon" — estávamos todos lá. Jerelle era uma pessoa fascinante.

Na verdade, aquele era um zoológico fascinante, começando pelo namorado louco de Jerelle, Joe Strand (o primeiro habitante — "conquistador" — de Dumbo!). Ele e os ratos. Ratos do tamanho de labradores, SEM eletricidade ou aquecimento. Visitamos seu estúdio — ele estava trabalhando em uma asa, uma porra de uma asa gigantesca, do tamanho de uma sala grande, e real, com penas reais. Strand estava sempre usando alguma coisa MAIS lítio. Ah, lítio. Sempre furioso com o *status quo* da vanguarda, sempre furioso, até que um dia... um dia... a cidade lhe ofereceu algo excelente: o design da iluminação do Empire State Building.

Sim, a linha do horizonte noturna de NY, antes de Joe Strand, era definida apenas pelas luzes dos apartamentos. Depois dele, cada grande edifício e ponte da cidade se tornou um tipo de "instalação", arte viva. Foi incrível e colocou Strand em evidência. E então, é claro, ele rompeu com Jerelle.

Ouçam. Minha vida, MINHA VIDA NÃO ACONTECEU EM ORDEM CRONOLÓGICA. POR FAVOR, ENTENDAM que...

Peço desculpas pela explosão.

Estou suando frio.

Por favor, me deem um segundo. Como posso dar esse salto? Como posso fazer minha cabeça retroceder e voltar a Victor Garcia, em São Paulo, no fim dos anos 1960? Ok, vou tentar.

Victor Garcia e a morte anônima do gênio das ruas de Paris

Assim como aconteceu com Victor Garcia, que foi enterrado em uma cova anônima — uma cova anônima em Paris —, parece que lutamos no anonimato todos os dias de nossa vida, até irmos embora.

Victor foi, sem dúvida, sem sombra de dúvida, o maior diretor de palco que JAMAIS encontrei. Sua versão de *O balcão*, de Genet, em parceria com Ruth Escobar, mudou o cenário teatral de todo o mundo. As pessoas paravam em Londres, Paris, Nova York e, obviamente, em todo o Brasil.

Ruth destruiu seus quatro teatros e os transformou em um cilindro de oito andares.

A produção acontecia em elevadores de acrílico em movimento, com os atores pendurados em cordas, enquanto a plateia se sentava em uma gaiola de ferro em espiral, contornando a ação.

Não há palavras para descrever isso.

Mesmo agora, 44 anos depois, não encontrei nada nas artes tão audacioso, inventivo ou criativo.

E Jean Genet compareceu. E odiou cada minuto. Por quê?

Fácil. Porque já não era *apenas* Genet. Era o Genet de Victor e Ruth. E autores odeiam isso.

Sim. É aqui que começamos. Entrei em contato com a produção porque Hélio Oiticica me dissera que algo maravilhoso estava prestes a acontecer em São Paulo. Eu tinha 15 anos. Fui. Fiquei. Servia café, lavava os pés de Genet, fazia praticamente tudo. Incluindo "traduzir" para os atores aquilo que Victor queria.

Que arrogância da minha parte. Quinze anos de idade e eu achava que poderia me misturar e me tornar o minúsculo assistente de Victor. Não havia formalidades nem títulos, mas Victor estava sempre completamente bêbado. Além disso, sendo *O balcão* o que é, uma caricatura de poder na galé dos egos, ele decidiu não dirigir os atores "diretamente": ele dirigia a atmosfera em torno deles, encorajando as disputas entre o elenco e criando a exata atmosfera do bordel de Irma, onde a história tem lugar.

MAS... Agora me vejo sem fôlego e sem palavras.

Certos eventos só podem ser "vividos", e não descritos. Imaginem descrever Woodstock, ou... Imaginem descrever o pouso na lua, ou... Tentem descrever a euforia em Washington durante o discurso inaugural de Obama. Imaginem. Não é algo que realmente possa ser imaginado, e é aí que entra a arte. É aí que entra a metáfora. E é aí que entra a metalinguagem.

Assim, eu me vejo sem fôlego e sem palavras.

Sem palavras.

Mas REPLETO de imagens.

Não sou fã dos Beatles. Vou refazer a frase. Sou um GRANDE fã da escuridão de George Harrison, de "Beware of Darkness", "While My Guitar Gently Weeps" e "All Things Must Pass". Mas, quanto à banda...

Eu estava envolvido com um lance mais underground. Jagger deu o exemplo. Cream, MC5 e The Yardbirds. Hendrix, é claro. Hendrix estava à frente de todos os outros.

MAS NÃO SE ATIRA EM ASTROS DO ROCK, porra!!!

Como aquilo era possível? Quem poderia ter imaginado que tanto Lennon quanto Harrison teriam suas vidas ameaçadas ou tiradas?

Não previ aquilo.

Previ muita coisa, mas não aquilo. Eles atiram em cavalos, mas não em "Give Peace a Chance".

Lindsay Kemp é tão extraordinário, mas tão extraordinário, que me sinto conformado com o fato de que, assim como Victor Garcia, ele aguarda seu sepultamento anônimo em algum lugar da Toscana, em breve. *Let the Artists Die* é uma das melhores peças de Tadeusz Kantor. Quero dizer, elas são todas extraordinárias. Kemp e Garcia são artistas que, como Duchamp, declararam a morte da arte como "forma" de arte. Acho que isso é um paradoxo ou um enigma. Quem liga? Caminhando até o La MaMa em uma gelada manhã de inverno, eu temia a ideia de encarar Kantor, mas, felizmente, ele me ignorou completamente.

Eu tinha de ajudar a Cricot 2, sua companhia de teatro, na instalação das peças no La MaMa. Ele era o maior nome da cena internacional. Ele e seus escultores poloneses girando em círculos sufi, todos paranoicos, todos com medo do infiltrado da KGB que deveria se assegurar de que não fizessem contato com os Estados Unidos nem com os americanos.

Kantor era minúsculo. Uma grande mente, mas um gênio minúsculo.

Suas luzes consistiam em seis lâmpadas Par 64 a 50%, acesas do início até o final. Não havia design de luzes, como em seus seguidores, imitadores como Pina Bausch, Gerald Thomas, Bob Wilson e assim por diante.

E, depois da estreia de *Today is my Birthday*, ele foi para casa, em Cracóvia, e morreu. Ouvi todo tipo de história sobre ele na mesma cidade, quando estive lá, em 1995, três anos após sua morte. A companhia queria que eu assumisse, mas, após vários ensaios, eu me sentia idiota e obsoleto e acabara de fazer amizade com Andrej... um dos Andrejs... e expliquei a ele, durante um jantar em sua casa, que não estava à altura.

Kantor era um monstro. Quase inumano em sua monstruosidade.

Uma vez, em Nuremberg, fui vê-lo, e ele não queria fazer o espetáculo porque um cara punk com um moicano pink estava sentado na terceira fila. Em francês, ele acabou com o cara e o fez ir embora.

Adorei a audácia.

Adorando a audácia, como sempre adorei, há pouco que eu possa comparar às revelações e ao glamour de Lindsay Kemp. Sua produção de *Nossa Senhora das Flores* ou simplesmente *Flores*, baseada em Genet, com um dançarino cego (The Incredible Orlando) como ator principal. O estranho gnomo careca Kemp era o mais alegre dos gays, deixando todo mundo no Sadler's Wells a seus pés.

Assisti a cada uma das apresentações. Eu assistia noite após noite após noite, pensando nelas durante o dia. Não perdi uma única em trinta dias. Isso é realmente, realmente raro! Não fui assistir nem mesmo à banda Cream ou a Hendrix tantas vezes e não os aplaudi até que minhas mãos ficassem inchadas, quase sangrando, com fazia quando, sempre comovido e "elevado", aplaudia a trupe de dança e teatro de Kemp.

Foi Kemp quem inventou o que Pina Bausch continuou: o Tanztheater.

Quando foi isso? Quando foi isso... "As ruínas ainda estavam no lugar onde você brincava quando criança?" Deve ter sido 1972 ou 1973.

Acordei novamente.

Olhar para o passaporte de minha avó é horripilante. É o passaporte nazista destinado aos judeus. A suástica, a águia segurando a suástica e a GRANDE letra J em vermelho, perto de seu nome: Paula Landsberg. Ela passou pelo inferno. Perdeu o filho para o suicídio quando ele tinha 17 anos e era abertamente gay. Ela tentou usá-lo para escapar do Holocausto. Se meu tio pudesse ter um caso com um oficial nazista ou da SS/Gestapo, quem sabe ela não conseguiria se livrar? Imaginem o egoísmo. Imaginem a frieza. Imaginem sua completa indiferença ao que acontecia a seu redor.

Ela ficou viciada em opiáceos na decadente e aristocrática Berlim. Estava rapidamente se tornando *a* "anfitriã" do Tiergarten, na Regentenstraße, e... entre os escritores, os boêmios, o dinheiro, a jogatina, as bebidas, as drogas e as manobras sociais, minha mãe, Ellen Lilly Renate Landsberg, cresceu. Cresceu aterrorizada com tudo aquilo. Era tudo sobre aparências. Ela tinha uma babá inglesa e tinha de se vestir imaculadamente, sem uma mancha, uma sujeira e sem nunca, jamais, brincar com suas bonecas. Minha mãe, assim como eu, tornou-se adulta aos 9 anos.

O passaporte de minha avó parece, assustadoramente, um desenho de Steinberg e sua obsessão com caligrafia e carimbos. Carimbos inúteis de inúteis labirintos burocráticos de corredores kafkianos.

Basicamente, apenas um punhado de rostos-digitais em ternos. Gente sem rosto.

É estranho escrever isso nesta era de gente sem rosto que acredita que sua fama vem daquele horrendamente viciante Facebook — onde todas aquelas pessoas anônimas exibem seus rostos solitários, seus perfis vazios, suas vidas medíocres, seus animais de estimação, as comidas que comem e as bebidas que bebem. Sem rosto. Um nada virtual e sem rosto.

Mas um campo de concentração não é diferente.

Não tenho certeza de onde quero chegar com isso. Talvez em parte alguma. Talvez em uma câmara de gás, para que possa acabar com tudo.

E tudo isso é um lembrete alarmante de por que minha vida não ocorreu em ordem cronológica. É a coisa "judia". Eu não sabia quase nada sobre a coisa "judia" até que um cristão, Haroldo de Campos, me apresentou sua versão do Livro do Gênesis, o Bereshith. E ele me ensinou tudo o que sei sobre o Talmude.

Mas houve um estranho momento em que uma nipo-brasileira, agora morta, uma deslumbrantemente voluptuosa apresentadora do tempo na TV, Tania Nomura, ficou horas e horas no banheiro, enquanto eu esperava na cama com uma ereção. Ela saiu do banheiro, e o sexo foi esquisito, porque ela tomara um coquetel de drogas. Ela estava viajando. Estava drogada, muito drogada, e eu estava com medo de que Monique Gardenberg, uma de minhas namoradas na época e produtora de muitas de minhas peças, aparecesse de repente.

Ok. Chegarei onde preciso chegar: magoei muita gente. Mulheres, especialmente.

Manter relacionamentos simultâneos pode ser devastador a longo prazo. Excitante a curto prazo.

Havia Lisa Giobbi, que amei e amo. O problema é que nunca tive coragem de dizer isso a ela. Eu a amava e a admirava, mas não tive colhões para dizer a ela. Por quê? Medo de me comprometer com o AMOR. Voltaremos a isso.

Ao mesmo tempo — e em desespero —, havia meu casamento com Daniela Thomas, um pesado relacionamento com Bete Coelho e Lisa e Monique Gardenberg. E como? Havia até Giulia Gam.

Quero dizer, como?

Eu feria enquanto me sentia ferido.

É difícil explicar, e não era algo simplista, como um símbolo de Don Juan.

Ontem, eu e Michael Blanco discutimos esse assunto. Por que todas aquelas mulheres? E em vários continentes. Em Munique e em Paris, em Londres e em Nova York, no Rio e em São Paulo.

Aquelas mulheres eram meus ícones. E também representavam a âncora de que eu precisava para me manter coeso.

COMO posso justificar ter rompido com Gilda Midani, Fabiana Gugli, Fernanda Torres ou Silvia Pasello?

Eu e Fabiana duramos oito anos. Eu e Fernanda, seis. Eu e Silvia, apenas dois.

Não posso evitar. É uma questão profundamente emocional para mim.

Eu me sentia como se fosse vítima do ciúme delas, e isso, obviamente, era absurdo.

Era eu quem infligia dor.

Falo frequentemente com Lisa sobre isso. Somos muito amigos, a despeito do passado, e não acho que ninguém me conheça melhor que ela. Ninguém.

11

Ruth Escobar

É extremamente difícil descrever essa mulher, que me mostrou o que o teatro era capaz de fazer — por meio da visão de Victor Garcia e de sua versão de *O balcão*, de Genet. Mas também por trabalhar comigo em grandes causas, como o resgate dos "prisioneiros de consciência" brasileiros. Ela foi uma "mãe" para mim, assim como Ellen Stewart, mas também foi amante: amante das drogas, amante de amantes, amante de maridos. Contudo, mesmo com tudo isso acontecendo em sua vida, ela conseguia os mais impensáveis acordos, com as mais impensáveis figuras políticas de todos os partidos, credos e modos de vida.

Se não fosse por ela, não haveria Robert Wilson, não haveria Andrei Serban, e a Mabou Mines certamente não teria gozado de fama internacional. Ela levou todos eles para São Paulo no início dos anos 1970. Ela os alimentou. Ela lhes deu um palco.

Ruth está viva, mas por pouco. Ela enfrenta os últimos estágios do Alzheimer.

Em 2014, eu estava em São Paulo, ensaiando e dirigindo *Entredentes*. E todos os dias, quando o táxi passava em frente à casa de Ruth, eu pensava em descer e dizer um "oi". Mas, covarde que sou, não queria vê-la com meus próprios olhos, no estado em que se encontra. Era muito provável que ela estivesse sentada lá, como uma versão silenciosa do rei Lear, testemunhando o declínio de seu império enquanto sua expressão permanece impassível, e ela não diz uma palavra.

Ruth partiu de Lisboa muito cedo. Sua mãe era prostituta no regime salazarista, então as duas tinham alguns privilégios. Assim, ela "escapou" aos 16 anos e fugiu para Hong Kong, onde trabalhou como jornalista em tempo parcial.

Jamais perdemos contato. Nem por um ano sequer. Mesmo durante os esotéricos dias de seu casamento com um americano rico, muito rico, em São Francisco e/ou na fase de seu envolvimento com a estranha espiritualidade que partilhava com sua amiga Shirley MacLaine e todos aqueles cristais e quartzos... MESMO ENTÃO eu me mantive em contato.

Não posso dizer mais nada, por enquanto. Estou sensibilizado e assustado por minha covardia, minha falta de coragem para encontrá-la — qualquer que seja seu estado. Em "algum lugar", ainda há algo de Ruth naquele ser silencioso.

Também estou abalado. Mas pela emoção. Emoção pura e simples.

Caught in the rays of the rising sun on the run from the soldier's gun.
Shouting out loud from the angry crowd, the mild the wild and the hungry child.
I'll tell you there's more than a dream in Rio.
I was there on the very day and my heart came back alive.

A canção de James Taylor me trouxe de volta da horrenda memória do que Ruth Escobar fez com Lee Breuer e toda a companhia Mabou Mines quando decidiu não pagá-los. Eu estava viajando para São Paulo, e Bill Raymond segurou minha cabeça enquanto eu ardia em febre, porque comera algo fora da dieta macrobiótica. Ele ficou pasmo com o que um hambúrguer podia fazer. Estávamos no hotel Maksoud Plaza, no meio da noite: seu restaurante 24 horas era um dos muitos pontos de encontro dos artistas boêmios, como Madonna, Pina, Caetano e Almodóvar.

Mais cedo naquele ano, em 1981, Lee Breuer convidara Naná Vasconcelos para organizar um grupo de samba, e eu fui chamado para dirigi-lo. Eu o chamei de Samba EnSamble — o grupo que acompanhara os momentos musicais de *The Tempest in the Park*, a produção de Joe Papp de *A tempestade*.

São Paulo não merece uma música como a de James Taylor. Na verdade, é difícil elogiar São Paulo, mas Caetano e Tom Zé conseguiram criar dois hinos: "Sampa" e "São, São Paulo" são avais da poesia concreta à concretude de São Paulo e sua estranha fé em seus habitantes.

Ruth Escobar só pode ser descrita como uma "turista acidental", uma pessoa que surgiu no lugar certo, na hora certa. Mas ela era mais que isso, pois usava suas emoções e conexões neurais com tal intensidade que todo o seu cabelo caiu. Todo ele. Cabeça, genitais, sobrancelhas, tudo.

O terreno que ela comprou para construir seu teatro não existia. Mais tarde, ela descobriu que fora enganada. Era apenas ar. Apenas uma bolha de ar quente.

Crise.

Não a primeira, nem a última. Crise!

Ela começou a construir o teatro na rua de baixo (era uma colina, e havia terreno a ser encontrado, terreno dentro do terreno). Ela comprou outro terreno e, por acaso, uma vez que o projeto de Ruy Ohtake estava pronto, a entrada do Teatro Ruth Escobar acabou sendo, por sorte ou milagre, na rua dos Ingleses, onde ela inicialmente o planejara.

Sim, rua dos Ingleses, e o teatro vertical transformado no cilindro de Genet, a francesa rua dos Ingleses de Genet e onde minha Companhia de Ópera Seca literalmente "vivia", comia e dormia. Ela me deu dinheiro para montar a *Trilogia Kafka*. Três peças, cada uma com duas horas, frouxamente baseadas em Kafka.

Meu relacionamento com Ruth era mais que algo "frouxamente baseado". Era hardcore. Meu filho, Fernando, certa vez a viu sair de minha banheira, em Londres, e esfregar os seios nus sobre meu rosto, toda molhada.

Minha relação com Ruth Escobar é toda molhada.

Naqueles dias, era tudo diversão e grande teatro.

Agora, é uma lágrima infinita. Toda molhada.

11,5

Minha mãe e Chico Buarque

Sim, e havia minha mãe. Não Ruth Escobar nem Ellen Stewart, mas Ellen Lilly Renate Sievers (e ainda Landsberg), sendo levada para São Paulo pela família Buarque de Hollanda. Refinados, poliglotas e acadêmicos do mais alto nível, eles a contrataram como babá do menino Chico Buarque e de sua irmã, Miúcha.

Foi contratada para ensinar inglês e francês, mas a aristocrata galesa e alemã que era minha mãe não suportava discriminação. Na hora das refeições, ela tinha de comer com o restante da "senzala", os escravos negros que a família "possuía". Não havia nada de estranho naquilo, exceto tudo. Minha mãe viera de quatro anos vivendo e estudando em Genebra, graduando-se em Piaget e Jung e, quando se tratava de comer, não havia garfos nem facas.

Tudo se liga a esta fábula: *Prelúdio a Morte em Veneza*, de Lee Breuer, que Ruth Escobar comprou por 2 mil dólares e nunca pagou. Breuer rompera com a esposa brasileira, Denise Milan, e... eu parti para contar a história. E aqui estou eu, contando a história.

Haroldo de Campos

Em certo dia do fim de agosto de 2003, caí no chão, inconsciente. Acordei enquanto as pessoas tentavam me levantar, mas eu me sentia terrivelmente mal e parecia muito com uma pintura de Francis Bacon.

Desmaiei durante o intervalo comercial de uma entrevista para a Globo no luxuoso foyer do Teatro Municipal do Rio. A ocasião era a estreia de *Tristão e Isolda*, de Wagner — já controversa antes de estrear —, e o repórter me disse, de um jeito casual, que Haroldo de Campos tinha morrido.

Eu estava no Rio. Haroldo vivia em São Paulo, a cerca de 430 quilômetros de distância. Meu primeiro impulso, depois que parei de chorar e gritar, foi abandonar minha própria estreia e pegar o voo de 45 minutos para estar presente a seu velório e funeral — o funeral do homem que traduzira *Finnegans Wake*. Mas eu não podia fazer isso. Não estive realmente (emocionalmente) presente à estreia de minha própria opera, nem consegui dar o adeus final à pessoa que fora minha inspiração número um. Somente Beckett e Joyce vieram antes. Na verdade, ninguém veio antes. O modernismo vem antes, a poesia concreta vem antes e o tropicalismo vem antes.

"Pessoas como Haroldo" *não morrem*. Sua principal obsessão era Goethe e seu *Fausto*, e a obsessão de Fausto era conquistar a eternidade e não morrer! Eu honestamente achava que Haroldo tivesse feito um pacto com Mefistófeles.

Eu levara aos palcos, seis anos antes de sua morte, a única peça que ele escreveu: *Graal, retrato de um fauno quando jovem*, escrita dois anos antes de eu nascer, em 1952. Eu a levei aos palcos com um elenco formado por 32 estudantes de teatro e Bete Coelho, em 1997. Não tenho nem uma palavra a dizer sobre isso porque... foi realmente horrível! Os que estão familiarizados com Joyce compreenderão automaticamente a conexão com *Retrato de um fauno quando jovem*, ou *Graal*, o Santo Graal. Era tudo. Era uma ode poética misturada a *Os cantos*, de Ezra Pound.

Sua morte foi, definitivamente, a mais horrível de todas as coisas, porque eu quisera muito visitá-lo e contar a ele tudo que eu estava fazendo em Londres (onde eu estava morando novamente).

Eu estava estreando minha segunda versão de *Tristão e Isolda* (a ópera, encomendada pelo imperador Dom Pedro II), dessa vez no Teatro Municipal do Rio, e estava dando uma espécie de entrevista no foyer, quando o próprio repórter me deu a notícia, durante um intervalo comercial. Não me lembro do que aconteceu depois. Provavelmente desmaiei. Sim, já falamos sobre isso, eu desmaiei. Não acordei a tempo para a segunda metade da entrevista.

Contudo, a estreia era naquela noite e eu ainda tinha de entregar as notas aos cantores, ao coro, aos extras, aos maestros, dois-pontos, ponto e vírgula, e assim por diante.

Eu não conseguia. Mas, no fim da noite e do espetáculo, reuni todas as forças e segui em frente! Segui em frente e acabei mostrando a bunda para a plateia e sendo preso. O Supremo Tribunal Federal levou UM ANO para me absolver. Um ano!!! Philip Glass disse que eu provavelmente estava pensando em Beckett ao fazer aquilo ("Mas será amor verdadeiro, no reto?", de *Molloy*), mas não estava. Eu estava ouvindo as coisas horríveis que o fórum Richard Wagner (nazistas) gritava e de luto pela morte de Haroldo.

Uau. Preciso de uma pausa para banheiro. Preciso de água. Preciso de café. Preciso de Haroldo, de Hélio, de meu pai Hans. Preciso de minha mãe. Preciso de todos aqueles que morreram e me deixaram. Cortina, por favor, Michael. Volto em cinco.

Obrigado por sua paciência.

É tão difícil escrever (e mesmo pensar) sobre aqueles que você realmente, realmente admira! E eu sei por quê: uma biografia é, em virtude de seu conteúdo literário, ficção. Não estou dizendo que este não seja o melhor relato possível de minha vida — e de minhas referências. Não é isso que estou dizendo. O que estou dizendo é que, ao confiá-lo a vocês, minha plateia, ele se torna puramente ficcional. Exatamente como o "teatro de guerra" dos atores da Câmara e do Senado: ficção. Sim, as pessoas morrem em guerras, outras perecem por causa da fome resultante, mas tudo é "construído" na ficção.

Guerras são construídas na ficção. Engraçado, eu pensava nisso enquanto estava sentado no vaso sanitário e percebi que dissera a Wendy quão inseguro sou sobre meu peso e minha aparência.

Ficção, sim! Essas ideias falsas que construímos ou adotamos para nós mesmos, como as muitas religiões que temos, o absurdo número de fés que abraçamos, todos os nomes que damos a Deus e todas as guerras que começamos ao nos unirmos a esse Deus com interesses comerciais. As pessoas morrem como resultado de "enredos". A natureza desempenha um papel nesses enredos. E, contudo, estamos matando o solo que nos alimenta, a água que bebemos e o céu para o qual olhamos quando não há saída.

E... e quando olhamos para o céu e não há saída, chega o sr. Haroldo de Campos para destroçar tudo, desconstruir e decompor tudo, pedaço por pedaço, sílaba por sílaba, baseado no que começou com James Joyce e, em certa extensão, também com Ezra Pound e Gertrude Stein. Aprendi sobre Haroldo via Hélio, dado que todo o movimento tropicalista foi baseado em um movimento anterior, o da poesia concreta, liderado por Haroldo de Campos e seu irmão Augusto (e Décio Pignatari). Existe um paralelo fácil de traçar: é um pouco como os cantores e escritores hippies (Bob Dylan, Castañeda e Jerzy Kosinski) usando os beatniks como exemplo. Burroughs, Ginsberg e Kerouac pavimentaram a estrada, eles seguiram.

Haroldo pavimentou a estrada. Ele era tão, mas tão importante, que Hélio me proibia de vê-lo, quando ele ia a Nova York. Havia uma lista de pessoas escondidas e proibidas que eu jamais deveria encontrar.

Haroldo era uma delas.

Umberto Eco era outra.

Chamem de ciúme. Chamem de destino!

A vontade de conhecer Haroldo era mais que um capricho ou fascinação que eu sentia por sua obra. Era profundamente importante para mim. Eu queria saber como ele se sentava, como bebia, e queria ouvir sua respiração. Assim como Susan Sontag ficava me perguntando como Beckett andava, sentava e escrevia, eu queria ver o homem que estava trabalhando em SETE línguas e as redefinindo em uma NOVA: a METALINGUAGEM!!!

METALINGUAGEM.

METALINGUAGEM.

Eu lera trechos de suas *Galáxias* e de *PanaROMA de Finnegans Wake* (a palavra "panorama" transmutada), ambos muito joycianos em conteúdo e forma, e, contudo, também muito "tropicalizados" e misturados à tradição do repente do nordeste brasileiro. Palavras! Palavras!

A poesia concreta foi um dos mais importantes movimentos do Brasil, depois da Semana de 22, que produziu a resposta brasileira à vanguarda europeia: a obra de Oswald de Andrade (e, em certa medida, também a de Mário de Andrade) reagia à ficção dadá europeia — a ficção de desconstrução que a Europa produzia entre as duas grandes guerras do século XX, de Max Ernst a Duchamp e Tzara, e de Georges Duthuit a... alguém.

Era bastante familiar para mim "ver" as palavras — sua formação e sua forma concreta.

Isso não é nada novo para alguém que cresceu falando alemão, o que é meu caso. O alemão é uma língua concreta por natureza: daí sua tremenda rigidez e daí também suas habilidades de transgressão.

Não é ironia que Haroldo tenha ido até Tübingen para estudar com Max Bense. Bense lhe ensinou a aspereza e a dureza dos saxões, ao passo que sua nativa Bahia lhe ensinou maleabilidade na vida, por meio de adaptações africanas das "almas" de vodu perambulando por Salvador. Haroldo era meio escocês.

Meu pai, Hans Günther Sievers, só falava em alemão comigo. Embora odiasse, era quase tudo que sabia. Não apenas as ordens eram dadas em alemão; a vida toda se desenrolava nessa língua.

Assim, eu conhecia a tola e simplista poesia de apontar para um avião e dizer *Flugzeug* (coisa voadora), apontar para um isqueiro e dizer *Feuerzeug* (coisa de fogo) ou dizer *Gegenüber* (um simples "do outro lado" seria "contra em cima"). Proteína era *Eiweiss*. Clara de ovo. "Quanta clara de ovo há naquele filé?" Sim, eu conhecia tudo isso.

Hélio Oiticica morreu em 1980, aos 42 anos. Teve a morte de um poeta concreto: preso entre a cama e a parede, ainda vivo durante cinco dias, paralisado e incapaz de se mover ou de produzir um único som. Lá estava ele (já de volta ao Brasil após um longo, longo período aqui em Nova York), sofrendo uma morte horrivelmente lenta, uma morte concreta, uma morte metalinguística. Uma morte-de-cinco-dias.

Assim como, digamos, Hamlet ou Hamm, ambos mortos quando o livro se fecha. Ambos vivos quando o livro é aberto. A metalinguagem é fascinantemente real e literal. Exatamente como um personagem morto está vivo quando alguém abre um livro.

A morte de Hélio foi a brutal realidade que passei a conhecer.

Por acaso, eu passava alguns dias no Rio (com a permissão do *New York Times* — de quem eu era o único "prisioneiro de op-ed"). Eu fora até o apartamento de Hélio, sobre o restaurante Degrau, no Leblon, e batera à porta, mas não obtivera resposta.

Ele estava no terceiro dia de sua morte, preso do lado de dentro, ouvindo as batidas, mas incapaz de responder. A porta parecia um parangolé — dezenas de bilhetes deixados por amigos e fãs; um de Waly Salomão, outro de Antonio Manuel e muitos de Lygia Pape (que, eventualmente, no quarto dia de silêncio, invadiu o apartamento pela cozinha do vizinho e encontrou Hélio, vítima de um derrame, morrendo no chão, mas ainda não completamente morto, como Gregor Samsa no início: ainda não inteiramente um inseto; ainda não completamente inumano).

Eu ouvi as batidas. Batidas diferentes das que Hélio ouvira. Ouvi uma predição, uma profecia de que Julian Beck realmente sussurraria em meu ouvido, cinco anos depois, em 1985:

— Vá para o Brasil... produza coisas por lá.

Comecei a trabalhar no Brasil, profissionalmente, em 1985. Foi Sérgio Britto quem me convidou a reencenar a *Trilogia Beckett*, que eu fizera aqui em NY com Julian Beck, Fred Neumann e George Bartenieff, no La MaMa. Meu principal objetivo, contudo, não era encenar as peças novamente, em uma horrível adaptação para o português (que parecia ferir meu corpo e minha alma), mas sim atrair Haroldo e Augusto de Campos.

Fácil! Faça uma *première* de Beckett, e eles estarão lá!!! Não. Não era tão simples. A ficção nunca é.

Alguns anos se passaram e encenei *CarmemComFiltro* e, subsequentemente, criei *EletraComCreta* — que unia o impossível: Electra, a ilha de Creta, os "ConCretos" e, mesmo assim... nenhum sinal de Haroldo ou Augusto de Campos na porta ou na plateia.

Eu estava quase desistindo quando, no fim de 1987, finalmente levei aos palcos a *Trilogia Kafka* — com o mesmo grupo, Ópera Seca: Bete Coelho, Luiz Damasceno, Wagner Pinto, Daniela Thomas e...

E, para minha grande surpresa, lá estava ele: Haroldo de Campos, sentado na quarta fila do Teatro Ruth Escobar, em São Paulo. Estavam ambos lá, Haroldo e Augusto — e Caetano (que era fã desde os dias do La MaMa).

Eu para Haroldo:

— Meu Deus! Quero conhecê-lo desde 1960 em Nova York, mas Hélio...

Haroldo:

— Ah, ouvi muito a seu respeito! De fato, estou estudando um de seus textos, que me foi dado por Jacó Guinsburg, *EletraComCreta*. Sinto muito por ter perdido, mas eu passei um ano e meio em Milão.

Fiquei atônito. Haroldo de Campos estava "me" estudando. E agora estava sentado na plateia, dia após dia, assistindo à *Trilogia Kafka*, escrevendo sobre ela, tomando notas durante todo o espetáculo e então fazendo perguntas sobre meu "processo criativo". NÃO, Haroldo! Eu é que quero saber tudo sobre VOCÊ! Eu é que faço as perguntas.

Haroldo sempre vence. A ficção sempre vence a realidade. Antes que eu me desse conta, Haroldo telefonara para Mario Cesar Carvalho (editor da Ilustrada da *Folha de S.Paulo*):

— Você tem duas páginas inteiras para mim? Preciso escrever sobre o trabalho de Gerald no contexto dos parangolés de Hélio. Preciso me fazer compreender por meio de seu trabalho, e preciso reviver Kantor e esse pós-modernismo.

O artigo foi publicado. Duas páginas inteiras sobre *M.O.R.T.E.* (Movimentos Obsessivos e Redundantes para Tanta Estética) e os parangolés. A *Folha* me deu duas páginas. Eu não sabia o que pensar!

E outra página aqui e ali. *Carmen* recebeu a atenção integral de Haroldo, e mais artigos.

— Gerald, me deixe organizar um livro sobre você e sua obra. Vou incluir alguns de seus textos, e, na segunda parte, *scholars* internacionais de minha escolha escreverão sobre você — pediu ele humildemente, quase gaguejando, como se eu pudesse dizer não!

Imaginem isso!

IMAGINEM ISSO!!!

Haroldo queria organizar e publicar um livro a meu respeito. QUANDO VOU ACORDAR DESSE SONHO?

O livro foi publicado. O título foi dado pelo crítico Alberto Guzik: *Um encenador de si mesmo: Gerald Thomas*. Exatos DEZ anos depois de eu ter encenado *EletraComCreta* (1986), a fim de atrair Haroldo. Era 1996, o livro fora publicado, e nós éramos íntimos, companheiros, amigos. É ficção. Sorte e ficção, latitude e longitude, quando desenhadas por Leonardo da Vinci, tornam-se um dispositivo real: vida!

É ficção. Sorte e ficção, latitude e longitude, quando desenhadas por Leonardo da Vinci, tornam-se um dispositivo real: vida!

12

Sir Fernanda Montenegro

Como, Michael? Uma carta?

Que estranho! Me desculpem, senhores e senhoras, mas o Michael sempre me interrompe...

...Ah sim, essa carta. Ah sim, essa carta! Escrita pra mim mesmo? Como é, Michael?

Ah, é para que eu leia nesse momento do espetáculo. Entendi. Então, vou abrir e ler, é isso?

Ok... um instante... (nossa, parece o Oscar...) Wow... Nossa... Bem, aqui está, vou ler então:

Sir FERNANDA MONTENEGRO.

Um dos momentos mais emocionantes da minha vida foi encontrá-la no palco pela primeira vez. Cheguei a passar mal na noite anterior, pensando cá com os meus botões: "Como é que se dirige Fernanda Montenegro? Dizer o que para ela? Como dizer o que para ela?"

Para mim, ela não era somente a maior atriz do mundo. Era também, ao contrário da maioria dos atores com quem já trabalhei, a atriz mais lúcida do mundo.

E assim, lúcida, amorosa, intelectual e instintiva como um animal faminto, ela transformou o ritual diário do ensaio e da representação teatral num exercício de extremas emoções e alegrias, com uma facilidade praticamente inimaginável.

Não sei mais como chamá-la. Já perdi as contas. "Minha melhor companheira de palco?" "Minha maior musa?" "Minha eterna ex-sogra?" "Minha grande e enorme amiga?" Tudo isso junto? É. Tudo isso junto e muito mais.

Não sei! Quando ela foi indicada ao Oscar, a *Folha* me pediu um artigo, e eu achei um título que ainda cabe: "*Sir* Fernanda Montenegro". Claro, essas coisas de títulos jamais revelam a pessoa em si, e quase nunca chegam perto da figura pública. Em se tratando desse monstro, existem umas 3 mil entidades entre o que é publico e o que é pessoal, e os trinta tons de cinza são de difícil definição.

Durante os ensaios de *The Flash and Crash Days*, "clicamos" de cara, e... o resto do elenco nos olhava meio pasmo. Fernanda e eu ríamos e ríamos, só de olhar um para o outro — às vezes por 45 minutos. Motivo? Nenhum. Quero dizer, sim. Sabemos o divino e o ridículo que é a seriedade com a qual se encara essa monumentalidade que é o teatro, e usamos o riso como aperitivo, porque, caso contrário, os nossos estômagos não nos deixariam em paz. Morreríamos de úlcera no terceiro ato! Então, rimos.

Metade santa e metade palhaça, Fernanda Montenegro tem a medida exata do sublime e do ridículo que é representar a vida num palco.

É impressionante. Toda maquiada e de figurino passado, ela aparecia em pé na entrada do palco, morrendo de rir do seu personagem e da situação insólita que essa arte ao vivo oferece.

Pois quem acha que Fernanda Montenegro é um show a cada vez que a cortina sobe não imagina a delícia que é vê-la na coxia, se preparando ou mesmo disputando com os outros atores um espaço naquele pequeno vão na cortina, pelo qual se vê o público.

Mas existem os acidentes. Eles não são tão engraçados. E foi com a Fernanda que eu aprendi e experimentei e chorei os piores acidentes no teatro, nessas quase quatro décadas, desde a perna que ela quebrou (e, mesmo assim, entrou engessada), desde o olho que ela furou (e, mesmo assim, entrou com um tapa-olho)... e desde um ensaio que nem era o dela, mas sim o da filha, Fernanda Torres, na época, minha mulher, em *Saints and Clowns*, uma peça desastrosa, que encenamos em plena Kampnagel Fabrik, em Hamburgo, quando a minha sogra se sentou na escuridão de uma imensa plateia vazia, escorregou e caiu no chão. E lá ficou. E não deu um pio.

— Eu não quis atrapalhar o ensaio, meu filho. O teatro é mais importante.

É tão importante que beira o sacro. Mas, olhem vocês! Minutos antes do sinal que dá a partida ao espetáculo, ela brinca com todos, conversa livremente sobre qualquer assunto (de preferência algo sobre a vida prática), ri de si própria e ainda tenta combinar alguma mudança de cena de última hora. Ah, e pede um frango de padaria, dois de preferência, que devora como um imperador romano, ossos pra todos os lados! Coxia do teatro, uma *"ossada Montenegrada"*!

Eu tremia enquanto uma van do teatro nos levava para o Hospital da Universidade de Hamburgo. Permaneci a noite inteira lá com ela. Sentávamos juntos entre um exame e outro, e eu sabia a extensão da dor que passava. Mas ela não dava um pio.

Vou começar pelo fim ou, ao menos, pelo meio, já que a minha história com essa fascinante mulher começou em 1990 e dura até hoje. Somos cada vez mais íntimos, cada vez mais calados, cada vez mais... Não, não há termos que nos definam.

Mas existem algumas cenas em nossas vidas e turnês... que nos definem:

Estávamos em cartaz com *The Flash and Crash Days*, em Copenhague — talvez a cidade que mais frequentemente nos chamava de volta —, e, nos dias de folga, eu alugava um carro e íamos pela costa leste até Helsingor (onde fica o tal castelo de Kronborg, que Shakespeare usou como "locação" para o seu *Hamlet*). De repente, a minha eterna ex-sogra diz:

— Pare aqui, meu filho.

Parei. Encostei o carro, ela desceu, tirou os sapatos, pediu pra que nós (Nanda, Fernando) ficássemos no carro esperando e seguiu por um declive tortuoso, uma descida até preocupante para o mar em frente ao museu de arte moderna, o Louisiana Museum of Modern Art.

Lá de cima e de fora do carro, eu fiquei olhando aquele ser pequeno e frágil entrando na água, molhando os pulsos, as canelas, jogando um pouco da água do mar nórdico sobre a cabeça e fazendo o que me parecia ser uma espécie de oração. Abaixada, com a palma da mão encostada na água, ela era uma miragem de algo sublime, impossível de descrever. Essa cena jamais deixará a minha memória. Não me atrevo a imaginar o que ela pensava. Mas foi lá que eu a chamei, silenciosamente, pela primeira vez, de *Sir* Fernanda Montenegro. Foi lá que a vi pequena, sozinha, vulnerável, mística. Acho que foi lá que entendi sua relação com Deus, a humildade e extrema gratidão por sua existência. Aquele momento mudou a minha vida.

Lentamente, ela voltou, silenciosa como sempre, e disse:

— A gente faz isso, meu filho, quando quer voltar sempre a um lugar maravilhoso como esse.

Segurei as lágrimas por um tempo, mas não deu. Percebi que, no carro, a Nanda chorava também.

— Ih, olhe aquele ali. Parece um dos coveiros!!! — sussurrava ela, com a mão encobrindo a boca, como se quisesse esconder o riso sapeca. Eufórica e até um pouco encabulada, como uma criança, Fernanda apontava para um escandinavo velho, desdentado e corcunda, envolto numa manta marrom, que parecia ser uma sentinela do castelo de Hamlet.

Estávamos no Castelo de Kronborg, aquele que serviu de inspiração a William Shakespeare para a maior peça de todos os tempos.

— Vamos embora, meu filho, antes que ele resolva nos enterrar! — brincou ela, rindo.

Foram oito países, mais de trinta cidades em quase quatro anos de vida em comum. E, em cada um dos mais de cem espetáculos, eu vibrava, morria de rir e chorava, sempre como se fosse a primeira vez. Agachado no canto escuro da coxia esquerda, nunca deixei de pensar: "Meu Deus, essa aí é a Fernanda Montenegro... veja você!"

Até hoje custo a acreditar quando entra um e-mail vindo dela, um telefonema...

Até hoje seguro as lágrimas, sabendo que ela não segura as dela porque... ah, não importa. Porque... o tempo corre, o tempo é uma merda, o tempo corrói tudo quando estamos em plena forma e sabendo de tudo. E aí? E aí vem essa merda dessa tempestade, essa merda desse *Flash*, essa merda desse CRASH, e nos derruba numa cova, assim como derrubou o Yorik, e mesmo assim, sabendo disso tudo — vinte e cinco anos mais que eu —, em meio a uma emoção incontrolável, ela estará sempre completamente lúcida e consciente de todo o processo, sem jamais se lamentar. Sem jamais reclamar.

Obrigado, minha sogra. Muito obrigado por tudo.

13

Eu sempre estava lá quando a merda batia no ventilador

Woodstock, 11 de setembro, Martin Luther King no Tennessee, 7 de julho de 2005 em Londres, renúncia de Nixon, golpe militar de 1964 no Brasil.

14

Falsificando livros — LINGUAGEM

A linguagem determina, de muitos modos, quem somos e como pensamos.

Por exemplo, os alemães possuem uma maneira de pensar muito direta e quase inflexível. Chamem-na de "rígida", por falta de uma palavra melhor. Chamem-na de "estoica". Chamem-na de alemã.

Talvez seja por isso que se metem em tantos problemas políticos. Não é preciso mencionar por quê. A linguagem que empregam é muito rígida, e, dessa forma, eles seguem um modo muito rígido de pensar e se comportar. Se eu disser que a reunião será ao meio-dia, ela tem de ser ao MEIO-DIA! Se eu chegar às 12h05, todos perguntarão: "O que aconteceu?!?!?!"

Nada. Não aconteceu nada. Aconteceu tudo!!! Por onde começo?

Eu "sou" *Finnegans Wake*. E dizer isso é mais que pretensioso! Mas sou isso. E, onde quer que "isso" resida, é onde meu coração e meu cérebro se unem para um grande "banquete etimológico".

"Falar ou não falar", esta é a minha questão. E, quando falo, que outras "vozes" ouço em minha cabeça?

Boa pergunta. Grande pergunta.

Essas vozes agem como se fossem traduções simultâneas do que estou dizendo e pensando! Do inglês para o alemão, para o português e um pouco de espanhol, e de volta àqueles ruídos, sempre girando no espeto de frango assado. Sempre se revolvendo!

Vejo a linguagem como coisa "concreta". Para mim, é concreta. Quando uso a palavra *love*, não consigo evitar colocar um "g" na frente, transformando-a em *glove*. E o formato usual para o amor é o coração, mas, se acrescentarmos a ele um dedinho, o coração se torna uma luva. Não uma luva com dedos, mas uma luva de inverno. Vocês conseguem ver?

Conseguem ver como os ruídos interferem? Como tudo é música, no fim? Quero dizer, por favor! Luvas e gatinhos!!! Gerald Thomas, controle-se!

Olho para uma palavra e sempre penso em como posso quebrá-la. Porque a etimologia trata de como palavras latinas chegaram ao anglo-saxão, de como as anglo-saxônicas chegaram ao celta e de como o gaélico implicou, em tantas outras, o modo como o ato da GUERRA seria determinado.

Eu disse determinado? DETER-MINADO? E disse *E, mortos, caminhamos?*

É assim que começamos: ouço uma voz. Essa voz é linguagem. Eu falo o que a voz me diz para falar.

Isso pode não conduzir à clareza de modo algum, mas... talvez... a ainda mais confusão!

Por quê?

Porque, falando concretamente, "determinar" é deteriorar e quebrar em passos, em objetivos, o que essa determinação significa. E então ela automaticamente se deteriora e se torna menos determinada. Uma determinação NÃO É um ato, uma ação. É apenas a afirmação de um desejo.

E CONTUDO... (esperem)... E CONTUDO...

Não levo a linguagem tão a sério.

E agora?

Vocês me ouviram: não levo a linguagem tão a sério.

???

Eu sei. A mente deteriorada pode trazer súbitos choques e surpresas. E porque aprendi todos os truques da mente e todos os truques do livro. E livros podem ser falsificados, assim como escritos e lidos.

Falsificando livros.

Sei como quebrar a linguagem, para que se torne o exato oposto do que pretende afirmar.

Falsificando livros. Mas não como na economia grega. Falsificando livros com *Kartoffelsalat*.

Você pode fazer uma afirmação e acrescentar, no fim, um ponto de interrogação ou um sorriso, e isso não significa nada. Não significa absolutamente nada.

Sempre tive um português ruim na escola. Era terrível em gramática e não tinha ajuda em casa. Assim, era inglês, alemão ou nada. Meu vocabulário em inglês é o mais vasto. O mais vasto e o mais desperdiçado. A maior parte de nossa linguagem/nosso conhecimento/nossa língua é um desperdício.

Não há nada melhor que ser capaz de escrever perfeitamente bem em todas as línguas. É o objetivo de todos. Eu gostaria de poder escrever em alemão da maneira como falo alemão. Mas não sei soletrar.

Também é a maneira como penso. Penso metaforicamente, não de forma prática.

É realmente música para mim — palavras e música são a mesma coisa. Não acho que eu escreva para o leitor. Escrevo para o ser teatral, escrevo palavras para que sejam ditas. Nesse sentido, Dylan Thomas e Allen Ginsberg escrevem para ser ouvidos. Como Norman Mailer — você precisa ler, mas não pode fazer uma leitura pública.

Eu considero o ritmo (Mailer não o fazia, e é por isso que todos adormecemos no 92nd Street Y). Escrever é como caminhar, como esquiar, é tudo sobre a musicalidade.

Tudo retorna à ideia de Joyce, estou preso nesse ciclo joyciano. Tudo está relacionado a *Finnegans Wake* para mim, tudo.

15

Aids ou dengue?

Digamos que tudo começou no dia em que eu estava morto ou morrendo. Eu estava com Nanda "oficialmente" havia quatro meses quando ela veio para Nova York, e eu precisava da bênção de Ellen Stewart, como sempre fiz no passado. Daquela vez, no entanto, tudo deu dramaticamente errado!

— Oi, mama, essa é Fernanda Torres, minha mulher.

Ellen se recusou a olhar para mim e, em vez disso, fez uma cara estranha e continuou olhando para a TV (invariavelmente, *The Oprah Winfrey Show*, às 16 horas), em seu apartamento no quinto andar, sobre o teatro da East 4th Street.

— Gerald, venha até aqui!

Eu fui. Nanda foi atrás. Muito suspense e medo. Eu sempre ficava com medo quando Ellen usava aquele tom. Era quase como se ela estivesse possessa. E ela estava. Possessa!!!

— Mostre seus braços. Você nunca usa mangas compridas no verão.

Enrolei as mangas e revelei as severas erupções em minha pele, uma urticária, um fungo de aparência horrorosa.

— Querido, você está com aids.

16

SILÊNCIO PETRIFICADO POR CERCA DE TRÊS MINUTOS

— O quê, Ellen?

— Sim, meu amor, você me ouviu, alto e claro. Aids, como Bobby, como... (a lista continuou).

Olhei para Nanda, e ela se transformara em um réptil trêmulo, coitadinha. Eu não sabia o que fazer.

Eu sentira um medo similar em 1985, com Bete Coelho, mas tínhamos feito exames e estávamos bem.

— Querido, me leve até a ONU — disse Ellen —, depois telefone para sua mãe e diga para ela vir até aqui, pois preciso falar com ela.

Minhas mães: Ellen e Ellen. A "Conspiração Ellen".

Levei Ellen até a ONU, com Nanda sentada no banco de trás, sem dizer uma palavra.

— Por que você precisa falar com minha mãe?

— Não é da sua conta.

Ellen obviamente estava zangada pelo fato de minha peça *The Flash and Crash Days* — encenada por mãe e filha, Fernanda Montenegro e Fernanda Torres (tremia de medo) — ir para o Lincoln Center e não para o La MaMa. Seu ciúme era tremendo.

De qualquer modo, sim, aids. Chegamos. Ellen não disse uma palavra. Ajudei-a descer do carro em frente ao prédio da ONU, ela me deu as costas e entrou.

Eu e Nanda voltamos o mais rápido possível para nossa casa em Williamsburg, no Brooklyn, para pensar no que diabos deveríamos fazer. Ligamos para várias organizações de saúde, até para o CDC. Finalmente, terminamos no Gay Men's Health Crisis, que nos encaminhou para o melhor médico da cidade, dr. Terry Fonville. Eu telefonei e, por sorte, ele tinha um horário às 17h30 daquela mesma tarde.

Corremos até seu consultório, na Fifth Avenue com a 9th Street, em estado de choque. A sala de espera estava cheia de corpos ambulantes, parecidos com Airton e com tantos outros que eu perdera. Eu estava terrivelmente assustado. Comecei a preencher o formulário.

Finalmente, chegou minha vez.

O dr. Fonville era o mais amigável de todos os médicos, e eu disse de cara:

— ESTOU COM AIDS, DOUTOR.

— E por que você acha isso?

— Porque Ellen Stewart me disse!

— Nossa! Que tolice!

— Não, ela me disse!!! — solucei.

— Olhe, estou aqui desde o início dos anos 1980, e essas erupções não se parecem em nada com sarcoma de Kaposi. Vi sua brilhante *Trilogia Kafka* no La MaMa, e adoro Ellen, mas ela NÃO É especialista em HIV.

Ele enfiou uma agulha em meu braço, tirou sangue e disse, brincando:

— Acho que, pelas próximas duas semanas, você ainda terá aids.

— DUAS SEMANAS?

— Sim, é o tempo necessário até o resultado.

Eu precisava ir para Roma, para me encontrar com Silvia Pasello, terminar nosso casamento e, bem, contar sobre Nanda. Acho que a palavra é "divórcio".

Nanda tinha de voltar ao Brasil e continuar com *Flash and Crash*.

Peguei o voo da TWA para Roma com os braços e o pescoço cobertos, para que ninguém notasse. Estava com febre e diarreia. Tinha certeza de ter aids.

Quando me encontrei com Silvia, que me levou até o apartamento de um amigo, contei a história, e ela respondeu, de maneira tipicamente italiana:

— Você não tem isso.

Então fodemos e fodemos, e me senti terrível.

No dia seguinte, ela partiu para Módena, em uma turnê de sua própria peça, e eu vagueei pelas ruas de Roma, que conhecia bem. Estava chovendo. Eu olhava para um cachorro e começava a chorar, pensando: "Essa é a última vez que olho para esse cachorro. Por quê? Por que eu?", sem ter consciência de que me aproximava dos degraus do Vaticano.

Os sinais eram claros. Era uma noite chuvosa, e, de um telefone público, liguei para Nanda no Rio. Contei que me sentia realmente mal e, à distância, podia ver uma figura de capa de chuva que se aproximava. Ao chegar mais perto, ele ouviu meus lamentos em português. Lentamente, seu rosto começou a ganhar forma, e eu gritei:

— Isaac???

Sim, sei que soa bíblico, mas não era.

Aquele era Isaac Karabtchevsky, o maestro e amigo que trabalhara comigo quatro anos antes, em minha produção de *O holandês voador*.

— Isaac, meu querido Isaac! — gritei, correndo em sua direção com lágrimas nos olhos e lhe dando um abraço de urso, esquecendo o telefone pendurado com Nanda na outra ponta e...

Contei-lhe toda a história, e ele me levou até a luxuosa embaixada brasileira, na Piazza Navona. Eles foram muito amigáveis, me instalaram em um grande quarto e fui convidado para o concerto que Isaac estava conduzindo (adivinhem onde?) no Vaticano. O programa acabou sendo a *Sinfonia no 2º*, de Mahler, também conhecida como *Ressurreição*. Bem, eu estava sentado logo atrás de Isaac e chorava o tempo todo. Não apenas porque era a mais bela peça musical do mundo, mas também porque lia todo tipo de coisa nela.

"Nascido novamente, morto novamente", e assim por diante.

De volta a Nova York, telefonei para o consultório do dr. Fonville ainda do aeroporto. Seu secretário Russell (com voz sombria) disse:

— Sim, os resultados chegaram, mas não posso comunicá-los por telefone.

Ok. Para mim, era um claro sinal de que meu teste dera positivo. Eu tinha deixado o carro no estacionamento e dirigi feito um maluco, quase levando meu Thunderbird ao nível de um jato supersônico.

Cheguei. Ele me fez esperar uma hora. Pareceu mais demorado que o voo de oito horas e meia de Roma ao JFK.

Finalmente chegou minha vez.

— Oi, belo artigo sobre sua peça. Indo para o Lincoln Center? Aposto que Ellen ficará muito aborrecida — disse ele com ironia, colocando os óculos de leitura e, lentamente, retirando os resultados do envelope.

— Não, não li nem vi nada. Eu estava na Itália. Acabei de voltar.

— E eles não têm o *Herald Tribune* por lá?

— Não sei, provavelmente sim, mas eu não estava muito interessado.

— Nenhum de seus amigos falou da matéria no *Times*? Philip? Nem mesmo Sontag?

Eu não sabia o que estava acontecendo. Ele parecia mais preocupado com aquela maldita matéria no *Times* que com os resultados de meu teste de HIV quando, finalmente, o cartão estava fora do envelope. Ele deu uma olhada no papel, ergueu os olhos para mim e disse, abruptamente:

— NEGATIVO.

— Não sei o que isso quer dizer. Quer dizer que eu tenho? Que não tenho? Quer dizer o quê?

— Gerald: controle-se! VOCÊ NÃO TEM AIDS.

— Com licença. Onde fica o banheiro?

Fui até lá e dei uma cagada que devia pesar uns 3 quilos. Eu não cagara durante todo o meu tempo no exterior. Voltei ao consultório.

— Vamos tomar um café — disse Fonville.

— Claro. Posso usar seu telefone?

Telefonei para Nanda imediatamente e dei a boa notícia. Ela teve uma ideia brilhante:

— Diga a ele para enviar o restante de sua amostra de sangue para análise no hospital de doenças tropicais.

Ele enviou.

Os resultados chegaram alguns dias depois.

Eu tinha... dengue!

Telefonei para Ellen:

— Mama, não tenho aids.

— Eu sei que não.

— O QUÊ?

— Eu só queria colocar um pouco de juízo nessa sua cabeça. E queria que sua mãe passasse algum tempo aqui comigo.

Eu estava aliviado, zangado, feliz e furioso.

No fim das contas, era só dengue. Mas, meu Deus! Que longo e árduo caminho até chegar lá!

17

Philip

Digamos que tudo começou naquele dia... "As ruínas ainda estavam no lugar onde você brincava quando criança... onde era aquilo?" É assim que *That Time*, de Beckett, começa. E foi assim que a plateia viu Julian Beck, com o rosto iluminado, nada mais, somente o rosto, ouvir suas próprias palavras gravadas: "As ruínas ainda estavam lá onde você brincava quando criança... onde era aquilo?"

Sim, minha *Trilogia Beckett* acabou por aquela noite, e a equipe estava guardando os acessórios, assegurando-se de que algumas luzes desfocadas fossem substituídas e as looongas, looongas filas para o camarim de Julian Beck eram organizadas por Judith Malina, Ilion Troya e Tom Walker (que participavam da peça, juntamente com George Bartenieff e Fred Neumann). Era comum ver gente como Coppola (que dirigira Julian em *Cotton Club*) ou Don Johnson, de *Miami Vice* (em que Julian interpretara um traficante), ou mesmo Spielberg (posso estar errado, mas acho que o vi por lá) e dezenas e dezenas de *personas* teatrais, do mundo da dança à Broadway e à off-Broadway, e mesmo da cena europeia de cinema e de TV (especialmente da Itália, da França e do Reino Unido).

Mas alguém tocou meu ombro e disse:

— Grande peça, bela peça, tão comovente.

Era Philip Glass, e jamais esquecerei aquele dia, pois jamais esperei por ele, e jamais esquecerei o dia em que fui à BAM para assistir à sua *The Photographer*, quando alguma estação de rádio tocou "Einstein on the Beach", e eu fiquei lá sentado, sem acreditar no que estava ouvindo.

Em 1981, fiz um curta baseado em um conto de Jorge Luis Borges chamado "O outro". Daniela Alves Pinto (Thomas) e eu decidimos chamar a adaptação de *O outro e eu*, e, a princípio, ela foi feita para a CBS, que mais tarde a rejeitou. Mas chamamos um compositor altamente influenciado pela música de Philip e que também tinha alguma conexão com Bob. Seu nome era Michael Galasso. A trilha era maravilhosa; o filme, não. Mas deixemos isso para depois.

Não. Não para depois. Era um filme terrível. Terrível.

Eu estava muito acostumado a sair com Susan Sontag naqueles dias, depois das apresentações de minha *Trilogia Beckett*, enquanto ela me bombardeava com perguntas sobre Beckett (ela sabia que eu o conhecia), pois estava prestes a encenar *Godot* em Sarajevo e um romance de Diderot no American Repertory Theater, em Boston.

Mas Philip era um ídolo. Mais que isso, depois de Beckett, ele era... uma grande influência.

Um longo tempo se passou.

Estou no Rio, um ano depois daquilo, dirigindo *Quartett*, com Tônia Carrero e Sérgio Britto. Daniela Pinto estava no Pão de Açúcar, não sei bem por quê. Philip também estava lá (com Godfrey Reggio). Ela se apresentou e, ao deixarem a Praia Vermelha, todos passaram no teatro Laura Alvim, onde ensaiávamos a peça. Por alguma razão, não fiquei surpreso. Ele entrou no teatro, e eu não fiquei surpreso.

Philip se sentou, perguntou se podia assistir ao ensaio, e eu, quase rindo, disse que sim, é claro. Durante os dez dias seguintes, fomos praticamente casados. Ele até opinou sobre a produção e elogiou a atuação de Sérgio Britto. Almoçamos e jantamos juntos, e passei muito tempo em seu quarto no Marina Palace, no Leblon, ou em longas caminhadas pelo Jardim Botânico, onde ele me deixou ouvir algumas coisas novas, especificamente a trilha sonora de *Powaqqatsi*, com fones de ouvido e minigravador na mão, do tipo profissional. Ou talvez já fosse um DAT, quem sabe?

Foi então que começamos a discutir seriamente outros compositores Shostakovich era nossa maior discordância. Bach, nossa unanimidade. Wagner, bem, Wagner. Contei a ele meus planos para Wagner na temporada de 1987 do Teatro Municipal do Rio.

— Você acha que é uma boa ideia? Quero dizer, um compositor morto?

— Eu amo Wagner — respondi. — Mas adoraria fazer algo seu, Philip.

Nós nos encontramos novamente, novamente e novamente, em Nova York, em sua cozinha na East 3rd Street. Jantar vegetariano, com Candy entrando com um hambúrguer na mão, Stokes Howell dizendo ser alérgico a tudo e Zack rindo de todo mundo. Philip fazia uma magnífica berinjela à parmegiana.

— Gerry, o que você acha de...

(Barulho demais, gente demais.)

— O quê, Philip?

— Quero ir a São Paulo no mês que vem e assistir àquela sua peça sobre Electra. Depois, talvez pudéssemos ir até as cataratas do Iguaçu?

— Esplêndido. Isso seria esplêndido! Sim, vamos fazer isso!

Meses se passaram. Eu já estava trabalhando e vivendo no número 104 da North 7th Street, no Brooklyn. Deixara Manhattan anos antes, em 1984, no último dia de *All Strange Away*.

Mas, como não conseguia trabalhar no calor de Nova York (e meu loft tinha 140 m², sem ar-condicionado), eu usava o espaço que Marty Fox (então ainda editor da revista *Print*) me cedera durante a noite. Eu trabalhava furiosamente na *Trilogia Kafka*.

E lembro de ter muitas conversas com Philip sobre encenar *A metamorfose*, *O processo* ou mesmo *Na colônia penal*. Philip e eu conversamos. Mais que isso. Depois que ele voltou de algum lugar (Tóquio, eu acho), teve outra ideia:

— Gerry, quero que você encene *Akhnaten*.

Lembro de Bob Jones pulando de alegria e instantaneamente me perguntando o que eu faria com os percussionistas. Sem saber o que responder, disse imediatamente:

— Vou colocá-los no palco, é claro.

A resposta pareceu satisfazer a todos, até ao menos amigável dos seres humanos, alguém que atende pelo nome de Wheeler.

De todo modo, Philip disse:

— *A metamorfose*. Vou fazer a trilha, porque sei que você vai levá-la ao palco, mesmo que decida matar todas as outras.

Infelizmente, ele estava errado. A música era maravilhosa. Eu me lembro de quando ele foi a São Paulo e levou os rolos consigo.

Nós a ouvimos, com o elenco sentado no palco, chorando silenciosamente. Mas a produção, no contexto de *O processo* e *Praga*, era a mais fraca, e a deixei de fora. Quando Ellen foi assistir e, do nada, fez um escândalo, ela me pediu para completar a parte faltante com *CarmemComFiltro*. Música de Philip, é claro, mas não original. Composta para o filme *A tênue linha da morte*.

E fomos para as cataratas do Iguaçu.

Ficamos no Hotel Tropical, da Varig. Eu e Daniela em um quarto duplo, e Philip em outro, de frente para as cataratas. Eu alugara um carro, e dirigimos pela cidade, que parecia estar na fronteira do Arizona ou do Novo México, com muitos postos de gasolina e lojas de conveniência. Subitamente, eu disse:

— Ei, vamos tentar entrar lá, onde ficam aquelas IMENSAS turbinas *à la* James Bond. Precisamos ouvir o rugido e comparar nossa altura com a daquelas coisas.

Claro que não seria tão simples. Havia uma cerca militar, e fomos parados. Expliquei quem eu era e quem era Philip. Graças a Deus pela existência da TV! O guarda me reconheceu em função de um programa que fora ao ar poucos dias antes. Ele chamou seu superior.

Chegou um coronel:

— Grande Gerald Thomas! Sou seu fã! Ah, e Philip Glass! Isso é inacreditável! Entrem, entrem. Deixem o carro aqui. Vamos fazer um tour em meu carro.

A essa altura, estávamos em êxtase, mas também presos em uma armadilha. Quando chegamos à terceira turbina, enésimo centro de comando e console número 54, com aquela imensa quantidade de água caindo sobre nossas cabeças, já não conseguíamos ouvir uns aos outros. Philip usava linguagem de sinais, tentando me dizer: "BASTA. POR FAVOR, VAMOS EMBORA."

Impossível! O coronel queria que ficássemos para o jantar. Fingi estar doente, e o mesmo fez Daniela, que usou várias vezes o nome do pai (Ziraldo), e então, de algum modo, estávamos livres, do lado de fora, molhados, surdos, apertando mãos e prometendo voltar para jantar mais tarde naquela semana.

Após um longo banho quente e um cochilo, nos encontramos no restaurante para jantar, e Philip disse:

— Não sei quanto a vocês, mas está tudo aqui em minha cabeça. Por enquanto, eu a estou chamando de "Itaipu", e começarei a escrevê-la após o jantar, enquanto ainda posso ouvir o som da água. Depois, podemos pensar no que fazer para levá-la aos palcos.

"Itaipu" ficou pronta em cerca de três meses, e a Atlanta Symphony Orchestra a apresentou pelas mãos e batuta do maestro Robert Shaw. Nós quatro voamos até lá para assistir: Eu e Daniela, Philip e Candy.

Durante o jantar, solitário como somente um camarão de água salgada pode ser, Philip disse:

— Hum, grande coro, mas agora cabe a você fazer uma ópera inteira a partir disso.

— Fácil — respondi.

Em cinco meses, uma espécie de libreto foi escrito por mim, usando as já existentes "The Canyon", "The Light" e "Itaipu". Monique Gardenberg quis estreá-la no Projeto Tucano Artes, e assim, em julho de 1989, menos de um ano após a viagem às cataratas, a ópera estava pronta: *MattoGrosso*.

Que tal isso?

18

O nascimento de *MattoGrosso*

Quando a *Trilogia Beckett* foi convidada para o TAT (Theater am Turm), em Frankfurt, o convite veio por intermédio do mais proeminente crítico da Alemanha, Peter Iden, do *Frankfurter Rundschau*, e o convite para o Bitef, de Belgrado, chegou por meio de Mira Trailovic.

Chegar a Frankfurt foi uma experiência engraçada. Só então notei que não éramos "realmente" uma banda americana. Todos (ou quase todos) em nosso grupo eram alemães, de primeira ou segunda geração.

Judith Malina e George Bartenieff haviam nascido na Alemanha. Eu e Howard Thies éramos alemães de segunda geração. Fred Neumann, "novo homem" em alemão, também era de segunda geração.

O fato é que... todos falávamos alemão fluentemente, mas só descobrimos isso diante do oficial de imigração.

Ellen Stewart olhou para nós, incrédula:

— O quê? Vocês são todos alemães?

Muitas coisas mágicas aconteceram a um diretor de 31 anos que levava seu show — uma *première* de Beckett com ninguém menos que Julian Beck — para o exterior. Primeiro, a ode de Iden. Não porque eu nunca tivesse lido nada tão intenso, mas porque me proporcionou a primeira noção do que um crítico pode fazer com seu espaço, se quiser. E Iden compreendeu integralmente o que eu fizera com Julian no palco, e chamou sua matéria de página inteira de "*Wie Wirklich ist die Wirklichkeit?*".

Ok. Minha declaração metalinguística nasceu, finalmente, na terra da metalinguagem. Obrigado, Peter Iden.

E o inesperado: Heiner Müller foi assistir à produção, e o editor do *Verlag Der Autoren* arranjou uma reunião no apartamento de Heiner uma semana depois. Surgia outra parceria, que durou até *CarmemComFiltro*.

Como o TAT tinha um design de iluminação multiuso, e o La MaMa, não, aquela foi a primeira vez que usei luzes laterais, dando ao Teatro 1 e ao Teatro 2 uma dimensão completamente diferente.

Ellen se sentou na plateia e aceitou todos os elogios. Como se eu não existisse. Ela também cuidou de receber todo o dinheiro do diretor artístico e de entregar, a cada um de nós, um grosso maço de marcos alemães.

Os atores voltaram ao palco DEZESSEIS vezes, e os aplausos continuaram crescendo e crescendo e eu não sabia aonde aquilo ia parar, porque, além de bater palmas, a plateia começou a bater os pés no chão. O barulho era ensurdecedor.

Nenhum de nós conseguia acreditar.

Sérgio Britto

Mas Sérgio Britto não estava lá. Ele era parte do elenco brasileiro de minha *Quatro vezes Beckett* — em essência, a *Trilogia Beckett* mais uma.

Conheci Sérgio quando tinha 16 anos e morava em Londres. Um amigo dele, Fábio Sabag, lhe dera meu número, caso ele precisasse de um "acompanhante" culto. Sabag, por sua vez, conseguira o número com Sérgio Mamberti.

Contarei essa história algum dia. Não estou dizendo que não é importante. É claro que é importante. Mas também é tediosa. Tremendamente tediosa. Não é sexy, não é sexual, não é sensual, só um velho tedioso (embora talentoso) tentando andar por Londres com um garoto de 16 anos.

E como Jagger entra nessa história?

E Michelle DiBucci?

E Beat Furrer?

E Holm Keller?

E Detlef Heusinger?

E tantas outras personalidades musicais e não musicais com quem trabalhei durante os anos, especialmente na Europa? É difícil explicar e nada particularmente inspirador.

Como Lisa se encaixa em tudo isso?

E Joan?

E Bete?

E Hélio?

E, e, e?

Sou uma soma de todos eles, ou uma fração deles?

Quando Daniella Visco interpreta mal algo que eu disse e fica zangada com algo que descrevi, é porque estou errado, porque ela está errada, ou porque nossas culturas não combinam e nossas palavras não conseguem encontrar o mesmo significado?

Übrigens, quando digo algo em alemão, ninguém pode argumentar comigo, pois esse alemão pertence a um background secreto e somente meu, e meus poderes psíquicos também são somente meus, e aqueles que querem me ouvir devem ouvir cuidadosamente, e não perder tempo com simbologias infantis.

NÃO VEJAM SÍMBOLOS ONDE NÃO HÁ NENHUM.

Ele disse.

Não eu.

Não posso continuar. Vou continuar.

19

NÃO POSSO CONTINUAR, QUEIMEM TODOS OS LIVROS. NINGUÉM sabe de nada. Vive um ser chamado "Lucky" dentro de mim

Mas não irei. Não irei porque não saberia como e para onde ir. Para onde você vai quando a conversa que está tendo termina abruptamente?

Por que qualquer coisa termina abruptamente?

Pode ser porque alguém não sabe quem era FDR. Pode ser porque alguém não sabe que os Estados Unidos da América são um GRANDE experimento (um ser vivo, na verdade) de uma "coisa" social, política e sempre em mutação e evolução.

Acho que Beckett, sem querer, devia estar pensando em algo assim. Será? "Sortudo é aquele que não sabe nada." Isso veio de um dos filósofos gregos, não? Ou será que ouvi isso de Beckett? Ou de um motorista de táxi judeu no Queens, à beira da aposentadoria, lá pelos anos 1980, quando Nova York ainda tinha aqueles *checker cabs*? Afinal, pra que mesmo saber tanto nome, tanta data, tanto evento? A gente acaba numa depressão... Nossa! Mas que depressão. É como o Lucky. É (un)Lucky, o ser mais infeliz do mundo, carregando aquela coisa toda, com aquela corda no pescoço, corcunda, suando, um ser entortado pelo "saber demais e sem poder fazer nada!". Olhem para mim. Vocês estão vendo? Sim? Todo torto. Veem? Pois é. Esse Lucky vive aqui, dentro de mim. Não tem solução.

Muito diferente das outras democracias, esta é mais como um experimento. É por isso que há "pais fundadores", e é por isso que há uma Constituição (e suas emendas) ampla e de mente aberta.

Portanto, conversas e relacionamentos chegam ao fim. Não têm para onde ir a não ser que alguém emule Lucky em seu fantástico monólogo, pondo o chapéu, tirando o chapéu e assim por diante. Mas não, obrigado. Se tiver de colocar uma forca no pescoço, como meu tio fez, em Berlim, aos 17 anos, prefiro ir de uma vez.

No fim, é a palavra FIM que conta.

DESTRUAM TODOS OS LIVROS, QUEIMEM TODAS AS OBRAS DE ARTE, DERRUBEM ESTE MURO.

CRÍTICOS.

Na verdade, dois. Um. Na verdade, um.

Paulo Francis. Extremos opostos e diametralmente brilhantes.

Por favor, não nos esqueçamos de que fui preso por minhas declarações cênicas ou por protestar contra a reação nazista de uma plateia. Por favor, não nos esqueçamos de que fui ameaçado por ser o primeiro judeu a dirigir Wagner (*Tristão*) na Alemanha Oriental, enquanto ela se transformava cruelmente no banheiro da rica Alemanha Ocidental. Sim, skinheads fizeram um piquete na porta do Teatro Nacional de Weimar e ameaçaram me matar.

Deveriam ter matado.

Inspiro tanto ódio e tanta fúria. Felizmente, também inspiro amor e tenho muitos seguidores, e, como ensina a história, nunca foi diferente.

Levin e Francis se moviam da esquerda para a direita, e vice-versa, dependendo do fator conveniência. Beckett certa vez me disse:

— Um crítico parece um piloto sem licença ou barco, que vai para onde o vento sopra.

Associo isso a sua própria linha em *Fim de partida*: "He was a painter and an engraver". Com *engraver* [gravador], é claro, tendo os significados triplos e quádruplos de *grave* [cova], de buraco no chão, de raspador, e pintor, *painter*, que envolve a palavra *pain* [dor].

Aqueles que foram a Volterra ver minha produção a céu aberto de *The Said Eyes of Karlheinz Öhl* deveriam — para começar — ter prestado atenção ao título e à tese que ele defende: "*Traum und Boden.*" Os alemães presentes — e havia muitos — devem ter percebido que eu me referia à loja de móveis em Munique, em tal e tal esquina, pois, afinal, o título se traduz como "Sonho e Chão". Contudo, é possível ler qualquer coisa bíblica ou altamente semiológica nele, e foi precisamente isso que pretendi. No contexto de um desconstruído *Tio Vânia*, com uma roda de bicicleta de Duchamp no meio do palco, aquela tese — *Traum und Boden* — não poderia ser nada além de uma piada. Mas isso foi o que pensei. Quando abri o *Süddeutsche Zeitung*, o *FAZ* e o *Die Zeit*, e mesmo a imprensa italiana, aquele *Traum und Boden* era uma flecha em suas gargantas.

Digamos que tudo começou no dia em que me mataram. Todos eles. Assassinato em massa. E depois de me matarem, eles me ressuscitaram, e me aplaudiram em pé, e teriam me canonizado, se eu não cuspisse constantemente em seus rostos, aqueles hipócritas.

Sabem o que mais me irrita? Ver jovens artistas, bem educados em história da arte e, especialmente, a vanguarda — que SABE que as rejeições são parte do processo porque os críticos não fazem parte de nós, mas da mídia, da mídia impressa, da TV, e assim por diante — representando as classes média e baixa... É isso que são ou, ao menos, representam. Como, então, poderiam endossar algo que, em princípio, ofende tudo aquilo em que a classe média acredita? Essa não é uma avaliação bastante apurada? Não há exemplos suficientes em nossa história da arte para provar, de Joyce a Beckett, de Van Gogh a Pollock, e mesmo de Ludwig van Beethoven a... não! A lista é muita longa, e já demonstrei o que queria dizer.

Alguns não sobreviveram aos críticos, mas, usualmente, dá-se o inverso. A maioria daqueles destruídos pelas críticas agora possuem um nome. E quanto aos críticos? Enterrados em covas anônimas. Bem feito.

Susan Sontag era uma crítica passional porque, acima de tudo, era um ser curioso. Ela estava interessada nos assuntos humanos, como

Bloom, como Jan Kott... É claro que, quando falo de críticos, devo excluir o novo e bastante recente ramo dos semiologistas de Paris, como Barthes, Derrida, Baudrillard, Foucault, etc.

Mas, mesmo então, o que me irrita é quando um artista "rebelde" chega agitando uma "boa crítica", como se isso o legalizasse neste planeta. Sempre achei isso repugnante. Nesse sentido, Tunga foi o artista mais repugnante que já tive o (des)prazer de conhecer.

Entendem? Riscos. É disso que se trata. De riscos e de assumir riscos. Andar na corda bamba sem rede de segurança. Com rede? Não é arte, é artifício.

Assim, retiro o que disse. Alguns críticos são críticos. Adorno era um crítico, e Peter Iden era um crítico e, em minha vida, o brasileiro Macksen Luiz e o alemão Gert Gliewe estavam tão lá em cima quanto astronautas, para alguém andando na corda bamba.

Gert Gliewe, um dos críticos que me apoiaram desde o início, ao escrever uma glorificante nota no *Abendzeitung München*, intitulada *"Universum im Kleinen Format"*, escreveu um bilhete em estilo beckettiano:

> Aproveite seu sucesso inicial, *Herr* Thomas. Esqueci, não sabia ou a memória "bum", teve aquele lapso ou simplesmente falhou. APROVEITE SEU SUCESSO de trás para a frente, e lentamente, e vá para a frente, avance e, como se no retrovisor: PARE, PARE, e Godot, que certa vez esteve aqui neste mesmo chão, tivesse gritado para os galhos do sol e velejado mar afora, e, ao fazê-lo, sussurrou pela primeira vez, sendo a última, pois tudo em movimento sempre será o estranho último: feliz sucesso para você.

20

MattoGrosso

Não é injusto dizer isso, embora provavelmente seja. Encenei *O navio fantasma*, de Wagner, com os elencos A, B e C, com GRANDES cenários e todas as discussões, intrigas e traições disponíveis e, assim, *MattoGrosso* foi uma coisa "leve". Philip estava presente aos ensaios, e Michael Riesman conduzia — desse modo, eu podia pedir "mais rápido", "mais devagar", "dobre esse número", "dobre aquele outro", etc.

Philip tinha vindo ao Brasil para a estreia de minha *Trilogia Kafka* (para a qual compusera as trilhas sonoras de *A metamorfose* e *CarmemComFiltro*). Enquanto a peça estava em cartaz, ele sugeriu que fizéssemos uma viagem às cataratas do Iguaçu. Ah, eu me repito? É claro que sim. Estamos sobre o palco, ora. E a história, a trama, nunca se repete exatamente... Eu e Daniela Thomas já não estávamos juntos, mas permanecíamos amigos e colaboradores e, assim, nós três viajamos juntos.

Uma vez lá, aluguei um carro, e começamos a dirigir pela cidade — não sei bem por quê. Afinal, as quedas-d'água gigantescas estavam bem perto.

— É tanta água — dizia Philip, boquiaberto e salivando.

Tentei chegar "mais perto" das quedas, e, eventualmente, chegamos a uma daquelas cercas militares: "Entrada proibida." Bem, havia um guarda. Olhamos uns para os outros. O pedido óbvio:

— Posso falar com seu superior?

Um coronel se aproximou e me reconheceu instantaneamente.

— Você não é Gerald Thomas?

(Uma observação bastante constrangedora, dado que, até recentemente, eu fora muito antimilitar, e dado que Philip Glass estava sentado a meu lado. Não importa.)

Nosso amigo coronel nos levou para um tour. O que se seguiu foi uma experiência absolutamente espetacular e, sem fotos ou filmes, bastante difícil de descrever. Quero dizer, a dimensão de tudo, o tamanho das turbinas, a quantidade de água, o barulho, as máquinas incríveis, gerando eletricidade para o Paraguai, a Argentina e o Brasil. Toda a rede. Não há palavras que possam descrever a sensação de GRANDEZA e de insignificância humana. Ficamos todos ensurdecidos pelo barulho. Era tremendo. Isso foi ótimo, porque ninguém conseguia conversar. O coronel não podia fazer perguntas, e os comentários óbvios e tolos que teríamos feito eram superados pelo barulho da água caindo.

Visitamos umas três grandes turbinas. Vimos a coisa toda por dentro. Eu estava, de fato, em um filme de James Bond. Parecia exatamente um cenário de Bond, com aqueles enormes reatores nucleares usados pelo dr. No, Goldfinger ou... De todo modo, um cenário de 007.

Uma grande citação minha e de Philip:

— PAPAIA E TODA A FLORESTA AMAZÔNICA.

Ao fim de nossa "jornada" (que incluiu uma visita à sala de controles principal, com computadores, cabos e grades, além de minúsculos nibelungos rastejando em torno e olhando para os números), Philip disse:

— Que dia. E tudo que eu disse foi: "Vamos chegar um pouco mais perto da água." E aqui estamos, dezoito horas depois, no fim de nossas energias, exaustos. Acho que nunca mais vou falar com você.

E continuou, em um tom de irmão mais velho:

— Daqui para a frente, eu falarei com os garçons, porque, se pedir um mamão papaia, receberei apenas isso, um mamão papaia, e não TODA a floresta amazônica e cada fruta exótica do planeta.

Eu ri. Tinha sido um dia muito inspirador. Antes de voltar para seu quarto (que dava para as cataratas), ele completou:

— Preciso assimilar, digerir tudo isso. Vejo você no café da manhã.

Ele não dormiu, nem eu. Durante o café da manhã, falou:

— Compus durante toda a noite, anotei cada movimento e registrei no teclado. Agora, telefone para seu amigo coronel e diga que precisamos voltar para ver, bem... para sentir toda aquela água novamente. Preciso dar mais uma olhada.

Voltamos. De volta às turbinas, à força da água, à sensação de que a natureza poderia nos esmagar como se fôssemos mosquitos. Mas, dessa vez, ahá! Dessa vez, visitamos apenas uma turbina. A mais gigantesca de todas, a mãe e o pai de todas as turbinas, quase dez vezes maior que as que víramos no dia anterior. Ficamos (novamente) embasbacados. Eu observava enquanto Philip olhava com consternação — com aquela sua cara de peixe — para o volume de água que corria sobre nossas cabeças e até o gerador. Ele quis voltar para o hotel ("Preciso compor", dissera), e voltamos correndo.

— Mas exatamente O QUE você está compondo? — perguntei.

— Não sei — respondeu ele —, mas vou chamar de "Itaipu". — Que significa "pedra na qual a água faz barulho" em tupi-guarani.

Philip enlouqueceu quando descobriu o significado da palavra.

Depois de voltar a Nova York (para preparar a estreia da *Trilogia Kafka* no La MaMa), telefonei para Philip e ele pediu:

— Venha o mais rápido que puder. Tenho uma música para mostrar.

Alguns críticos são críticos, outros são simplesmente tolos: "Um pesadelo repugnante", escreveu o crítico Antônio Hernandez, de *O Globo*. "Para entender, seria necessário consultar os arquivos médicos do psicanalista de Gerald Thomas. Não seria uma tarefa agradável."

No fim, somos nossos próprios e "únicos" críticos. Ou, em termos mais amplos, nossos colaboradores nos descrevem melhor, como fez

Philip, novamente (para o *New York Times*): "Gerry é um da meia dúzia de diretores-autores em todo o mundo com uma visão pessoal. Ele não apenas encena *A gaivota* ou *Mãe coragem*. É sua criação. Ele é um poeta no teatro."

Philip me entende melhor que meu próprio espelho. Melhor que meu próprio espelho de ouro.

21

Espelhos e ouro

Sabem aquelas pessoas que viajam O TEMPO TODO? Pessoas que não conseguem ficar em um único lugar, que precisam estar em movimento o tempo todo — estão em Boston hoje, na Itália amanhã e, sabe Deus, em Xangai no dia seguinte? Em grande parte, não é porque querem conhecer ou ser parte de outra cultura, mas porque querem se ver no espelho sob uma luz diferente. E não parecemos os mesmos em espelhos diferentes. Parecemos diferentes a cada novo espelho. Mesmo a ideia de nos olharmos no espelho do banheiro todos os dias pode ser enganadora. Banheiros tendem a ser enganadores. De qualquer modo, é muito assustador. Espelhos são reflexos assustadores de almas aterrorizadas que querem olhar "dentro" de si mesmas. Mas a superfície externa fica no caminho. Especialmente no banheiro.

Quando pensamos em pessoas como Van Gogh, que não teve a possibilidade de viajar e viveu em uma época na qual só havia espelhos minúsculos para se barbear (e talvez decepar a orelha), elas dependiam basicamente de duas fontes de luz: os raios de sol que entravam pela janela e a lâmpada noturna que vinha de cima. Assim, ou elas se viam com um brilho lateral, ou totalmente de frente, e era disso que dependiam. E é aterrorizante ver a si mesmo, no mesmo ambiente, sob duas fontes de luz.

De algum modo, somos treinados para nos vermos como nos vemos, e essa é a razão pela qual podemos ter tantas dificuldades com a maneira como as pessoas nos veem.

Na vida moderna, as pessoas começaram a percorrer distâncias incrivelmente longas em um período de tempo relativamente curto, que é o tempo de um voo internacional. Viajar e descobrir novas terras e novas fontes de luz mudou nossa autoestima.

Já não caçamos a comida ou o animal diário.

Já não caçamos nossa autoimagem.

Pensem nos faraós do Egito — eles amavam a cor dourada, assim como a civilização de hoje: o OURO governa uma maneira kitsch e estranha de disfarçar a feiura. "Basta cobrir com ouro, colega!"

Cada grande escultura de valor político e heroico é banhada em ouro. Monumentos são dourados. Os egípcios não tinham ideia de que o ouro era um metal raro. O que tentavam fazer era emular a luz do ocaso no Oriente Médio, em Jerusalém, para ser preciso, que era e é dourada. Dourada como o silêncio. O silêncio é de ouro.

E essa é a hora favorável do dia para ser visto, porque ela não mostra espinhas e defeitos. A luz dourada das 18 horas, quando o sol está prestes a se pôr— o crepúsculo do Oriente Médio — é de uma beleza desconcertante!

Porque tudo isso é sobre o que diabos estamos fazendo aqui. E é por isso que tememos pessoas com maior entendimento que o nosso, como Stephen Hawking, astrônomos que estudam esse vasto, galáctico e DOURADO sistema solar. Quanto maior ele se torna, menores ficamos. Somos nada; somos menos que um grão de poeira. Mas, se estivermos cobertos de ouro, tendemos a crescer um pouquinho nessa charada monumental.

A história humana só tem 7 mil anos em 380 bilhões. Em certo momento, não havia nada. Havia gelo, e o gelo começou a derreter, produzindo água, vales, cânions, lagos e oceanos. Mas não havia seres humanos, talvez um peixinho ou um "aquanômio". E eu provei isso quando tentei cometer suicídio há dez dias — "Oh, meu Deus, o que você está fazendo?! Você não pode fazer isso; voltará na próxima encarnação como uma barata ou um cordeiro na África do Sul!" Sério? Vocês realmente sabem do que estão falando? Acho que, quanto mais falamos, menos sabemos.

Essas são as luzes douradas dos credos.

Essas são as mentiras douradas dos credos.

E é por isso que há tanto OURO!!!

Jerusalém

Bem, certamente não sou o primeiro a dizer isso. Para alguns, TUDO começou em Jerusalém.

Eu costumava ser mais cético e um filho da puta cínico. Até ontem. Até ontem, via a religião como um disfarce ou como os figurinos que usamos no palco. Não, não até ontem, embora pareça. Mas fui levado a Israel pela revista *Caras*, editada, na época, por Sergio Zelis. Isso foi em abril de 2001, apenas cinco meses antes dos ataques de 11 de setembro.

Sempre 11 de setembro. Sempre em minha mente.

(Michael, por favor... Posso tomar meu clonazepam agora? Obrigado.)

Mas ontem, ou em 2012, flutuando no ou (ouso dizer) *acima* do mar Morto, tive um *insight*. Meus braços se estenderam, assim como meus pés. Meus olhos ardiam por causa da água salgada, mas eu tinha uma visão clara do céu nublado, 422 metros acima do nível do mar.

O que posso dizer? Será que meus amigos rirão? Quem liga? Fui "atraído" para cima, enquanto estava coberto de lama e me coçando todo.

Ao retornar ao Hotel King David, vomitei toda a comida e o líquido que ingerira, e passei a noite acordado, desidratado.

Não, sem textos de autoajuda ou de ajuda de qualquer tipo. Contudo, uma coisa é certa: Jerusalém possui poderes além de nosso controle. Sou emocional com relação a coisas que podem parecer tolas para alguém que praticou o ateísmo por tanto tempo, mas não temam! Não estou tentando converter ninguém. Não estou aqui para converter ninguém. Odeio religião!

Na verdade, não saberia a que tentar convertê-los. Judeus radicais? Quero dizer, ortodoxos ou hassídicos? Monges franciscanos ou padres com uma xícara de Nespresso ou cappucino Illy? Muçulmanos? O quê? A que, exatamente, eu tentaria converter vocês?

Monte Sinai, para mim, é um hospital.

Metade de mim desapareceu. DESAPARECEU, acabou, evaporou. A outra metade está crescendo novamente ou crescerá novamente, algum dia, de algum modo.

Como, não sei.

Estou aturdido e, para ser franco, não sei como essas palavras estão saindo de meus dedos semiadormecidos, ainda marrons (dessa vez, do forte café turco que bebo de tempos em tempos, do mel ao mel, das nozes às nozes e das cinzas às cinzas. É assim que terminarei, perto da tumba de Schindler, esperando que meu epitáfio diga algo como: "Então era isso?").

INRI e alho são os sons ou palavras que ouço involuntariamente durante a noite. INRI, é óbvio. Alho, não suporto.

Contudo, ainda cheiro a enxofre. É claro, é esse cheiro que parece ser expelido por minha pele ou meu organismo, por causa do sal e da lama. Subitamente, eu era um ser Morto, dizendo coisas mortas, um Livro Tibetano dos Mortos ambulante, flutuando sobre o mar Morto, ou mar Vermelho, ou rio Jordão.

O rio Jordão e Joan Rivers. E Robin Williams.

22

Insônia

Tenho problemas para dormir desde os 9 anos. Ou melhor, não tenho sono. Nenhum.

O quê? Estão me dizendo que isso é impossível?

Não. É verdade, é um segredo dourado. Simplesmente nunca pude dormir, nunca.

Foi assim que comecei a desenhar e a pintar. Meu pai ficava acordado comigo enquanto eu desenhava. Imaginem: uma criança ouvindo histórias sobre o Holocausto e a *Kristallnacht* durante o jantar, durante o almoço, durante o café da manhã, histórias de horror o dia todo, interferindo em meu metabolismo e em meu padrão de sono.

Não é de surpreender. Minha família estava entre as vítimas. Vi seus retratos em Auschwitz quando estive lá, em 1995.

"Ah, sim, querido! Fulana foi queimada, e seu cabelo foi usado para fazer um colchão. Um bom colchão, aliás."

O humor é a chave, e estou tentando me agarrar a essa chave.

Histórias grandes e horrendas para uma criança ouvir durante as lentilhas e salsichas com o ocasional peixe cozido demais, sem sal, sem pimenta, sem condimentos e com batatas fervidas até a morte.

Eu estava em Nova Jersey em dada quinta-feira, entre as idades tal e tal, e, na segunda-feira seguinte, estava no Rio de Janeiro. Inicialmente, parecia Ruanda. Como eu conseguiria dormir? Eu nem sabia onde estava. Tudo que sabia era que fazia 45 graus à sombra e as pessoas falavam uma língua engraçada, que eu não conseguia entender: "Pô, cara! Qualé?"

E então percebi que meus pais também não conseguiam se comunicar com ninguém. E quando comecei a ter amizades, era hora de me mudar para o Tennessee e perder todos os amigos que fizera naqueles cinco anos!!! Impossível! Não, não o Tennessee!!!

Sim, o Tennessee, e o Tennessee era...

O Tennessee vivia o pior período de segregação entre brancos e negros. Martin Luther King levara um tiro, havia ônibus para brancos e ônibus para negros e eu acabara de chegar da sociedade completamente integrada do Brasil. O Rio era uma cidade cosmopolita, com *nightclubs*, sexo, música e restaurantes, e eu estava em uma cidade com 1.500 habitantes, no Tennessee urbano, no meio de porra nenhuma. Aquela cidade de pesadelo se chamava Erwin, no condado de Unicoi!!!

Não havia nada. Havia uma *drugstore* na qual era possível comer hambúrguer com milk-shake. Lá se foi um ano de minha vida. Eu costumava caminhar pela cidade com o cabelo comprido, e as pessoas olhavam para mim como se eu fosse uma aberração — e, naqueles termos, eu era. Eles eram todos ministros protestantes, carregadores de bíblias, com seus palácios de cristal, e nós éramos judeus. Minha mãe teve uma crise nervosa e disse que, se tivesse de passar mais um dia naquela cidade, se enforcaria.

E eu completei, com ressoante voz de coro:

— E eu também!

Nosso ultimato colocou meu pai contra a parede. Assim, voltamos para o Rio, via Nova York, onde fui estuprado, aos 12 anos de idade.

Pensem nisso. De volta à nossa metrópole e...

Desci para pegar uma lata de Coca-Cola e, no caminho, fui estuprado pelo cara da lavanderia. Doeu muito. O cenário foi o Paramount Hotel, na West 46th Street.

Aos 13 anos, eu já era um homem, e não podia aprender com os professores, porque eles não sabiam nada. Eu estava começando a competir com eles quando fodi minha professora de geografia. E ela tinha um filho da minha idade. Lembro do garoto brincando com uma bola enquanto eu chupava a buceta da mãe. E pensei que chupar uma buceta não era estranho, mas que ter um garoto jogando bola por perto era. Será que você poderia parar de jogar bola enquanto eu chupo a buceta de sua mãe, por favor?

Eu tinha de voltar a Nova York e me tornar garoto de programa. Porque, depois que se faz isso, o que mais se pode fazer? Foder por dinheiro e existir, basicamente. Você cheira fileiras de coca, fode e existe. Não vive. Minha única recompensa era ir ao Museu de Arte Moderna e olhar para *Guernica*, de Picasso. Era minha única recompensa. Eu costumava ir até lá e chorar, parado em frente àquela majestosa pintura.

Ele pintou a Guerra Civil Espanhola, e o fez de uma maneira inacreditável — eu conseguia sentir o sofrimento do vilarejo de Guernica, na Espanha. E também podia entender como ele deformara a face humana e a fisicalidade de tudo, abarrotara tudo em um quadro, com uma vaca tentando gritar e uma lâmpada no topo. Ainda hoje, acho que não há pintura que chegue perto. Tenho 62 anos e não mudei de ideia sobre *Guernica* ser a mais sofisticada expressão de um artista que queria ser militante pela vida, expressar a dor de seu povo e transformar a forma de sua arte. Não conheço mais ninguém que tenha conseguido fazer as três coisas ao mesmo tempo. Rembrandt era um mestre: modificou as incidências de luz, sim, mas não mudou o nivelamento, nem um nariz aqui, um olho ali e... Há uma ideia cartunista em Picasso. Ele era quase um cartunista da dor. E cartuns não são igualados à dor, eles geralmente são vistos como coisas engraçadas das quais se ri, e assim por diante...

23

Muros

Meus pais sempre o mantiveram escondido de mim, trancado como se fosse uma espécie de segredo. Bem, para eles, acho que era. Quando criança, eu perseguia em minha mente o conceito de MURO. Sim, muro. Não importava em que língua falassem, *Die Mauer* ou "o muro" era mencionado durante o jantar dia sim, dia não, e eles falavam com as cabeças baixas e oitavas abaixo de seu volume usual.

Lembro claramente que o som desse "muro" causava uma indentação atrás de minhas orelhas, onde os óculos ficavam apoiados. "Bizarro", eu pensava. A menção ao muro causava um desconforto instantâneo.

Um dia, abri a revista *Time*, e lá estava. Ou melhor, lá estavam. Os muros, no plural. E foi assim que tudo começou: minha noção do mundo, do mundo de onde eles vieram, a noção de um mundo dividido, polarizado, de uma guerra, de fugir de um país para outro e, principalmente, a noção de não ter casa, não ter pátria, não ter país: o povo de lugar nenhum.

Vi o Muro de Berlim e, páginas adiante, em Jerusalém, o Muro das Lamentações.

Fiquei completamente assombrado quando vi que o Muro de Berlim atravessava casas, e perguntei a meu pai se aquilo era realmente verdade.

Ele se sentou, controlou as emoções da melhor maneira que pôde e, lentamente, apontou detalhes de sua velha casa, metade em Berlim Ocidental, metade em Berlim Oriental.

— As pessoas desse lado (apontando para Berlim Ocidental) ainda podem viver lá. Mas as pessoas do outro lado, como você pode ver — disse ele, com a voz e as mãos trêmulas —, tiveram de fugir para o interior, e agora tudo está equipado com arame farpado, minas, patrulhas policiais, granadas, como o restante do muro. É horrível, Jerry, horroroso. A Alemanha é horrorosa, e eles nunca vão parar. As forças aliadas romperam com a Rússia, e é por isso que o muro está lá. Havia os americanos, os ingleses, os franceses e os russos, e esses aliados derrotaram Hitler, e agora estão lutando contra Stalin e Kruchev. É por isso que Honecker...

Jerusalém é uma questão diferente. Assim como a Muralha da China. Tudo que lembro é de ver meu pai se retirar para seu quarto, profundamente ferido.

Todos eles estavam profundamente feridos pelo que a política e a religião eram capazes de fazer.

Também estou. Cada dia um pouquinho mais.

Olhando para o East River, noto um pequeno barco iluminado pela lua e me pergunto, taciturno: "Será que aquelas pessoas conhecem, ou algum dia conhecerão, essas histórias? Será que se importam?"

Provavelmente não.

Mas, quem sabe: um dos passageiros do minúsculo barco pode muito bem ser um sobrevivente do Holocausto.

24

Sempre fugindo

Sempre fugindo.

— Alguém está vindo para nos pegar.

— Quem?

— Eles! Eles estão vindo para nos pegar — dizia meu pai, à beira das lágrimas, corpo esticado no chão, mãos para cima, malas prontas para sair correndo, sempre preparado para o pior cenário, sempre.

É como me lembro.

Sempre pronto para fugir. Pronto para o pior.

— Posso ver um tanque na esquina — gritava meu pai, em silêncio, logo antes de fechar as cortinas e mandar todos deitarem no chão: eu, minha mãe, ele mesmo.

— Acabou: é o golpe militar, Rio, 1964, e eles sabem sobre meu passado. Acabou!

Mãos cobrindo os ouvidos, à espera de que os tanques chegassem e derrubassem a porta.

Vejam bem: isso foi apenas meio ano depois de JFK ser assassinado. Mesma cena. Cortinas fechadas, cômodo escuro, corpos no chão, todos chorando:

— Acabou. Agora é o fim!!!

Era sempre o fim. Sempre as malas prontas. Sempre prontos para fugir.

Não sei o que nos fez fugir do Tennessee. Não sei o que nos fez IR para o Tennessee.

Mas sei o que nos fez fugir do Paramount Hotel, em Nova York, quando eu tinha 12 anos. Foi o medo de que fôssemos assassinados. Eu fora estuprado, e minha família estava em perigo. Meu pai estava sempre preparado, e, horas depois, estávamos escondidos no tríplex de meu tio, na Riverside Drive. Sim, o bom e velho peleiro Peter Kent, o gigante da West 29th Street.

Ainda na cama, aqui em Londres, em 4 de janeiro de 2013, há uma conta do Jumeirah Hotel, da semana passada, muito organizada e dentro de um envelope. Contudo, olho para ela e, em um acesso de pânico, penso: "E se eles acharam?"

É uma conta de hotel, em nome de Moisés!

O que há de errado com você, Gerald?

Sim, precisamente.

Uma CARTA é empurrada pela fresta da caixa do correio aqui em Elizabeth Mews. CHOQUE!!! DOU UM SALTO de choque e medo! Uma CARTA!!!

Sim, é uma caixa de correio, Gerald. Uma caixa de correio.

Mas, para nós que estamos assistindo TV e/ou os últimos assassinatos em massa na Síria, e/ou a condição de Hugo Chávez, ela pode ser igual a... uma arma disparando na direção de nossos cérebros!

Vocês DEVEM culpar Kafka.

Devem. Devem mesmo.

1. Sempre mantenha suas coisas por perto, caso eles venham atrás de você.

2. Nunca durma nu, no caso de eles chegarem e o surpreenderem no meio da noite.

3. Jamais mantenha extratos bancários, no caso de eles chegarem e o surpreenderem.

Você é totalmente culpado, admita!

E é um inferno, um inferno completo, viver dessa maneira!!!

25

Fausto, Goethe, Graz

Entrar no mundo de *Fausto*, seja por meio de um show de marionetes ou da versão oferecida por Goethe, automaticamente significa estar prestes a entrar em um mundo no qual nos sentimos uns merdas.

Sim, vocês me ouviram. Nós nos sentimos uns merdas.

O mundo de *Fausto* nos afeta em grande parte porque expõe nossa vulnerabilidade de merda e nossas vidas dispensáveis de merda. E as comparações são inevitáveis. Também inevitáveis são a ampla compreensão e o conhecimento da história.

E temos de considerar a "história" em períodos de tempo. Podemos dividi-la métrica, simétrica ou assimetricamente. Podemos dividir a história do mundo em períodos de cem anos, de cinquenta, de uma década, e assim por diante ou, então: "Foi na última eleição, lembra?" Lembro. A maioria das pessoas, não.

Assim, vejam a China, por exemplo. Sim, a "China em termos de Goethe". Há aqueles que veem a China como um regime rebelde. Outros vão além e a declaram um *Estado terrorista*, mais ou menos como o Irã é pintado atualmente. Mas, para ser justo (e Goethe jamais o é), a revolução maoísta é simplesmente um "período de tempo". Em longo prazo, a China foi de império rural e faminto diretamente para a posição de segunda maior e mais forte economia do mundo.

E aqueles de nós que ficaram alarmados (ou entusiasmados) com a Revolução Cultural de Mao, com a Gangue dos Quatro ou mesmo com as cenas de décadas atrás na Praça da Paz Celestial, agora veem uma China totalmente automatizada e cheia de milionários e bilionários. Assim, qual o problema com Mao? Milhares tiveram de ser mortos. Mais que uma quantidade imaginável.

Não apenas milhares tiveram de ser mortos, como também a liberdade de expressão teve de ser suprimida. Gerações inteiras foram destruídas. Vejam Pol Pot e seu regime. Vejam Stalin e seu regime, e Franco, e Ceaușescu, e... Sim, vejam Hitler e Milošević, e as centenas de ditadores que fizeram o TEMPO PARAR, fizeram o *Zeitgeist* parar, e nos numeraram, não individualmente, mas por categorias de pessoas ou por raça, etnia, e assim por diante.

"Como formigas?", vocês podem perguntar.

Sim, como formigas ou baratas, perdemos nossa própria gente em vastos números, mas, aparentemente, gerações após o efeito cascata da calamidade, outra geração surgirá e provará que valemos menos que nada, menos que um pedaço de merda.

Encorajador, não?

Para alguns, Mao é apenas um ícone que surgiu na longa lista de ícones de Warhol, como Marilyn Monroe ou a sopa Campbell.

"Por que tudo isso é relevante para o *Fausto*?", vocês devem estar se perguntando.

É relevante. Acreditem, é relevante ou eu não estaria sentado aqui neste palco, falando de história e mais história, e de todas as coisas abomináveis feitas em nome da ideologia. Ocorre que as ideologias criadas para o "bem da humanidade" são as mesmas que a fizeram morrer em grandes, imensas quantidades.

Porque todos somos o que Fausto não quer ser: "matilhas de seres dispensáveis, perecíveis e apodrecendo para dar lugar ao novo." Ou, como em Kafka, apenas criaturas vivas, não diferentes, em mente ou em espírito, de um besouro.

Ou seja, a ideia de perecibilidade que resume o pacto Fausto — Mefistófeles determina o início do "modernismo". É onde "nosso" modernismo começa. Ele não começa com Descartes. Começa com Goethe. A destruição do passado e o pacto com o demônio em troca da vida eterna estão no fundo de nosso coração. Mesmo no coração daqueles que de tempos em tempos querem cometer suicídio.

Somos matilhas. Somos perecíveis, e a próxima geração, e a seguinte, e a que vier depois dela, ou cairão no profundo abismo, ou escalarão o topo da montanha, de forma que o "Eu tenho um sonho" de Martin Luther King poderá se tornar realidade tanto quanto o retorno da Inquisição.

Fausto é atemporal, e o *Doutor Fausto* de Busoni aborda a versão de Goethe de forma tão brilhante que tive medo de tocá-la.

Imaginem um mundo em que vocês se lembrariam de tudo, do primeiro ser humano até vocês mesmos e o que comeram no café da manhã (presumindo que tenham tomado café da manhã antes de virem para cá). Um tarólogo ou um quiromante, ou outro tipo de vidente, sempre os vencerá ao criarem medo sobre o futuro, ao glorificarem suas existências passadas ou dizerem, por exemplo, que foram Cleópatra ou algum rei ou rainha.

Não conseguimos entender por que envelhecemos. Não conseguimos entender por que precisamos ser mortos aos milhões em nome de alguma ideologia passageira. Não conseguimos entender.

Não conseguimos entender.

Não conseguimos entender nada disso, a menos que justifiquemos via esoterismo ou através do entendimento budista de que, na verdade, não há nada.

Ufa! É difícil preparar uma encenação de *Fausto*. Sim, muito difícil.

Estive me preparando para esse momento durante toda a minha vida... E lá estava eu, confrontando Jacek Strauch, o barítono judeu--inglês babaca, sobre o que ele achava que a "tomada" deveria ser. Era a primeira "reunião conceitual", que usualmente ocorre entre elenco, diretor e dramaturgo. Perguntas são feitas, e os maiores medos são sempre expressados pelos cantores. Esses medos usualmente têm relação com o "movimento" e as ideias "loucas" do diretor.

E esses "grandes medos" são tão incrivelmente mesquinhos e fúteis, e tão espantosamente ridículos, quando comparados ao significado maior do que seus papéis expressam. Mas quem liga! Eles querem a nota certa. Aquela nota alta, aquela baixa, e nada mais importa.

Vocês não fazem ideia do que se passa nos bastidores de uma ópera. Mas Goethe e Busoni quase a transformaram em um perfeito golpe metalinguístico para a plateia.

E o medo! Meu Deus, o medo quando um cantor subitamente percebe que está cantando. Nesse *Fausto* de Busoni o medo era tão grande que o próprio compositor não conseguiu completar a ópera. O mesmo medo sentido por Arnold Schönberg ao compor *Moses und Aron* e eu, Gerald, tive a sorte de dirigir ambas as óperas com apenas alguns anos de intervalo.

Essas são GRANDES questões.

Um copo d'água, por favor. E um café. (Questões razoavelmente pequenas, mas, que, a despeito de sua pequenez, abastecem minha mente para que ela possa abordar questões maiores, como um expresso duplo, por exemplo.)

Vocês obviamente estão se perguntando por que estou expondo essas grandes questões de maneira tão enfática. E, de fato, por que estou expondo essas grandes questões?

Porque quando o artista, não importa de que corrente seja, aborda essas GRANDES questões, o resultado pode ser asfixiante, paralisante e mortificante. Sim, isso inclui Velázquez, Goya e, é claro, Picasso e Michelangelo.

E Wagner. E Joyce. E Beckett. Mas, acima de tudo, é uma coisa de Goethe, essa coisa do pacto, da mortalidade transcendente, de sobreviver para "sempre", como se mesmo construções como a Acrópole e as pirâmides pudessem sobreviver à erosão dos fantasmagóricos e imaginários dinossauros que chegam, pisoteiam e destroem.

Fui destruído antes mesmo de os ensaios começarem. Não fosse pelo encorajamento de meu intendente Gerhard Brunner, ou pelas palavras amáveis de meu maestro espanhol, Arturo Tamayo, eu teria sofrido um colapso em Graz e ainda estaria por lá, vagueando pelas ruas como um sem-teto, como um dos personagens de *The Lost Ones* à procura de sua morada.

Foi na morada do rei de Parma, em seu hábitat real, que Goethe, então administrador de Weimar, criou o conceito de "rua de mão única", a *Einbahnstraße*. Por quê? Porque era um modernista. E porque viu todas aquelas carruagens trombarem umas nas outras na "rua principal" de Parma, perdendo rolos e rolos de precioso *parmigiano* e... vocês entenderam. Há uma marca de Goethe em tudo que é moderno, como... um quarteirão. Um quarteirão urbano. Mas não vou entediá-los! Vocês são gringos, de qualquer modo, e por que se importariam com quarteirões?

Provavelmente acham que o mundo nasceu quadrado, certo?

SOCORRO!!!

Michael, Michael, meu Mylanta, por favor.

Vocês provavelmente acham que o mundo nasceu quadrado, certo?

ALÉM DISSO, não vieram aqui para aprender sobre Goethe. Vocês vieram aqui para... (O quê? Relaxar? Vocês vieram aqui para relaxar???)

Vocês vieram aqui porque temem essa organização chamada *E, mortos, caminhamos* e o que ela tem feito com sua cabeça.

Farei uma pausa.

Farei uma pausa.

E, mortos, caminhamos é a história de... ninguém menos que eu: Gerald Thomas Sievers. Sim, vocês estão OLHANDO para *E, mortos, caminhamos*, porra!!!

Michael, eles disseram que vieram aqui para relaxar? Vocês vieram aqui para relaxar???

O que eu faço?

Enquanto trabalhava na ópera *Doutor Fausto*, de Busoni, em Graz, em 1995, algumas mudanças dramáticas ocorreram. Comecei a trabalhar compulsivamente em um texto que mais tarde chamei de *Book*, e que lidava com minha infância segurando a mão de minha mãe e com traição. Traição, sim, porque eu me apaixonara por nossos conceitos e sentimentos primários, como o amor. E meu primeiro amor foi por uma mendiga, uma mulher negra, sentada na calçada, com o peito para fora do vestido, dando de mamar a uma criança... e como eu via a vida de uma pequena estatura ou como um pássaro morto já seco no asfalto. Esse *Book* também contava como comecei a encenar coisas em meu guarda-roupa, quando era criança. O entendimento da solidão ainda na infância, e sobre transformar essa solidão em algo tão grande e sombrio quanto o próprio teatro, quanto o próprio universo.

Beckett escreveu: "Não me verei morrer. Afinal, será que me vi viver?"

Brilhante!

Vocês obviamente estão se perguntando por que estou expondo essas grandes questões de maneira tão enfática. E, de fato, por que estou expondo essas grandes questões?

Escrever, encenar e pintar podem ser atos libertadores. Mas também podem ser uma terrível prisão, quando você almeja ser o maior, o melhor, o que superará aqueles que considera os pais fundadores da arte e da alma que admira.

Sou um amante da arquitetura, como tantos milhões de pessoas. Meu amor particular vai das agulhas que arranham os céus dos arranha-céus de Nova York aos bunkers, os bunkers em espiral de Frank Lloyd Wright.

Acho que estive em pânico durante todo o dia, durante toda a vida, e somente agora, enquanto escrevo, percebo que os eventos do 11 de setembro foram o auge do que sempre achei que aconteceria algum dia. Sempre temi que isso pudesse acontecer e talvez por isso eu tenha pegado um assento na fileira da frente ao me mudar do número 108 da North 7th Street para o número 131 da Kent Avenue, com vista para

Manhattan, toda ela, do World Trade Center na janela da esquerda, com o centro, o Empire State e o prédio da Chrysler, na janela do meio, até o Harlem, na janela da direita. E Deus quis que eu estivesse acordado naquela maravilhosa manhã de terça-feira, quando o primeiro avião atingiu a Torre Norte e o outro avião atingiu a Torre Sul.

"Jamais esqueceremos", dizia o banner. Jamais esquecerei, assim como jamais esquecerei tantas tragédias diferentes, as teorias da conspiração e a tristeza, a imensa tristeza que senti, vocês sentiram, todos sentimos naqueles dias, porque, logo antes daquela data, o mundo era um, e agora é outro. Agora é um mundo apodrecido e cheio de medo — não importa para onde se olhe —, prestes a explodir, e há sempre alguém, amigo ou inimigo, prestes a apertar o detonador e EXPLODIR VOCÊ.

Um pouco como MeFistófeles e MeFausto, sim, a peça que eu encenava enquanto escrevia *Book*. Vocês obviamente estão se perguntando por que estou expondo essas grandes questões de maneira tão enfática. E, de fato, por que estou expondo essas grandes questões?

Porque, bem, porque... Elas são GRANDES questões!

26

Sr. Berio, *Zaide*, "Onde está Mozart?"

Um dia, um maldito dia, o dia em que Alain Coblence me levou de volta a Chicago para conhecer Luciano Berio. Estávamos todos no mesmo hotel, e não era o usual Bismark, onde Philip Glass teria me hospedado, mas algum outro lugar monumental, com um lobby gigantesco e gelado, ventando do lado de dentro e ventando do lado de fora, como sempre acontecia naquela cidade tempestuosa.

— Ah, você é o discípulo de Glass — começou ele.

— Não, sr. Berio. Não sou discípulo de ninguém. Se insistir nisso, ao menos aponte na direção certa: Samuel Beckett. Sou dramaturgo e diretor. Não sou músico, percebe?

— Esse Glass vende discos porque tem o apoio dos americanos.

Ok, agora a provocação estava no centro da arena.

— Prezado sr. Berio, não sei se o senhor sabe, mas nem sequer temos um Ministério da Cultura aqui nos Estados Unidos. Já o senhor lucrou fartamente com o fato de Jack Lang ser ministro da Cultura, já que Pierre Boulez domina a máfia musical na França, onde, aliás, Philip é *persona non grata*, notou?

O cotovelo de Alain acertou minhas costelas.

— Gerald, você me perguntou onde fica o banheiro. É ali...

— Não, não perguntei.

— Sim! Você disse... banheiro!

Levantei e subi para meu quarto. Senti o ressentimento e o mau hálito do velho comunista italiano cuja obra estava sendo executada por *Sir* Georg Solti na Chicago Opera House. Assim, qual era o problema? Traição? Traição ideológica, por sua obra estar sendo executada na terra da Coca-Cola e do capitalismo?

Contudo, o pior ainda estava por vir.

Fomos todos para Cracóvia, na Polônia, porque era onde a European Mozart Foundation, de Alain, estava baseada em 1995, e a peça que Berio deveria "finalizar" era a inacabada *Zaide*. Decisão infeliz.

Levei comigo meu bom e velho diretor de palco, Michael Blanco.

Eu tinha passagens grátis na companhia aérea polonesa LOT, para passar os fins de semana em NY. E foi o que fiz. LOT não tinha primeira classe, mas a classe executiva era bastante confortável — embora cheirasse a repolho cru.

A vida na recém-capitalista Polônia era dura. Blanco e eu estávamos hospedados no stalinista Hotel Cracóvia — onde o café da manhã consistia em cebolas e pimentões crus, ovos cozidos e uma substância oleosa e suja que eles chamavam de café. Rapidamente começamos a dar nos nervos um do outro.

Nossos quartos não eram maiores que nossos corpos. Foder minha soprano naquele espaço certamente garantiu a renovação de minha carteira de motorista profissional. Foi intenso e quase destruímos o quarto. Sim, vocês entenderam. Éramos ambos fãs de sexo anal. A gerência do hotel não era.

Conseguimos encenar tudo que havia para encenar do Mozart inacabado. Nosso palco de ensaios foi gentilmente cedido pela Cricot 2, a companhia de teatro de Tadeusz Kantor. O elenco era quase todo americano, e Justin Brown, um imbecil arrogante escolhido por Berio, era um inglês que queria desesperadamente que eu lhe comprasse um fax "barato" em NY ("Mas, por favor, na Canal Street", como se ele conhecesse o mapa).

Eu levei o aparelho mais barato que consegui encontrar, de um vendedor de rua da Canal Street. É claro que nunca funcionou. Ele nem sequer leu as instruções. A voltagem era 110, mas ele ligou no 220. A coisa toda se tornou um item de Auschwitz. Na verdade, a metáfora é de mau gosto, dado que o campo não fica longe de Cracóvia, mas é uma boa metáfora para o massacre que viria. Sim, massacre.

Berio nunca enviava seus "três minutos de música" aqui, e "dois minutos" ali, e "seis minutos" acolá. Ficamos todos irritados. Assim, o sr. Coblence, eu mesmo e Justin pegamos um voo para Florença.

Fomos bem recebidos, ao contrário do que eu esperava. Não pude evitar notar a quantidade de Mercedes-Benz novinhos em folha estacionados em frente à *villa*, as Ferraris e assim por diante.

— Então o senhor é um homem rico, sr. Berio.

— *Si, signori Thomasi*. A fábrica de azeite Berio Olive é de minha família.

— Ah! Não me surpreende. Eu soube desde o início que havia algo suspeito a seu respeito.

Esqueci de dizer que, entre nossa estada em Cracóvia e nosso encontro em Chicago, Coblence me levara até Paris para almoçar com Berio e seu libretista. Ele me levara de Concorde. Eu já estava de volta a Nova York antes do jantar. Nenhum de meus amigos acreditava em mim, então guardei a passagem e passei a exibi-la.

— Libretista?

Silêncio. Notei que Coblence acabara de notar o absurdo da situação.

— Mozart escreveu seu próprio libreto, se não estou enganado — eu disse, degustando um maravilhoso prato de ostras.

— Estou pensando em alguém no palco, escrevendo equações matemáticas em um quadro-negro — disse Berio.

Eu me virei para Coblence e disse:

— Ouça, se ele vai encenar essa coisa, colocar sua própria gente no palco... para que você precisa de mim? Isso parece uma imitação barata de "Einstein on the Beach".

Nesse momento, Berio bateu o punho na mesa, derrubando todas as ostras.

Ok, esse foi o incidente.

De volta a seu palácio em Florença.

— Estou tendo dúvidas sobre essa peça, porque, agora, EU SOU MOZART!

Todos na sala luxuosa também riram; assim, não me senti tão culpado.

Limpei a garganta e disse:

— Com licença, sr. Wolfgang, o senhor não teria um pedacinho de pão com azeite de oliva, teria?

— É claro, meu amigo, e servirei o melhor azeite de oliva biológico de toda a Toscana, dado que, para ser honesto, o azeite Berio é o pior que existe.

Bem, disso eu sabia.

27

Veneza, *M.O.R.T.E. 2* em Taormina, a Itália em geral e Pontedera, na Toscana

Passei um ano naquela parte do mundo, sendo diretor temporário do Piccolo Teatro di Pontedera, parte da Companhia Grotowski. Todo o ano de 1990 foi passado lá. Casei em Veneza, sobre o Gran Canale, na ponte Rialto, e fazia ocasionais viagens de carro (nove horas dirigindo à noite) a Munique, para conferir minha produção de *Esperando Godot*, a primeira no mundo depois da morte de Beckett, perto do Natal de 1989. Sim, é claro que me acusaram de oportunismo. O que os acusadores não sabiam é que as produções do Teatro Estatal são planejadas com dois anos de antecedência, e eu não fazia ideia. Nenhuma.

 Berio fizera algumas pesquisas sobre mim e minha (então) recente produção de *Perseu e Andrômeda*, composta por seu amigo Salvatore Sciarrino, que estreara na Ópera Estatal de Stuttgart, no início de 1990. Assim, finalmente havia uma conexão entre nós. Ele também estava tendo um "bloqueio de compositor", sentindo-se inseguro e talvez achando que poderia ter tomado a decisão errada ao ter a ideia de finalizar *Zaide*.

 Zaide era um mau presságio. Mais tarde, ela se tornou uma peça muito melhor, *O rapto do serralho*.

— Acha que *Zaide* é uma coisa morta, Michael?

Michael me olhou com a mesma expressão esverdeada que tinha ao nos encontrarmos para o café da manhã em Cracóvia. Ovos verdes, pimentões verdes, cebolas verdes cruas, e Michael olhando para mim com a mesma cor: verde! Mas verde como mofo.

— Vejamos como Justin Brown vai lidar com isso — disse Michael após uma longa pausa.

Pausa para digerir a única substância negra em Cracóvia, além do asfalto: o café.

Eu me tornei conhecido no mundo da ópera por encenar as aberturas ou criar um prólogo silencioso para a coisa toda. Fiz isso com Wagner, Sciarrino, Schönberg e todas as peças de Glass.

Às vezes, isso pode irritar os compositores e, especialmente, os maestros. Especialmente os últimos porque, bem, o prólogo é o momento "deles" (por assim dizer). A cortina ainda está fechada, a orquestra está no fosso e em formação, e lá se vai seu cabelo, voando pelo espaço, conduzindo a abertura. É tudo sobre eles, suas batutas, seu cabelo e a música.

Como todas as outras, minha *Zaide* tinha um prólogo silencioso. Na verdade, uma vez que estávamos todos sentados em Cracóvia, a parte de Mozart já tinha sido ensaiada, e tudo que fazíamos era esperar pelos trechos que o sr. Luciano Berio deveria enviar (mas não enviava). Assim, usei bem meu tempo e o da companhia e criei um prólogo silencioso.

Berio jamais foi à Cracóvia. Todo o elenco, a equipe, o cenário, tudo viajou para Florença, para La Pergola (Maggio Musicale Fiorentino), e só tivemos alguns dias para nos prepararmos. Em algum momento durante toda a correria, com escadas no palco, gente apertando porcas e parafusos e a companhia enlouquecendo, vi Michael Blanco sentado nos bastidores, com a cabeça nas mãos e o corpo trêmulo de desespero.

Por quê?

Porque havia uma pessoa (na verdade, duas) sentada na plateia: Luciano Berio. E ele estava gritando. Gritando:

— ONDE ESTÁ MOZART?

— Morto, eu acho. Morto há um século e meio... — sussurrei.

Presumi que a pessoa gorda ao lado de Berio fosse o libretista (que jamais disse uma palavra) e os gritos continuaram:

— ONDE ESTÁ MOZART? ONDE ESTÁ MOZART? ONDE ESTÁ MOZART?

E eu me lembro, durante um intervalo no qual Michael e Jed Wheeler (o produtor) estavam arrancando os cabelos um do outro, eu me lembro de ir até o proscênio e gritar:

— NÃO FAÇO A MENOR IDEIA! VOCÊ LIGOU PARA O NÚMERO DE SALZBURGO?

O projeto todo foi um erro, desde o início. Coblence precisava de algo "novo" (eles sempre precisam, sempre), e como fora presidente da Fundação Byrd Hoffman, de Bob Wilson, e do Projeto Watermill em Long Island, ele me queria (o filho de "Kantor e Wilson", como me chamava), e Berio parecia disponível.

Mas eis o problema: *Zaide* é uma ópera de Mozart. Uma ópera inacabada de Mozart. Ele desistiu dela simplesmente porque é medíocre e parecia mais um ensaio para sua posterior *O rapto do serralho*. De qualquer modo, Berio queria acabar o inacabado. Imaginem!!!

De todos os compositores do mundo, eles escolheram Berio. Ou, talvez, Berio tenha escolhido a si mesmo.

Mas eis outro problema: Berio não estava cumprindo sua palavra. Não estava compondo nada. Esperamos. Uma companhia de ópera inteira, no meio de Cracóvia, e as "fitas" de Berio quase nunca chegavam. Bem, às vezes chegavam. Dois ou três minutos, no máximo, de uma música estéril, tediosa, monótona — ou um movimento de cordas esticado ao limite.

Nós nos encarávamos, incrédulos. Até o presunçoso maestro (escolhido por Berio) Justin Brown.

— É isso?

Gerald Thomas aos 15 anos.

Aos 15 anos, posando para a boutique Frágil, Rio de Janeiro.

Correspondência de Hélio Oiticica para Gerald.

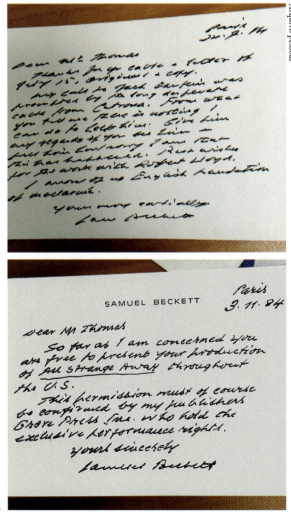

Cartas de Beckett para Gerald.

Mais correspondências entre Gerald e Beckett.

Samuel Beckett e Gerald Thomas, Paris, 1984.

Gerald Thomas e Ellen Stewart, La MaMa, 1987.

Gerald Thomas e Julian Beck gravando *That Time*, de Beckett, no estúdio da WBAI Radio.

Philip Glass e Gerald Thomas na época em que conversavam e compunham para a *Trilogia Kafka* e *MattoGrosso*.

Gerald Thomas e Philip Glass compondo a trilha de *MattoGrosso*, 1989.

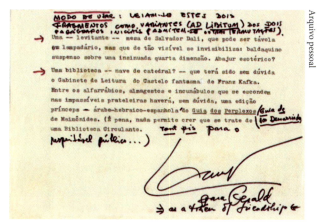

Carta de Haroldo de Campos a Gerald Thomas sobre *CarmemComFiltro*.

Haroldo de Campos, Gerald Thomas e Augusto de Campos.

Fernanda Montenegro, Gerald Thomas e Fernanda Torres no ensaio de *The Flash and Crash Days*, 1991.

Retrato do artista quando jovem.

Gerald Thomas e Philip Glass, 2003.

Gerald Thomas, Hugh Hudson e Philip Glass antes do BAFTA Awards, 2003.

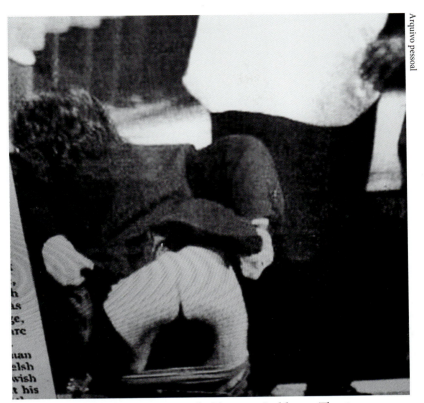

Gerald baixa as calças na estreia de *Tristão e Isolda*, no Theatro Municipal do Rio de Janeiro, 2003.

Protesto contra o processo sofrido: acusado de "ato indecente" por mostrar a bunda no Theatro Municipal do Rio de Janeiro, 2003.

Gerald no dia da estreia de *Anchor Pectoris*, no La MaMa, 2004.

Gerald Thomas e Judith Malina, Nova York, 2008.

Gerald Thomas para a *Vogue*, Londres, 2010.

Membro de longa data do Partido Democrata.

Varanda do chalé em Wengen, Alpes Suíços.

O escritório de Gerald no chalé, com vista para os Alpes.

Arquivo pessoal

Apartamento de Nova York.

Estúdio em Nova York.

Arquivo pessoal

— Isso vai aqui, entre... ou depois... ou antes de a soprano começar. O QUÊ?

Berio vem de uma longa linhagem de música atonal e dodecafônica que eu admiro e amo, começando com Arnold Schönberg, Nono, Alban Berg, Webern e por aí vai. Toda a música de Darmstadt, música atonal, aliás, criou o lado sombrio da música — sua atonalidade e a maneira intelectual de percebê-la. Ótimo. Gosto disso. Mas nunca vi muito disso em Berio.

Em Cracóvia, disse para Coblence:

— Por que não pedir a Krzysztof Penderecki, que é um compositor fantástico e mora aqui?

— Tarde demais. A ideia é ótima, mas é tarde demais. Já pedi a Berio.

— Por que não pedir a Henryk Górecki — insisti —, certamente um dos maiores gênios de nosso tempo, também polonês e com a vantagem de que já trabalhei com ele em *The Flash and Crash Days*, com Fernanda Montenegro e Fernanda Torres? A maior parte da música de "caça e tortura" era de Górecki, e seu trabalho é absurdamente triste, belo, divino, enviado pelo próprio Deus e filtrado por Auschwitz.

— Tarde demais. A ideia é ótima, mas é tarde demais. Já pedi a Berio.

— ONDE ESTÁ MOZART? — gritava Berio, para consternação de todos os florentinos que o amavam. — ONDE ESTÁ MOZART?

Calmamente, muito calmamente, interrompi toda a atividade no palco e disse a ele, com cerca de 12 metros de distância entre nós:

— Sr. Berio, sou o diretor desta peça. É assim que eu começo. Depois vem Mozart, e então suas pecinhas de merda poderão entrar, com ou sem Mozart; não dou a mínima.

Silêncio.

Profundo silêncio.

Acho que ninguém jamais falara com Berio daquela forma.

No mundo da música, os "mestres" são tidos como deuses, acariciados por todos e tratados como realeza intocável. Mas eu? Eu, Gerald?

Honestamente, eu não dava a mínima. Venho do mundo de Beckett, do mundo de Glass, do mundo de Ellen Stewart — e, principalmente, do mundo de Wagner. Eu simplesmente não conseguia dar a mínima para aquele cara fazendo escândalo na minha plateia e gritando:

— ONDE ESTÁ MOZART?

Depois de minha briga, Berio se levantou, foi até o foyer (sempre seguido pelo libretista gordo) e fez o inimaginável. Ele já entrara em contato com três grandes jornais italianos, *L'Unità, Corriere della Sera* e *La Repubblica*. Uma "entrevista coletiva" estava prestes a ocorrer no lobby, e Berio anunciaria que a produção fora cancelada.

Daquele momento em diante, era guerra. Nada novo no mundo operístico, mas guerra mesmo assim. Todos os jornais passariam a noticiar *"La guerra tra Berio e Thomas"*.

Interessante. Um dia, estávamos em produção. No outro, não. Então, em produção novamente. Muito semelhante à prosa de Beckett. Sim e não, sim e não, não consigo continuar. Vou continuar, mas agora na imprensa diária. Hum.

Maurizia Settembri foi em meu socorro. Ela fora minha produtora e agente durante meu ano no Piccolo Teatro, em Pontedera, dirigido por Grotowski. Maurizia também levou *M.O.R.T.E.* para Taormina, Taranto, Zurique e outras cidades. Era uma boa amiga e uma mulher poderosa em Florença.

Rapidamente ela convocou nossa própria "entrevista coletiva" em sua sede com vista para a Ponte Vecchio, e lá estava eu, detonando Berio e cutucando o bastardo (para desconforto de alguns jornalistas e delícia de outros).

Risos. Mais risos, porque sou bom em imitar pessoas e causar impressões.

Ok, mais mídia, mais guerra, mais incertezas, e tanto Coblence quanto Wheeler tentando conversar e ganhar mais tempo com o pessoal do Maggio Musicale. Eu passava meu tempo com Fernanda (Torres), então minha mulher, que acabara de chegar. Ellen Stewart também acabara de chegar. Amigos meus de Nova York, atores, músicos, todos tinham chegado para a *première*, e decidi voar (em um monomotor) com Nanda para Veneza, a fim de esfriar a cabeça.

Eles chamaram o filho de Claudio Abbado, Daniele, para "dirigir" os "momentos Berio", enquanto eu fecharia a cortina. Cortina aberta, cortina fechada. Cortina aberta, cortina fechada. Ele era um cara agradável, muito compreensivo e ligeiramente constrangido. Mas havíamos encontrado uma solução, e aquela era a única maneira de a produção ter sua *première*.

Gerald e Mozart: cortina aberta, luzes e palco completo.

Abbado e Berio: cortina fechada, um quadro-negro no palco e alguém escrevendo uma equação com giz — exatamente como em "Einstein on the Beach".

Tudo estaria bem se (e há sempre um "se") não fosse o ritmo dos auxiliares de palco italianos, responsáveis por colocar e tirar o quadro-negro do palco. Aquilo não estava funcionando. Passavam-se minutos (enquanto eles discutiam) até que os acessórios estivessem no palco: um DESASTRE.

Eu sabia que Berio não estava feliz com o arranjo — que fora ideia dele, aliás. Mas o homem tinha lá alguma sensibilidade e viu que não estava funcionando. E agora?

Era a tarde de abertura, e todos estavam correndo, arrancando os cabelos, rachando as línguas e se fodendo. Tive certo prazer em observar Justin Brown no fosso. Ele estava completamente perdido porque, além de ter de conduzir toda aquela bagunça, Berio o interrompia no meio do "ensaio geral" para chamar sua atenção para detalhes menores e, acreditem ou não, acrescentar algumas notas aqui e ali.

Justin, pela primeira vez, olhou para mim como se pedisse ajuda. Eu e Michael Blanco estávamos quase morrendo de rir quando chegou a notícia de que minha principal soprano (*Zaide* foi escrita para uma soprano, *é* uma soprano) estava no hospital com uma infecção nos rins. Era Christine Acrimonious, minha amante durante os ensaios e uma grande foda, mas uma cantora terrível, que sabia que não conseguiria alcançar as notas mais altas e seria vaiada (algo que quase acontecera durante um curto "ensaio técnico" em Breslávia, na Polônia). Mas nada estava pronto na época, então todos achamos que seria apenas uma questão de tempo. De qualquer modo, Christine estava fora, e eu estava preso à número 2, um feio e terrível pedaço de nada!

Foi um fracasso MONUMENTAL. As pessoas não estavam apenas vaiando. Estavam gritando. Eu fui vaiado, os cantores foram vaiados, e Berio foi vaiado em sua cidade natal. Foi um fracasso MONUMENTAL.

Claro que tudo isso foi material excelente para minha coluna semanal em *O Globo*. Narrei, em ordem cronológica, momento a momento, passo a passo, aquele fracasso colossal, localizando suas origens na maneira como eu e Berio havíamos nos conhecido em Chicago e em cada evento depois daquilo. Minha coluna tinha uma página. Não deixei nada de fora. O editor não cortou nada. A matéria foi publicada no dia seguinte à estreia.

O que EU NÃO SABIA era que a filha de Berio vivia no Rio — nas colinas de Santa Teresa, para ser mais preciso. Ela lera a coluna às 7 horas e a enviara por fax para o pai. Ele leu a coisa toda, e eu fiquei sem palavras. Nada! Por um momento, fui cercado por gângsteres e honestamente pensei que estivesse prestes a morrer. Morrer em Florença. Morrer em meio aos mestres renascentistas. Seria esse meu destino?

Fiquei feliz porque a produção fora entregue a Lucinda Childs. Eu finalmente estava livre daquela coisa horrível. Finalmente podia seguir com minha vida: eu tinha de preparar minha primeira *Tristan und Isolde*, em Weimar, e terminar duas novas peças cujos ensaios já estavam marcados: *Chief Butterknife*, com a dinamarquesa Companhia Dogma e *Nowhere Man*, no Brasil.

Fiz o que normalmente faço. Peguei uma pedra das margens do Arno e disse adeus à Itália pela última vez. É sempre a última vez, quando não é a primeira.

Zaide passou por oito cidades europeias enquanto eu voltava alegremente para o número 108 da North 7th Street, no Brooklyn, esperando que o mundo aterrissasse em minhas pegadas. E ele o fez. Por algum tempo...

Um pouco como MeFistófeles e MeFausto? Vocês estão me perguntando se *Zaide* é um pouco como MeFistófeles e MeFausto? NÃO!!! DE MODO ALGUM!!!

Zaide fez com que eu me sentisse um merda.

Entrar no mundo de *Fausto* e *Moses und Aron* automaticamente significa que estamos prestes a entrar em um mundo em que nos sentimos uns merdas. Não *Zaide*. Zaide é rasa. Rasa, mas tão rasa, que não vale nem a pena se aprofundar nessa rasura. Zaide é uma ópera rasteira que pega o tornozelo e o caranguejo mas fica só nisso. Rasa.

Vocês obviamente estão se perguntando por que estou expondo essas grandes questões de maneira tão enfática. E, de fato, por que estou expondo essas grandes questões?

Porque, bem, porque... Elas SÃO grandes questões, e *Zaide* certamente NÃO é uma delas.

28

Eu sempre estava lá quando
a merda batia no ventilador

Woodstock, 11 de setembro, Martin Luther King no Tennessee.
   Julho de 2005 em Londres, renúncia de Nixon.
   Golpe militar no Brasil em 1964.

29

O autorretrato de Rembrandt

Em certo dia de julho de 2009, em Amsterdã, fiz o que sempre faço em Amsterdã: fui ao Museu Stedelijk para ver alguns Rembrandts. Enquanto outros vão até lá para fumar maconha ou vaguear feito idiotas pelo distrito da luz vermelha e pelas sex shops, meu foco é sempre Rembrandt.

Daquela vez, contudo, foi diferente e mudou minha vida. Realmente mudou minha vida. Tornou-se um grande marco ou evento em minha vida e, por um tempo, colocou o futuro de minha existência em dúvida.

Sim, Rembrandt falou comigo e...

Eu tive um colapso.

O choro que saiu de mim era uma coleção de lágrimas e sons que não podiam ser só meus. E continuou e continuou. E eu o ouvi dizer:

— Desista. Desista do teatro. Desista por algum tempo e repense a vida.

Aquelas lágrimas eram um acúmulo de todas as lágrimas que eu suprimira desde o 11 de setembro e tantos anos antes — causadas pela notícia sobre meu pai biológico e pela técnica de tortura contínua que minha avó aplicava contra minha mãe, por conta do suicídio do tio que nunca conheci.

Rembrandt é o nome que veio a minha orelha, a orelha que deve ter sido religada a meu corpo, como se eu fosse um dos mestres holandeses da bagunça flamenga, como Van Gogh. Mas não sou.

Não, não sou.

Esse breve encontro através dos séculos me levou a repensar minha vida e, por fim, a escrever meu *Manifesto* (meu longo adeus ao teatro), porque entendi bem quando ele disse:

— Gerald, você já teve tudo, já fez de tudo. É hora de parar. Já deu, Judeu!

Não vou ficar sentado aqui neste palco e ler meu *Manifesto*, porque, afinal, só segui o conselho durante um ano. No ano seguinte ao encontro, 2010, voltei aos palcos com minha nova companhia, a London Dry Opera Company, com a peça *Throats* (então *Gargólios*), relacionada à corda no pescoço, ao pescoço em si e às gárgulas saindo de nossos seres, gritando por nossa ajuda, em vez de afugentar os demônios.

Vamos lá! Deixem que eu leia um trechinho de meu *Manifesto*. Só as linhas iniciais. Sim? Ok?

Aí vai:

Cheguei a um ponto crucial de minha vida. Na verdade, O MAIS crucial até agora. Um pedestre atravessando a rua fora da faixa, um "espaço vazio" cheio de lixo, um asterisco. Estive nele por algum tempo e percebi que gemer e ranger os dentes do berço à sepultura simplesmente não adianta. Assim, tomei uma decisão.

"Transforme o mundo; acorde todas as manhãs e transforme o mundo", costumava sussurrar uma voz em meus ouvidos. Era a voz de Julian Beck, que dirigi em seu último espetáculo e com quem tanto aprendi. Sim, eu costumava ter uma vaga ideia ou noção das coisas. Contudo, já não consigo encontrá-las. Já não pareço capaz de nem ao menos saber onde estão. Tudo que consigo ver, de olhos abertos ou fechados, é aquele autorretrato de Rembrandt, pendurado em Amsterdã, olhando diretamente para mim: ele aos 55 anos, e eu com a mesma idade. Ele de um lado da era/zona temporal, como se tentasse me dizer ou como se tentássemos dizer UM AO OUTRO — que minha renascença acabou, terminou, e que estou morto. Estou morto?

Rembrandt me disse para parar. Mas apenas por um tempo.

Obrigado por ouvir esse trecho de... flamengo.

Eu deveria ter parado e, como vocês podem ver, ainda não estou morto. Ainda caminhando.

Estou morto, mas ainda caminhando!

Talvez eu volte a Amsterdã algum dia e consulte novamente o mestre holandês. Quem sabe o que ele dirá em seguida?

Não estou morto, mas estou preocupado. O mestre holandês me disse:

— Gerald, você passou dos 27 anos. Aquela teria sido a idade ideal para morrer. Mas você está vivo, ao contrário de AMY WINEHOUSE, HENDRIX, COBAIN, MORRISON, JOPLIN... SE FOR CORAJOSO O BASTANTE, não passará dos 27 anos.

Eu fiquei lá, parado.

Eu senti.

Eu tomei um gole de Mylanta.

E assim é. Você é uma alma problemática e solitária. Não importa a fama. Não importam os aplausos nem os *paparazzi*. Você termina sozinho, sem ninguém com quem conversar. E então, você conversa com as drogas. Você conversa com a bebida e, lentamente, começa a descer ao inferno. Mas também é um adeus LENTO.

Lá no fundo, você ouviu a voz. E ela disse: "Você não passará dos 27."

Por quê? Porque você não consegue SUPORTAR a imensa dor da vida, a dor de viver. Esses são sentimentos intensos, tão intensos, de fato, que sua melhor ARTE, sua melhor obra jamais chegará ao coração das pessoas dessa maneira. Você meramente as entretém.

You wine them. You house them. You may Amy them and you may simply Cobain them altogether.

Amy Winehouse foi a pessoa mais triste que já vi, que já conheci, que já observei.

Hendrix não era diferente.

De fato, eles nos deixaram e deixaram uma GRANDE marca na história e, contudo, tiveram sorte, pois não precisaram lidar com pele flácida, órgãos debilitados, colesterol ou essa coisa horrível chamada "envelhecer". Anjos morrem jovens.

Demônios resistem.

E não sei onde me encaixo nessa equação.

30

A total decomposição de uma ex-rainha de *Star Wars* de passagem pelo Rio

Digamos que tudo começou quando eu era criança. Não me lembro de quantos anos eu tinha nem de onde estava, mas lembro da superfície: a tampa de metal da máquina de lavar roupa, que minhas mãos sentiam ser um instrumento de percussão perfeito para minha sempre em evolução "escola de samba completa", com surdo, caixa e tamborim. Pulemos algumas décadas, e eu era um célebre e consumado percussionista da Acadêmicos da Rocinha e, o mais importante, da Estação Primeira de Mangueira. Uau! Ainda consigo reproduzir uma escola de samba inteira, das caixas ao surdo, no tampo da mesa.

Mas agora estou conversando com vocês e pensando na trilha sonora de *O espião que sabia demais*. Isso é estranho. Voltemos à Mangueira e ao fato de eu tocar samba tão bem.

Uma coisa é sonhar com aquilo. Outra é estar nervoso e com medo de perder pontos, porque, afinal, eu não vivia o ano todo, 3.099.876 dias por ano, só para aquilo, como eles faziam. Compareci a dez ensaios, e foi tudo. Eles me colocaram na ponta, para que eu pudesse ser fotografado pelos colunistas sociais e... uau! Durante os primeiros cinco minutos usando aquela cartola enorme, que começava a escorregar de minha cabeça, por causa do suor e dos óculos, e com os quadris empurrando o surdo — o maior deles, o terceiro surdo, o treme-terra —, achei que fosse desmaiar.

Jamais pensei, após o sétimo minuto, que suportaria mais uma hora e meia daquilo. Então veio o recuo perto dos jurados. Minha mão estava sangrando e eu me via sem fôlego, quando o lenço branco contendo a coisa branca foi passado. Eu mal conseguia ver a imensa plateia aplaudindo nas arquibancadas enquanto eu me mantinha na dança do terceiro surdo. Cara!

"The Rhythm of the Saints" e Olodum

Paul Simon, Philip Glass, Candy, Carrie Fisher e eu fomos até o Arataca, o restaurante que servia a comida típica nordestina que todos queriam provar. Carrie, a medrosa, só brincou com uma azeitona preta e ignorou a comida. Ela brincou com a azeitona, até que ela caiu da mesa e rolou pelo chão, para assombro dos garçons. Eles provavelmente a reconheceram de *Star Wars*... ou talvez tenham pensado que se tratava de mais uma turista americana arrogante, como tantas outras. Quem ligava? Eu. Eu ligava. Candy não ligava.

Claro, Carrie Fisher estava ligadíssima de pó. E pessoas usando coca não comem.

Philip parecia tremendamente aborrecido, e estávamos prontos para ir para o estúdio em São Cristóvão gravar com o Olodum. Eu nunca ouvira falar deles, e, inicialmente, não simpatizei com aquela percussão rígida e "africana". Mais tarde, após algumas risadas, comecei a participar, e tudo fez sentido. Paul Simon, sempre altivo e mais preocupado com a peruca que com os músicos, foi intenso durante as gravações. Não há como negar, ele é um dos mais brilhantes compositores que conheço, depois de Dylan, e por aí vai...

Eu era percussionista, e havia um segmento em *MattoGrosso* no qual eu disse, para mim mesmo e para Philip:

— Sou percussionista, goste você ou não. Por favor, transforme esses poucos compassos em samba, porque vou entrar no palco com um surdo e...

Philip riu e os transformou em samba, e foi assim que tudo começou.

Paul continuou a gravar o restante de "The Saints". Eu e Philip assistimos. Às vezes, opinamos.

31

Em Roterdã

Um maldito dia de inverno em Weimar. Enquanto trabalhava na coreografia de *A Brief Interruption of Hell*, em 1997, eu estava muito infeliz por ter de viver na Richard Wagner Straße durante minha segunda produção na cidade (mas minha vigésima vez na república do Bauhaus e de Goethe), especialmente após o sucesso de minha primeira *Tristan und Isolde*, em 1996. Isso aconteceu seis meses ou um ano depois, no inverno de 1997.

Neve até os joelhos e um pretensioso Ismael com o pretensioso tema do "modernismo" a ser transformado em dança via diretor de palco, e então de volta a Tanztheater. Hum... Sim, ele tinha sua própria companhia, tinha rompido com Kresnik, conhecia meu trabalho e achava que eu seria capaz de encenar o "modernismo" como se fosse um cachorro roendo um osso. Fácil assim.

Mas eu já fizera tanta coisa naquele ano... De *Nowhere Man*, em Zagreb, e *Quartett*, em Nova York, a *Chief Butterknife*, em Copenhague, e *Tristan*... (suspiro de exaustão), além de planejar o *Doutor Fausto* de Busoni. Eu precisava de uma pausa. Precisava desesperadamente de uma pausa! Tudo que me interessava era foder.

Uma noite, quando percebi que aquilo não ia funcionar, percorri as ruas vazias de Weimar, tentando achar algo, mas, com exceção de cerveja, não havia nada. Até que, um dia, telefonei para um marinheiro/contrabandista internacional que carregava meia tonelada de cocaína no casco do barco. Depois de uma longa e terrível conexão telefônica, ele me deu o nome de um marroquino (Said, acho) que tinha um bar nos limites de Roterdã.

Muito bem. Sei que vocês acham que a Europa é pequena e cabe dentro de Nova Jersey. Errado!!! Mesmo entre países adjacentes, como Alemanha e Holanda, uma viagem de carro — na neve — pode durar NOVE horas!!!

Mas queria tanto que fui.

Peguei a estrada.

Nove horas nunca demoraram tanto. Mas, eventualmente, vi as placas indicando que Roterdã estava perto.

Antes de chegar, carros me cercaram e seguiram, com garotos árabes praticamente pendurados nas janelas, oferecendo todo tipo de droga. Era uma fauna.

Cheguei ao bar do Said. E Said disse a seu sobrinho para entrar em meu carro e me levar até o subúrbio (onde ficam os conjuntos habitacionais da classe operária), pois eu havia pedido 30 gramas. Sim, 30 ou 40. Não lembro.

Consegui. Paguei 3 mil florins e parti.

Nevava muito. Foi uma das piores tempestades de neve nas décadas recentes na Europa central. Parei em Amsterdã para "festejar" e usar um pouco do que comprara (somente para descobrir que a coisa era poderosa, mas machucava o nariz como se fosse caco de vidro). Após quatro noites, desmaiei, e no sexto dia comi tudo que podia e comecei a longa viagem de volta até Weimar. Seriam longas nove horas, tornadas ainda mais longas pela neve pesada, pelos efeitos de ter cheirado e pela exaustão, com ossos e músculos doendo como o inferno.

É claro, de vez em quando parava em alguma Rasthaus e cheirava uma fileira para acordar e sair da morosidade que era dirigir e derrapar pela Autobahn e da depressão do dia seguinte.

Telefonei para Beelitz e contei mentiras sobre meu passaporte ter sido roubado.

Visitei Michael (diretor artístico em Mannheim) em algum lugar de Frankfurt, no caminho, para falar sobre *Babylon*. Que saco. Gostei do que fiz em *Babylon*, mas a música... Ai, a música. Aquele Detlef Heusinger...

Evitava a qualquer custo voltar a Weimar.

Cheguei a Weimar, enfim, e fui recebido por uma multidão furiosa. Ok. Chega. Estou me demitindo.

Voltei ao sombrio apartamento na Wagnerstraße, escrevi minha carta de demissão e enviei para o fax do teatro. Do meu velho PowerBook 145 para o fax deles. Catorze páginas de explicações! É claro, eu tinha cheirado.

Exigi ser pago integralmente. Eles não discutiram.

Na manhã seguinte, em um estado terrível, me encontrei com o tesoureiro no Dresdner Bank e saí de lá com 65 mil marcos alemães.

E... fiz as malas.

E fui embora. E decidi retornar a Roterdã para me "queixar" da qualidade da coca que comprara...

Fui recebido por um furioso grupo de árabes que abriram a bolsa e disseram:

— QUALIDADE? DO QUE VOCÊ ESTÁ FALANDO? ESSA É DAS MELHORES!

Pensei de verdade que seria minha última hora na Terra, e que levaria um tiro de um cara que passou o tempo todo imóvel, sentado em um sofá coberto de plástico, olhando para uma TV que não exibia nenhum canal. Somente neve.

Neve.

Neve do lado de fora.

Neve em pó em minha bolsa.

Neve.

Terminei conseguindo uma substituição, pior que o produto original, e, sem dizer uma palavra, voltei para Frankfurt. Meu voo para NY partiria ao meio-dia, mas ainda tinha 10 gramas.

Foi somente no quarto dia que consegui embarcar.

Antes que Weimar soubesse, estava de volta a Williamsburg, com o nariz sangrando, as articulações doendo e... querendo mais!!!

Foi uma breve interrupção.

A Brief Interruption of Hell.

32

Espoleto e MEU COLETE — A CASA VAI PEGAR FOGO

Frequentemente implicam comigo porque uso um colete pesado. Não importa o clima, estou sempre de colete. Pode estar 50 graus lá fora... estou de colete.

Não apenas a ideia de que "estão vindo nos pegar" está vívida em minha mente por causa de minha criação, mas também a possiblidade de que um incêndio venha a consumir tudo — que está ainda mais presente depois do furacão Sandy e de todas as vezes em que vi a Califórnia ou a Austrália em chamas. Casas destruídas. Pessoas chorando. Nada para salvar. Bichos de estimação mortos. Tudo destruído. O clichê é a mulher em lágrimas, segurando a semidestruída fotografia de uma criança.

Meu colete ou grandes malas. O que há nelas? O básico. Meu básico costumava ser meu computador principal. Mesmo quando saía para uma caminhada nos Alpes suíços, colocava o computador na mochila e o levava nas costas.

Estou melhor agora. Carrego apenas um backup, meus remédios básicos, uma carteira recheada de grana, pronta para uma viagem (ou uma fuga), e documentos. É ridículo, eu sei.

A maioria das pessoas diz que corro mais perigo ao carregar tudo isso (e ser roubado) que ao deixar tudo em casa.

Outras sugerem que eu compre um cofre.

Nada é satisfatório. Olho para os edifícios não por causa de sua força, mas por causa da maneira frágil como são construídos. Gesso acartonado pode ser ligeiramente à prova de fogo, mas não confio em nada.

Ficaria feliz em morar em um daqueles bunkers. Aqueles bunkers apocalípticos.

É mais que neurótico.

Mas sempre fui assim. Em 2003, em Londres, eu carregava uma bolsa tão pesada, mas tão pesada, que andava com as costas curvadas. Eu carregava todas as minhas pinturas comigo — para restaurantes, para o Regent's Park, para o Hyde Park... e sempre tiravam sarro. Hugh Hudson disse certa vez...

Não importa o que ele disse.

Eu estava sempre com medo.

Sempre com medo.

Digamos que tudo começou em uma tarde, quando saí de um programa no Hilton e fui direto para o MoMA olhar a *Guernica* de Picasso nos olhos. Eu tinha a sala só para mim, quase que só para mim. É uma das poucas reações que — até hoje — não consigo descrever. Talvez fosse uma mistura de sublime com profundo ultraje e inveja. Inveja do super-homem. Ultraje com o superpoder que fora dado a Picasso, para que fosse capaz de enfiar todo o sofrimento humano, toda bestialidade humana e uma luz abrasadora em uma tela. Como ele tinha feito aquilo? Eu devo ter ficado lá por horas, chorando. Então fui embora, sempre pela Fifth Avenue, como se estivesse no meio de um vilarejo durante a Guerra Civil Espanhola.

A questão é: por que eu estava sempre chorando? Por que nunca estive no controle de minhas emoções?

Fácil. Sempre observei aqueles que ficavam lá sentados, rígidos como um galho, sem sequer piscar, enquanto ouviam "Sonata ao luar", de

Beethoven, WASPs esquisitões e anal-retentivos. O drama é feito para comover. E a emoção naturalmente nos leva às lágrimas; assim, QUAL É O PROBLEMA?

A questão, por conseguinte, é: quanta emoção alguém deve demonstrar em público e quanta deve reservar para a privacidade de sua casa?

Quando o World Trade Center foi atingido e desmoronou, não havia algo como uma exibição "privada" de emoções. Éramos uma sociedade coletiva de malucos. Melhor ainda: éramos zumbis que haviam enlouquecido, com um ligeiro toque de histeria.

Em 1998, fiz algo que considerei uma estúpida maratona.

Eu acabara de apresentar *O cão andaluz* (minha peça baseada em Lorca) em uma praça no centro de São Paulo e fui de lá diretamente para o aeroporto, com destino a Nova York. Cheguei em casa no número 108 da North 7th Street, sentei e escrevi minha coluna usual para a edição da *Folha de S.Paulo* do dia seguinte. Enviei a coluna por e-mail e, algumas horas depois, estava de volta ao JFK, fazendo check-in na Swissair para um voo até Graz via Zurique. Ok. Voei por algumas horas, pousei, embarquei em um avião menor, desci em Graz, aluguei um carro, apanhei Bernd Krispin (meu dramaturgo) e peguei a estrada para Espoleto, na Itália. Estou falando de 900 quilômetros debaixo do sol ESCALDANTE.

Por sorte, Gilda, então minha mulher, levara latas e latas de puro guaraná. Nós parávamos em cada posto de gasolina para misturar o pó a um pouco de água e tomar um expresso triplo antes de voltar para a estrada, porque eu deveria dar um workshop em Espoleto, que reuniria vários diretores e estudantes estrangeiros, e não queria decepcionar Ellen Stewart.

MAS...

O problema era que já estávamos no meio da manhã, não estávamos nem um pouco perto de onde eu queria estar, e eu estava me desvanecendo. Desvanecendo.

Aquela bebida espessa e repugnantemente amarga já não me mantinha acordado. Imaginem: eu ficara o dia todo acordado em São Paulo

— nervoso como sempre antes de uma *première* (especialmente em um caminhão, no estilo de Lorca), cercado por mendigos, cheiradores de cola, fumadores de crack, sem-teto e loucos de toda natureza. De lá, fora para o aeroporto sem um cochilo (tentando escrever a coluna, sem sucesso). Aterrissara, fora para casa, abrira envelopes, contas, contas e contas, fora até a esquina, ao (então) The Read Café (na Bedford Avenue), para comer um bolinho decente e tomar um expresso duplo, triplo, voltara para casa, escrevera a maldita coisa, enviara por e-mail, reunira minhas notas para *Moses und Aron*, de Schönberg (cujos ensaios começariam logo depois do workshop de dois dias em Espoleto), em Graz... Conferira meu colete.

Então passara todas aquelas horas voando para Zurique e esperando pelo avião menor para Graz, pegara o carro... e meu colete.

De qualquer modo, eram três da tarde, estava uns 45 graus, e o carro estava cozinhando. Segui as instruções de Ellen para parar em um posto de gasolina e telefonar para a mansão. Alguém iria nos buscar.

Sem resposta. Gilda, Bernd e eu queríamos chorar. Encontramos um lugar com ar-condicionado onde comer e chorar, e foi o que fizemos, os três.

Chegou um grande prato de lulas, e choramos ainda mais. Lulas sempre me fazem chorar.

Lulas fritas sempre me fazem chorar.

Tentei ligar novamente para o Castelo de Ellen e fui atendido por um idiota que não conseguia me entender. Perdi a paciência e fiz uma exigência: PONHA A ELLEN NA PORRA DO TELEFONE!!!

Minutos depois, Ellen chegou, vestindo um short minúsculo, na garupa de uma moto guiada por um loiro bonitão.

— Ah, querido, você conseguiu. Estou tão feliz! É só nos seguir, e você chegará ao paraíso.

Eu tomara todo aquele guaraná. A despeito da exaustão, também estava ligado. Fui para o banheiro e caguei.

Fui novamente mais tarde, caguei de novo. Estava cagando quatro dias intensos e emocionais.

Mas também estava cagando de medo de ter de dirigir de volta para Graz NO DIA SEGUINTE, de percorrer de novo aqueles 900 quilômetros. Os ensaios de *Moses und Aron* estavam prestes a começar.

— Seu workshop começa em uma hora!

— Ellen, estou acordado há quatro dias, em três continentes, e preciso...

— Eu disse uma hora, querido. A casa está cheia! Venha comigo.

Fui. Era um dia extremamente quente. Não havia sinal de ar-condicionado. Somente um pequeno ventilador e uma cama velha.

— Ok, querido, amo você. Durma por uma hora e meia. Então, trarei algumas roupas bonitas, e você estará pronto para o workshop.

O quarto era sufocante, úmido, desconfortável.

Era impossível dormir.

Eu só estava lá porque Andrei Serban a deixara na mão.

Mal sabia ela que eu só ficaria um dia. E isso era ainda mais doloroso para mim do que para ela, porque significava que eu teria de dirigir todos os 900 quilômetros de volta até Graz e me encontrar com o maestro Arturo Tamayo (que eu amava) e todo o elenco de *Moses und Aron*, antes de mergulhar naquela maravilhosamente fantástica peça de mágica de doze tomos, inacabada, escrita pelo mestre Arnold Schönberg.

Pendurei meu colete pela primeira vez em muitos dias e tirei um cochilo.

Estou, é claro, em lágrimas.

33

Meu pai biológico e a abertura de uma carta

Digamos que tudo começou no dia em que abri o envelope que continha uma carta escrita por meu pai, Hans Günter Sievers, meu ídolo, meu exemplo, aquele que me ensinou sobre o amor, a arte e a dignidade.

Por alguma razão desconhecida, a primeira coisa que notei foi o timbre: uma grande coisa redonda que dizia "THE GRAMERCY PARK HOTEL".

Logo abaixo, minha data de nascimento, 1º de julho de 1954, e o restante estava escrito em alemão. A carta fora datilografada em um papel muito fino e sofisticado, lembrando um pergaminho egípcio ou os pergaminhos do Mar Morto, dobrado para caber no envelope e quase difícil de desdobrar.

Li para mim mesmo, uma vez que ninguém mais falava alemão. Mas Daniela estava ainda mais nervosa que eu, aos prantos, como eu. Assim, a cada três ou quatro palavras, eu traduzia da melhor maneira que podia. Em essência, ele dizia o que minha mãe já havia me contado: "Vou amá-lo como se fosse meu próprio filho. Sou amigo de seu pai biológico, e tudo isso aconteceu porque eu e sua mãe não podemos ter filhos [...]. Se algum dia precisar de dinheiro, não hesite em procurar Fritz Haberer, pois ele é um homem muito rico."

Minha vida começou a passar de trás para a frente. Comecei a questionar cada beijo, cada abraço, cada demonstração de amor. Teria sido tudo teatro? Minha cabeça se transformou em uma fita sendo rebobinada. Eu conseguia lembrar e então questionar cada gesto de cada momento — de olhar para as estrelas em Wengen, na Suíça, a remar na represa de Guarapiranga ou nadar no Atlântico, fosse em Miami ou em Ipanema.

Alguém me diz que o ar está ruim hoje.

Alguém muito próximo me diz que o ar está ruim hoje.

— O ar está ruim hoje? — pergunto.

Eu me sinto fraco e debilitado. Sem ar. Com dores por todo o corpo.

Não sei o que está acontecendo comigo, mas parece... bem... parece que estou de volta ao útero de minha mãe, não, não no útero, mas no quarto. Sim, no quarto. Estou em meu próprio quarto no Rio, onde cresci.

— Há algo errado com o ar?

Minha mãe entra no quarto com uma expressão estranha (mas bem familiar) no rosto.

Aquela expressão em seu rosto. Ah, aquela expressão!!! Eu sabia que algo estava errado. Sua boca estava curvada para baixo, metade de seu rosto, paralisado; sua língua, pressionada contra a bochecha e sua linguagem corporal lembrava um pintor cubista.

Ela entrou, fechou a porta atrás de si, muito silenciosamente, e me entregou um envelope.

— Tenho algo para contar.

Sim, aquele tom, aquele som, era grave.

— O homem que você ama, seu pai... Bem, ele não é *realmente* seu pai.

Eu congelei, assim como Daniela. Então me transformei em gelatina.

— QUÊ?

(Psiu, psiu, quieto!)

— Há anos que penso em contar, mas...

— Espere, mãe, espere. Pare. Eu preciso... Não sei do que preciso. Preciso de ar.

— Por favor, me deixe terminar. Ele ama você como se você fosse seu filho legítimo. Não há dúvidas quanto a isso. Mas não posso mais guardar esse segredo. Está tudo na carta. O nome de seu pai biológico é Fritz Haberer e...

— Meu o quê? Meu pai biológico? Isso está mesmo acontecendo? Por favor, diga! Isso está mesmo acontecendo?

Isso está acontecendo?

Isso está MESMO acontecendo?

— Seu pai, sentado lá lendo o jornal, sempre soube, consentiu, aprovou e...

Eu fiquei tonto e provavelmente desmaiei.

Eu sempre desmaiava.

— Leia a carta. Ele a escreveu no dia em que você nasceu. Mas quando sair daqui, hoje à noite, por favor, finja que eu nunca disse nada. Eu prometi que só contaria depois que ele morresse.

Isso está acontecendo?

Isso está MESMO acontecendo?

— E, além de tudo, ele não deve saber que você me contou???

Provavelmente um dos momentos mais difíceis de minha vida foi passar pela pessoa que eu mais amava, que era meu exemplo, e fingir que eu não sabia daquilo que haviam acabado de me contar: que ele não era meu pai.

Sim, aquilo foi mais difícil que qualquer outro momento de minha vida: fingir aquele absurdo, depois de todo aquele absurdo. Não há nomenclatura ou sentimento que descrevam aquilo.

— Tchau, pai. Nos vemos amanhã no almoço.

Daniela, que é muito tímida, tentou se esconder atrás de mim. Ele deve ter notado algo. Ou talvez não.

Entramos no carro, na garagem, e eu chorei tão alto que fiquei ensurdecido por meu próprio barulho. E então havia a carta. Eu estava com as pernas bambas. Não conseguia entender mais nada. O teatro real começara.

Como chegamos à casa de Ziraldo — onde estávamos hospedados — é algo que ainda hoje não sei. Não sei como lidamos com os sinais de trânsito. Mas chegamos. Contei a Ziraldo, que já sabia. E então havia a carta.

Revi minha vida, de trás para a frente e de volta, e agora, neste momento... Estou contando a vocês e tentando desesperadamente conter as lágrimas. Mas não é fácil.

Eu queria tanto voltar ao dia anterior, ou jamais ter saído de Nova York, ou... tudo aquilo. Tudo aquilo.

E, de certo modo, quando o tapete é puxado de baixo de nossos pés, o que acontece? Clareza. Leva tempo, mas surgem a clareza e certa visão de raio X para os segredos escondidos das pessoas, todos os lados sombrios que tornam a arte tão interessante e tão interessantemente macabra.

E eu o fiz revisitar Berlim. Ele não queria ir. Odiou cada momento. Ele subiu em uma daquelas plataformas de madeira para ver sua cidade, dividida em duas.

O quê? Do outro lado... estão os comunistas? Um muro e 28 anos de distância.

Tenho 62 anos. Façam os cálculos. Eu tinha 28 quando me contaram.

Meu pai, Hans, morreu dois anos depois que li a carta que ele escrevera no dia em que nasci. Ele morreu um dia, exatamente um dia, depois do encerramento de *All Strange Away* no La MaMa.

Eu sei há 34 anos.

Ele morreu em 1984.

Não sobreviveu para ver seu Muro de Berlim cair.

Mas eu sei que ele sabe.

— *Die Mauer* caiu, pai!

Não se passa um dia... Não se passa um dia sem que sua voz, seu rosto, seu ser inteiro, pairem sobre mim, dizendo:

— *Es wird alles gut sein. Macht dir keine Sorgen.**

E, até hoje, é uma sensação muito estranha perceber como tudo se conecta, como tudo é estranho, como é *All Strange Away*.

---

* Não se preocupe, tudo vai ficar bem.

34

John Paul Jones — Retrovisor — Correndo loucamente para perder a gordura — Hoje faço 61!

Jamais imaginei que estaria sentado aqui neste palco em Nova York, em meu 61º aniversário, terminando minha autobiografia. Mas aqui estou. Parece que estou correndo atrás de minha vida, mas de trás para a frente.

Estou aqui, olhando para vocês, como se vocês estivessem ficando para trás, exatamente como os vi depois de minha "visão" Rembrandt, quando tudo deveria ter terminado.

Mas não terminou. Eu não vou, porque não saberia como ir nem para onde ir.

O fim repentino é o que mais me assusta.

Termina, e quando termina... é estranho.

Não sou nem um pouco mais sábio aos 61 do que era aos 31.

Por que qualquer coisa termina abruptamente?

DESTRUAM TODOS OS LIVROS, QUEIMEM TODAS AS OBRAS DE ARTE, DERRUBEM ESSE MURO.

E é aqui que entra John Paul Jones.

Depois de meu colapso, em 2009, quando olhei Rembrandt nos olhos e escrevi meu *Manifesto*, marquei um encontro com JPJ no Rib Room, entre Sloan Square e Lowndes Square, onde costumava morar.

Eu acabara de chegar de Zurique, a tempo para a reunião. Às sete em ponto, entra aquele gigante baixo e extremamente amigável, o baixista do Led Zeppelin.

Eu era magro. Ele também!

— Olá, Gerald, é o John. Estou caminhando no Central Park.

— Ei, John! Como foi em D.C., durante o fim de semana? E o Kennedy Center Honors?

— Foi ótimo! Realmente ótimo! Ganhei um beijo de sua primeira-dama.

— Uau, isso é ótimo! Você deveria comprar um daqueles sprays fixadores, sabe do que estou falando? Ou mandar laminar o rosto!

— Isso aí! Então, vamos ao *Letterman Show*, e então Newark, voo da Virgin, Londres.

— Então não vamos nos ver?

— Bem, vejamos...

— Não faz mal. Estarei em Londres na semana que vem. Sem estresse. Você passou por muita coisa e...

— Como estão seus pulmões, falando nisso?

— Ah, é uma longa história. Eu conto quando nos encontrarmos. Ouça, boa gravação. Vou pedir a Daniela que lhe envie de Londres meu livro de ilustrações — *Arranhando a superfície*. Você deverá recebê-lo em um ou dois dias.

— Ótimo. Mas estou preocupado com sua saúde.

— Não fique.

Eu estava profundamente exausto. Estava acordado desde as 4 horas para o procedimento no hospital, mas sabia que não perderia o *Late Show with David Letterman*, às 23h35. Sim, em um período de quarenta dias, John estivera duas vezes em Nova York, com o Led Zeppelin, primeiro por causa de *Celebration Day* (o filme), e agora por causa do Kennedy Center Honors.

Agora, David Letterman foi embora. John Paul Jones foi embora. Tudo foi embora.

Para onde você vai quando a conversa que está tendo termina abruptamente?

Por que qualquer coisa termina abruptamente?

Três anos de trabalho e... bem, em 23 de junho de 2013, escrevi uma "carta de desligamento" e a enviei a JPJ.

Estou fora.

Não acredito em fantasmas e não ligo muito para Strindberg.

Foi um triste fim.

35

Sputnik em meus pulmões

Digamos que tudo começou quando o Sputnik que instalaram em mim foi vomitado. Sem aviso, sem sinal, o suco de banana ou alguma coisa parecida com banana saltou de mim, como nos dias em que os atores saltavam do palco direto no meu rosto, na minha frente, atrás de mim, de todos os lados e ângulos.

Sim, é isso que vômito faz.

Ou deveria fazer.

Eu acho.

Elementos estranhos do corpo de alguém estão sempre prestes a ser rejeitados, então por que A MERDA DESSA DEPRESSÃO INFERNAL?

"Você é hipocondríaco", vive repetindo meu médico — e eu acredito nele.

E, se é assim, por que ESSA MERDA DESSA DEPRESSÃO INFERNAL? Bem, a resposta já incluiu minha solidão, minha eterna solidão, e meu eterno interesse por questões como GUERRA, INJUSTIÇA e tratamento desigual de seres humanos e animais, e... Sim, NÃO DEVERIA HAVER SOFRIMENTO, mas, cruéis como somos, promover nosso próprio sofrimento e o sofrimento alheio é nosso ESPORTE favorito.

Digamos que tudo parou quando começamos a ignorar os rostos e os corpos uns dos outros, e os veículos, e a arquitetura, e as paisagens, e a lua, e o sol e assim por diante e trocamos tudo isso por mensagens de celular, e-mails, Facebook, Instagram, Twitter, Google Maps e assim por diante. Eu me pergunto se teríamos realmente enlouquecido.

FUI CRIADO COM HISTÓRIAS SOBRE A CRISE DE 1929, CONTADAS TODOS OS DIAS, para que eu aprendesse a VALORIZAR A VIDA, valorizar o sol, valorizar as salsichas com lentilha em meu prato, sabendo muito bem que PODERIA NÃO HAVER NENHUMA NO DIA SEGUINTE.

FODA-SE, CARA.

FODA-SE.

AS PESSOAS NÃO FAZEM IDEIA.

AS PESSOAS NÃO FAZEM A MENOR IDEIA, FAZEM?

Elas fazem.

Mas isso não é novidade.

Elas sempre fizeram ideia.

A história está CHEIA DISSO.

A história nos mostra períodos piores.

Muito piores.

Não, não se preocupem, eu NÃO vou levá-los de volta a Stalin, Hitler, Franco, Salazar, Mao, Pol Pot, Slobodan Milosevic e outros. Ou deveria? Deveria incluir Pinochet? Garrastazu Médici? Videla? Deveria incluir toda aquela MERDA de Darfour e toda aquela MERDA de Papa Doc Duvalier, da Costa do Marfim, da Serra Leoa e tudo que aconteceu ANTES que Mandela fosse libertado daquela prisão de MERDA na África do Sul? O quê? Todos os DITADORES DE MERDA? Sim, o apartheid branco e negro — não tão inteiramente diferentes do que vi em Erwin, no Tennessee e/ou no Alabama, no sul desses maravilhosos Estados Unidos da América!!!

AS PESSOAS NÃO FAZEM ABSOLUTAMENTE NENHUMA IDEIA, NÃO É?

AS PESSOAS simplesmente NÃO FAZEM NENHUMA IDEIA, NÃO É?

Não, não fazem. Especialmente quando estão lotando os shoppings e fazendo maratonas de compras e... Bleargh!

Então, sim, não consegui encontrar um táxi ontem à noite, depois de malhar em uma academia na Amsterdam com a 77th, então atravessei o Central Park a pé e cheguei a minha área menos favorita no mundo: o Upper East Side, onde pessoas que não pertencem a este mundo se reúnem e falam sobre coisas que não são deste mundo. "Jessy, você acredita que ele rompeu comigo quando estávamos em Israel? Isso foi tão cruel! Em plena Terra Santa!" Em uma mesa, um par de superproduzidas, supervestidas e supermaquiadas mulheres usando casacos de pele em uma temperatura de 12 graus conversava para matar o tempo, do modo como se bate em um cachorro morto.

Batendo em um cachorro morto.

As pessoas fazem ideia.

Não fazem.

Merda.

Boa noite para vocês.

Achei que pudesse ser uma noite interessante, mas inevitavelmente me decepciono, assim como vocês.

A cadeira de Wagner

Sou um devotado maníaco por Wagner. Qualquer compositor, qualquer artista que seja capaz de nos mandar para a estratosfera de nossos sonhos e pesadelos me transforma em viciado. E muitos compositores fazem isso. Mas Wagner mais ainda, com mais violência, mais apaixonada e sofisticadamente que qualquer outro. Não, não estou comparando. Não, não vou falar de Bach nem de Beethoven. Isso é sobre Wagner, a estrada para Wagner, o "santuário de Wagner": é sobre Bayreuth e sobre *timing*. Tudo está intrinsecamente conectado, exatamente como sua "música de transformação". É sobre a mistura de turbulências, brilhantismo, escuridão, lágrimas e excitação. É, essencialmente, "o" Richard Wagner.

Ele era antissemita. Sim, era. Eu sou judeu. Não muito judeu, mas "ajudeuzado". De algum modo, esse aspecto não importa. Meu pai caçando fugitivos nazistas na América do Sul e minha mente cáustica e "vazia" poderiam ser facetas que (muito provavelmente) me fariam odiar o homem.

Mas o que importa é o artista, não o que está por trás do artista. Isso não significa que não fique extremamente curioso sobre o que, exatamente, ele estava pensando ao ser o próprio sr. Deutschland, e não significa que eu não fique muitíssimo interessado nos fatores "acaso" e "nazismo" em sua vida. É claro que fico. Mas, mais importante que tudo isso, é o que está por trás daquela música incrível e daquele conceito incrível: a *Gesamtkunstwerk*.

Isso (tudo isso) é incrível!

Minha primeira ópera de Wagner foi em 1987. Foi *O holandês voador*. Coloquei uma parte do Muro de Berlim no palco, em tamanho real (dois anos antes de ele cair de fato). Os "fantasmas" vinham da Alemanha Oriental, e todo o restante do elenco, da Alemanha Ocidental. O "muro" era em tamanho real, com as plataformas de madeira sobre as quais, no lado ocidental, era possível olhar para a parte oriental, com todas aquelas guaritas, tudo em tamanho real. O "muro" era parte da minha vida; eu costumava passar pelas barreiras porque tinha familiares nos dois lados.

Foi um imenso sucesso (e do tipo que eu gosto): eu mexi com as pessoas em suas zonas de conforto, e isso me permitiu — por assim dizer — abordar uma vaca sagrada (Wagner) por meio de minha visão, e apenas dela.

E foi essa produção que me catapultou para a cena da ópera europeia. Um ano depois... Bem, um ano depois, eu estaria sentado na cadeira de Richard Wagner.

O quê?

Sim. Um ano depois, eu estaria sentado na cadeira de Richard Wagner.

O neto de Richard Wagner, Wolfgang Wagner, achou esplêndido. E... Eu me vi em...

Sim, eu me vi no assim chamado santuário de Richard Wagner: Bayreuth.

Eu estava em Munique, porque era o início de meu contrato de cinco anos para dirigir peças no Bayerische Staatsschauspiel de Munique (uma cadeia de teatros estatais). Meu agente, Elmar Zorn, me disse que eu recebera um telefonema de Wolfgang Wagner me convidando para ir a Bayreuth, para conhecer o teatro que o próprio Wagner projetara.

É meio tolo, porque as refeições são encomendadas com antecedência e, entre os atos, as pessoas correm para comer. E, em vez de ir comer, fui convidado por Wolfgang (que me deixou chocado, porque eu o imaginava uma espécie de personagem rural).

Ele falava um alemão muito proletário, totalmente não sofisticado. Um alemão muito Leni Riefenstahl e... Bem, sim, eu notei. Me deixou meio desconfortável.

Eu disse a ele:

— Eu imagino o que seu avô teria dito dessa sua versão de *Parsifal*?

— Quando eu era criança, eu costumava vir até aqui e pedir conselhos. Ele ficava sentado aí e eu ficava sentado aqui.

— Sentado onde?

— Bem, onde você está sentado.

— Onde eu...?

— Na cadeira!

— Que cadeira?

E então, subitamente, uma luz se acendeu, e vi que estava sentado à mesa de um compositor! Eu não notara um grande trono de madeira.

Devo ter gritado:

— Esta é a cadeira de seu avô?

— Sim! — disse ele. — Estamos no escritório dele. Abra aquela janela de madeira à sua direita.

Abri. Ela dava para o palco. Ele controlava a produção ali de cima. E se não ficasse satisfeito com o maestro, descia e conduzia ele mesmo.

Pensei comigo: "Isso tem de ser uma piada."

Uma piada criada por essa maldita *Gesamtglücksfallwerk* ou pela minha; o acaso, a coincidência, o timing e a exatidão, a precisão com que tudo aconteceu entre o momento em que eu era criança e ouvia os LPs de Wagner que meu pai tocava e... e... agora! Sentado na cadeira do mestre! Sim, uma boa piada. E, contudo...

Quem poderia ter sonhado que isso seria possível? Sem trocadilho intencional com meu *mooning* para a plateia, em 2003, após minha versão de *Tristão e Isolda*, mas parecia que uma conexão direta com a lua ou com minha bunda tinha sido construída internacionalmente. E isso leva a fúria, ressentimento e culpa. Esses são os elementos em jogo nas óperas de Wagner, além, obviamente, de muito mais!

Imaginem uma criança dizendo: "Eu quero ir à lua." Décadas depois, aquela criança realmente pousa na lua, planta uma bandeira e recita: "Um pequeno passo para o homem, um grande salto para a humanidade"!

Eu me pergunto se seria capaz de olhar Neil Armstrong nos olhos (uma vez que seus braços são tão fortes!) e dizer: "Partilhamos realizações, sr. Armstrong." Poderia haver uma pausa ou um longo silêncio entre mim e o astronauta. E então minha pergunta íntima mais ressonante: partilhamos? Realmente partilhamos algo?

Sentar-se na cadeira de Wagner é uma realização em e por si mesma?

Fato foda: eu quase não consegui. Por cinco ou dois minutos, toda a coisa poderia não ter acontecido. Porque eu decidi dirigir todo o caminho de Munique a Bayreuth (três horas, talvez?), acabei pegando a Ausfahrt — a saída — errada. Tive de voltar e fazer um retorno. Quando finalmente cheguei, joguei o carro em alguns arbustos, de tão nervoso que estava, e, finalmente, deixei-o em uma zona PROIBIDA no museu e fui até a bilheteria. Uma senhora me pegou pela mão, e eu pousei, como Armstrong, no caminho de Wolfgang!

Por um minuto ou dois, a história teria sido completamente diferente! Um minuto a mais, ou a menos, e eles não teriam me deixado entrar, eu teria de esperar. Isso é *Gluck*, é sorte. Isso é *Gesamtglücksfallwerk*. E é espetacular!!!

Você não pode simplesmente se sentar na cadeira de Richard Wagner e fingir que nada aconteceu!

Mas o que, exatamente, aconteceu??? Estou mais velho? Mais sábio? Sou mais genial, menos genial ou um gênio *precisamente* porque me sentei naquela cadeira? Ou ela me esmagou, e me tornou menor, e me fez entender que cadeiras são apenas cadeiras, e que mitos mortos são apenas mitos mortos, e que toda a ideia de uma mitologia humana é simplesmente tola?

Dirigindo de volta para Munique, toquei "O crepúsculo dos deuses", a última peça de *O anel*, e chorei muito. Pensei comigo, como sempre faço: "Por que contar essa história? Ninguém vai acreditar mesmo." Infelizmente, não havia nenhuma *selfie* para provar. Mas, por outro lado, havia aquela foto famosa de eu e Samuel Beckett sentados a uma mesa e conversando, em Paris. Por que eu teria de provar algo, daquele momento em diante?

É uma compulsão estranha, admito. Eu insisto que meu compromisso com a realidade e com a verdade é ZERO, e que só sou fiel a minha arte e a meu palco. Contudo, algo me incomoda nesses grandes golpes do acaso.

O que poderia ser?

Poderia ser o fato de que eles tornam triviais e tediosos os encontros regulares e diários com amigos?

Poderia ser.

Eu tinha uma reunião com Klaus Peter Kehr e ele disse:

— Gerald, meu Deus! O que aconteceu com você?

Eu parecia deformado como uma pintura de Bacon. E respondi:

— Acabei de chegar de Bayreuth, e Wolfgang Wagner me fez sentar na cadeira de Richard Wagner.

— E daí?
— E DAÍ?
— Em uma semana, você não se lembrará mais disso.

É estranho: aos 17 anos, em Londres, um esquisitão chamado Paul Keeler — meu cunhado, casado com Annabel Drower, irmã de Jill — me disse (todo paramentado com seu novo traje hindu):

— Você nunca será alguém.

Aos 29 anos, após a estreia de *All Strange Away*, um crítico próximo da produção (de cujo nome realmente não me lembro) me disse:

— Você nunca será alguém.

E, quando me tornei "alguém", as pessoas rapidamente me ignoravam, dizendo:

— Não vai durar. Você não vai durar.

E aqui estamos, em 2016, e ainda fico arrepiado ao pensar naqueles dias.

Afinal, estou contando minha história. Eles contaram a deles?

36

Refinamento

Não há muitas pessoas que queiram ou sejam capazes de buscar conforto em ícones do passado, ícones mortos, ícones que sofreram e sangraram em suas obras. E isso me preocupa. Leio biografias e autobiografias em todos os detalhes e com muita intimidade. Tento encontrar pistas que possam me ajudar em meus momentos mais sombrios.

Papel, caneta ou um programa de edição de texto no computador jamais substituirão o grito primal. Precisamos da voz humana. Daquela que fala conosco no escuro e reafirma: "VOCÊ está de costas no escuro." Mas é um conselho ou um grito humano, e isso ajuda, mesmo enquanto provoca.

Afinal, o que você poderia encontrar na vida e nas obras de Stefan Zweig que pudesse confortá-lo, sabendo o que sabemos sobre seu suicídio em Petrópolis? Quando sabemos que um gênio como ele (que cunhou a expressão "Brasil, país do futuro") também chegou a seu beco sem saída e a seus momentos, momentos profundos, os piores momentos de não ser capaz de continuar vivo enquanto tantas pessoas haviam morrido durante o Holocausto?

Esta é a razão primeira para sermos constantemente perturbados por nossos fantasmas: a fantasmagórica e cadavérica humanidade e sua miséria, que nos acossam diariamente e nos lembram de que somos parte da "massa humana" [*human mass*] — o que não significa dizer a missa de domingo [*Sunday mass*], que liga a palavra *mass* a tantos eventos díspares e desesperados.

Ao tentarem ler *Finnegans Wake*, muitas pessoas frequentemente desistem na página 17. Obviamente, isso acontece por falta de generosidade do leitor, que não está aberto nem engajado o bastante para permitir que a palavra-partitura de Joyce entre em seus ouvidos e penetre sua mente com (o que é conhecido como) o maior dilema da humanidade a já ser colocado em palavras: *Finnegans Wake*, de James Joyce.

Samuel Beckett está na moda agora, depois dos anos 1980. MAS, durante sua vida, Beckett não esteve de modo algum na moda. De fato, foi tratado como escória e rejeitado durante seus anos no Trinity College e mesmo após a Segunda Guerra Mundial, quando começou a enviar suas obras para editores e recebeu aquelas respostas instantâneas de: "Sinto muito, mas..."

Mas por que me consolo ao verificar que a vida é dura? Por que me consolo ao saber que até mesmo os mais reconhecidos artistas do planeta e de nossa história tiveram severos problemas com doenças mentais, transtornos bipolares e mesmo, no caso de Artaud, alegada loucura? Qual é meu argumento?

O Beckett com quem me encontrei estava apenas começando a ser conhecido, em 1984, quando nos vimos pela primeira vez. Esse é o verdadeiro retrato de um artista que engolira a amarguíssima pílula de ser rejeitado por cem editores, que diziam: "Sinto muito, mas não há nada aqui." Se ele não tivesse enviado a centésima primeira carta para Jerome Lyndon, não teríamos conhecido Beckett.

Acaso?

Longitude?

Latitude?

Atualmente, estes são termos militares empregados por operadores de drones.

Fico me perguntando quantas pessoas estão lá fora recebendo cartas de rejeição e desistindo, porque seu refinamento não pode ser compreendido. E por que eu bati no mesmo muro, mas isso não pareceu ter me incomodado tanto na época? Talvez porque eu goste de uma boa briga?

Isso me leva a uma ideia muito dolorosa: suicídio. Voltando a Zweig, Benjamin e tantos outros que se mataram, e esse é um assunto profunda e umbilicalmente ligado aos termos "aceitação" e "compreensão" pela alma do leitor.

Você chega a um ponto em que refina seus pensamentos, e continua buscando clarear sua visão, dia após dia, você tenta definir... Você tenta definir...

Não. Não é verdade. Ninguém define nada. Por quê? Porque minha verdade e sua verdade às 9 horas NÃO serão as mesmas à tarde nem à noite. Mas queremos amarrar a verdade a uma regularidade e a um quase dogma que não consideram a dialética. E aí reside a chave.

A chave é uma mentira.

Uma mentira? Galileu é uma mentira? Aparentemente sim, em seus dias. Ou não teria sido queimado. Mas foi. E agora? Agora, é um herói em nossos livros de história, como Newton, Humboldt ou Darwin. Mas essa (momentânea) mentira fez com que fosse queimado porque... bem, porque o que ele fez é o que todos fazemos, e o que eu faço, que é TENTAR entender esse grande mistério negro chamado O UNIVERSO!!!

Tentamos desesperadamente entendê-lo, e cada pedacinho de informação conta. Tentamos mensurá-lo; tentamos entender o que somos por meio do DNA, do genoma, da existência. Tentamos explicar para nós mesmos se há ou não outra vida depois desta, tentamos acreditar em Deus, damos um nome a Deus, produzimos rituais de acordo com cada religião, comemoramos o nascimento de Cristo, de Maomé ou de Mao Tsé-tung apenas para justificarmos nossa presença. Não é suficiente estarmos aqui. Como os budistas tibetanos que afirmam que apenas estão aqui — eles apenas respiram, e que tudo que precisam é de oxigênio. A maioria dos budistas não precisa de muitas explicações.

Nós, que ficamos na fronteira entre a arte e a filosofia, gastamos muito tempo explicando. Mesmo quando fingimos não explicar. Quando Andy Warhol escolhe um ícone, como Marilyn Monroe, e a multiplica um milhão de vezes, transformando-a em uma lata de sopa Campbell ou em qualquer outro item de supermercado, ele faz o exato oposto com a sopa Campbell — tornando-a singular e icônica — e isso É, de uma breve maneira, uma explicação.

É uma maneira de explicar a existência, ou a importância da falta de importância, ou o fato de que alguém é criado pela indústria cinematográfica. Norma Jeane, a pessoa, não importa realmente, mas Marilyn, o ícone, importa. Quando ela morreu após ser fodida por Kennedy e assassinada pela CIA, ela se tornou ainda mais um ícone.

Após a morte, eles se tornam MAIS icônicos: de Jimi Hendrix a Janis e Kurt Cobain; todos maiores que a vida após a morte...

Por que nos tornamos "mais" depois que morremos?

Porque somos mitificados, e o mito é aterrorizante.

E isso me leva de volta ao início do capítulo: "Não há muitas pessoas que queiram ou sejam capazes de retirar conforto de ícones do passado, ícones mortos, ícones que sofreram e sangraram em suas obras. E isso me preocupa. Leio biografias e autobiografias em todos os detalhes e com muita intimidade. Tento encontrar pistas que possam me ajudar em meus momentos mais sombrios."

E isso, agora, hoje... é um desses momentos.

Tentativa de suicídio

Traum und Trauma.
   Estranha coincidência? Estranho *hasard*?
   Traum und Trauma.
   Freud und Freude [Freud e felicidade].
   Tomei as pílulas. Engoli a coisa toda! Todo o conteúdo de todos os frascos. Um "mix", como diriam alguns. Outros generalizariam como

"coquetel" [*cocktail*]. Sim, exatamente: engoli todo o *cock* e seu *tail*, lentamente, pouco a pouco, porque sabia que...

Bem, eu sabia que, se tomasse tudo ao mesmo tempo, vomitaria *tail* e *cock* e, por isso, tive tanto cuidado em tomar devagar. Eu deixava que o corpo assimilasse, então engolia mais e mais, até que fiquei em um estado em que já não me lembro de nada. Tenho uma memória enevoada, no máximo.

Ainda assim, enquanto eu me via naquele estado nebuloso, fui cuidadoso o bastante para vestir o casaco. Eram os Alpes suíços no meio do inverno. Congelante! Menos não sei o quê. Neve até os joelhos. Eu usava apenas uma camiseta, mas vesti um casaco, um cachecol e botas de inverno. Peguei uma faca para queijo, que era a faca mais afiada que eu tinha. Coloquei-a no bolso e comecei a vaguear pelos bosques no meio da neve. Encontrei um lugar pacífico, onde não havia nada além de árvores e silêncio e eu sabia que não seria encontrado.

Os cortes no self

Comecei a me cortar. Não consigo lidar nem com menstruação, que dirá com sangue, mas, naquele momento, realmente queria morrer. Já tivera o bastante!!! E, daquela vez, não era apenas uma maneira de falar! Bastava!!! Eu acabara de voltar de Zurique, estivera em reuniões, cumprira meus compromissos, devolvera o carro para a locadora. Daniela partira uma semana antes, ela fora embora para Londres e eu dissera... Bem, eu simplesmente não conseguia me ver no futuro.

Simplesmente não conseguia me ver no futuro.

Não queria ver a manhã do amanhã.

Ainda não consigo. Ainda luto com os deveres diários, os deveres diários que em minha cabeça cantam uma música eterna: "Simplesmente não consigo me ver no futuro."

"Simplesmente não consigo me ver no futuro."

"Simplesmente não consigo me ver no futuro."

É um coro que raramente faz pausas. É uma coisa 24 por 7.

Hoje, quatro meses depois, não é tão dramático quanto foi naquela noite, às quatro da manhã. Não me vejo daqui a dez anos. Talvez o coro esmoreça. Interpretem como quiserem!

Eles me encontraram às 7h30, poucas horas depois.

São os Alpes, uma região muito bizarra do mundo — em alemão, *Alptraum* [*Albtraum*, o "sonho dos Alpes"] significa "pesadelo". As pessoas sabem que ter um pesadelo nos Alpes pode ser aterrorizante, e é por isso que eles se chamam *Albtraum*, mas pronunciado como se fosse um "p", então... *Alptraum*.

Sonho e trauma são muito próximos em alemão.

Traum und Trauma.

Estranha coincidência? Estranho *hasard*?

Traum und Trauma.

Freud und Freude [Freud e felicidade].

Sim, *Freude* significa "felicidade", e Freud significa Freud, e *Traum* significa "sonho", e *Trauma* significa isso mesmo, "trauma"! E tudo isso combinado não queria que eu vivesse outro dia.

Eu estivera pensando naquilo todos os dias, desde que Robin Williams o fizera, e isso havia sido em agosto de 2014. Fora algo constante em minha mente. Eu estava muito infeliz com a peça que fizera no Brasil, aquela pobre/rica produção de *Entredentes*, que, pela primeira vez, demorei dois malditos anos para escrever e encenar.

Eu não estava muito feliz com o que escrevia, fosse para o teatro, fossem livros. E a pressão constante de olhar para a página vazia... E eu achava que era tudo tão inútil. As pessoas estavam no Twitter, no Facebook, se conectando, olhando para as expostas vidas vazias umas das outras, e eu as enquadrando, como se fosse a polícia do mundo, do mundo cultural!!!

Ninguém sabe nada. Com quem estou falando? Quem é minha plateia? O que ela sabe e o que ela não sabe? As pessoas ainda sabem de alguma coisa? Será que quanto maior é o progresso feito pelo Google e pela Wikipédia, menos as pessoas sabem? Talvez.

Não é uma ideia muito encorajadora para mim. Antes, você tinha de se esforçar mais para chegar lá. Quanto mais esforço fazia, mais recompensador se tornava. Se eu tiver de escalar uma montanha a pé, ao chegar ao topo eu me sentirei recompensado, embora exausto, e terei feito algo. Mas, se um trenzinho me levar até lá, tudo que terei a fazer será me sentar e esperar as portas se abrirem. As pessoas costumavam ir a bibliotecas, como eu fazia, abrir livros de verdade, espalhá-los e tentar entender o que eram. É claro, agora, com o computador, só é preciso usar o Google. Menos pessoas tinham mais informações, mas a informação era mais crível que agora.

É *putamerdamente* difícil "tornar-se" outro dia.

Preciso achar meu caminho para casa.

Sim, não consigo achar meu caminho para casa.

De volta ao dia do suicídio

O massacre do *Charlie Hebdo* acabara de ocorrer em Paris, e eu escrevera um artigo sobre "O direito de existir" (e não apenas de se expressar livremente, como determinado pela Carta Magna). Fui publicado integralmente pela *Folha de S.Paulo*.

Depois do 11 de setembro, que testemunhei, aquele foi o evento que me atingiu mais proximamente. No país que nos deu a noção de liberdade, de *liberté, égalité, fraternité*, e a ideia de liberdade de expressão dez anos antes de a constituição americana ser esboçada... Foi muito chocante para mim que aquilo pudesse acontecer no centro de Paris. Além disso, eu conhecia o mais antigo cartunista de lá, Wolinski. Sim, muito proximamente.

Após um acontecimento tão abominável, eu não suportava a ideia de acordar, fazer café, torradas... e me sentar para observar as nuvens se abrindo sobre os Alpes.

Sou uma vítima direta e indireta do 11 de setembro e do Marco Zero. Meus pulmões contam a história. Sofro de síndrome pós-traumática e aquela foi uma cena opressiva a se desenrolar diante de meus olhos.

Contudo, meus olhos continuaram olhando para o céu.

Olhando para o céu... ele estava clareando, e eu achava que era a melhor experiência que já tivera na vida. Não conseguia sentir meu corpo, de qualquer modo. Só me sentia em paz. Não conseguia mover a cabeça, porque estava congelada e, assim, continuava a olhar para a mesma coisa: as árvores em perspectiva. Estava olhando para aquelas árvores e pensei que eram uma coisa linda, uma sensação linda. Eu não tinha responsabilidades, e fodam-se todos, fodam-se todos eles, não dou a mínima para coisa alguma, e esse é um jeito excelente de partir. Mas eles me acharam.

Eu rolei e pulei, antes de congelar. Eu podia voar, literalmente voar. Levou uns dois segundos, mas, para mim, foram quinze minutos — voando em câmera lenta, porque eu não sentia medo, medo de nada. Eu podia voar e mirava em uma rocha, queria que minha cabeça batesse nela, porque então tudo acabaria, com certeza. Mas não bati na rocha, caí na neve e rolei fora de controle como uma avalanche, fora de controle e fora de controle, até que algo me parou. Tentei me levantar, tropecei — estava tonto, por causa das pílulas —, mas consegui me jogar novamente e novamente, até não conseguir mais. Não me arrependo de nada. Foi provavelmente uma das experiências mais bem-aventuradas que já tive.

Eu me assegurei de que me cortaria e morreria onde as árvores são altas e os helicópteros de resgate não conseguiriam me achar. Mas eles me acharam. Me levaram de helicóptero. Me enrolaram em cobertores térmicos, porque minha temperatura corporal estava púrpura. Eu podia ouvir as pás do helicóptero e o rosto de Urs Allenspach olhando para mim, me estapeando e dizendo:

— Você não pode morrer antes de jantarmos de novo no Schönegg.

Urs é meu médico. E, obviamente, meu amigo.

37

De volta para o futuro!

Agora é 1º de julho de 2094 e acabei de fazer 140 anos. Oh, meu Deus! Tenho 140 anos! Isso não é incrível? Foi tudo em vão, não foi?

O mundo acabou. É como Woody Allen previu em *O dorminhoco*.

É um mundo livre de micróbios, e somos feitos em laboratórios, projetados por quem quer que nos projete como uma raça mais forte... Contudo, ainda somos feitos na China.

Acabei de encontrar William Burroughs, Allen Ginsberg e alguns filhos dos beatniks.

Oh, Paul Bowles acaba de passar por mim. Eles estavam sussurrando algo sobre "cupins existirem há muito tempo", mas obviamente estavam falando em línguas e usando metáforas beat.

Quando conheci Burroughs? Deve ter sido um dia e meio depois que Julian Beck me disse, profeticamente:

— Vá para o Brasil e faça o que você faz aqui, mas em grande escala. Eles têm dinheiro. Torne-se um nome conhecido. Volte com uma produção e estará na primeira página do *Arts & Leisure*.

E assim foi. Exatamente três anos depois disso e três anos depois de ver William Burroughs e amigo e Ginsberg e amigo, o artigo de Alan Riding *"In Brazil, it's Lonely in the Avant-Garde"* ["No Brasil, é solitário na vanguarda"] saiu na capa da seção. Uma grande foto de Bete Coelho e eu.

"O tamanho da foto importa. Nada mais importa", disse um nazista bem-humorado chamado Herbert von Karajan.

Profecias!!! "Vá para o Brasil e faça o que você faz aqui, mas em grande escala. Eles têm dinheiro. Torne-se um nome conhecido. Volte com uma produção e estará na primeira página do *Arts & Leisure*."

Quando foi isso? Na época dos "itas"? Os alauitas? Os semitas? Os xiitas? Os sunitas? Os... cupins? Os israelitas? Os curdos? Os nerds de *A conferência dos pássaros*?

Que ideia tola, e todos na "garganta" uns dos outros. Literalmente. Houve um tempo, ah, sim, houve um tempo em que eles se chamavam jihadistas e cortavam a cabeça das pessoas!!! Quão tolo é isso? As ideias de todos esses impérios! Todos eles decapitando pessoas, decapitando ideias e modos de vida! Que ideia tola!

Mas foi durante a Revolução Industrial que a cabeça humana se separou do restante do corpo. As máquinas faziam o trabalho. O homem ordinário tinha mais tempo para se "descartar". Mas o que era isso?

Qual foi o ponto da virada para os cupins e para nós, humanos?

Deve ter sido um, alguns ou todos eles. Costumávamos ser um zoológico humano. Não há mérito em dizer que éramos todos iguais. NÃO somos todos iguais. Jamais seremos.

Existo há muito tempo! Quando vejo as notícias, percebo que as pessoas não sabem a origem da palavra NEWS!!!

O que ainda resta a provar?

N.E.W.S? É uma brincadeira rabelaisiana.

N — North

E — East

W — West

S — South.

Eu disse desde o início: os poderosos homens e mulheres que habitam este meu planeta fazem parte de uma estranha organização... Lembram?

Lembram quando eu disse que eles também fazem parte de uma conspiração global que se estende por todos os continentes... Lembram?

Sim, e assim é. Quando falamos sobre Ruth Escobar, Ellen, Beckett, Heiner Müller, Susan Sontag e todos os atores com quem já trabalhei... Toda aquela mídia, toda aquela espantosa cobertura... O que era mesmo? Estou velho demais para entender. Por favor, permitam que eu consulte minhas notas.

"Em *E, mortos, caminhamos*, todos os personagens são reais e, ao contrário de qualquer outra biografia ou autobiografia, são tanto físicos quanto metafísicos." Ah, sim. Era isso.

Eu me lembro. Foi assim que descrevi: "Sua aliança afeta mudanças marítimas e o caos climático em cada aspecto da vida humana — valor e distribuição de *commodities*, dinheiro, armas, água, combustível, a comida que ingerimos para viver, a informação na qual nos baseamos para nos dizer quem somos."

Vocês realmente acreditam em conspirações? Realmente acreditam em alguém que afirma ter 140 anos? Realmente?

É melhor acreditarem, porque é verdade.

Eu quero despertar simpatia no outro? Ou essa é uma maneira trágica de se conectar? Conectar através do medo. Conectar com o fato de que pode haver ficção no fato.

Todos, pobres porquinhos-da-índia de brechas em leis efêmeras e leis que clamam para si a responsabilidade única de serem os mordomos e ocasionais restauradores de todo o conhecimento adquirido pela humanidade.

Tenho 140 anos e prefiro morrer de desnutrição, com centenas de pregos em minhas costas, a vender meu nobre cérebro para o sistema. É verdade... Não há absolutamente nenhum uso prático para ele nesse mundo prático, a menos que criemos um. Vocês não imaginam a quantidade de ideias que tive de rasgar, queimar, jogar fora, transformar em tiras, somente para que o sistema não colocasse as mãos nelas. É terrível. É degradante!!! Ovelhas!!! Mas, para dizer a verdade, tudo isso realmente me entretém... É como uma peça. Uma peça rabelaisiana. É risível.

É isso!!! Somos todos iguais.

VOCÊ! Na quarta fila.

Sim, você.

Desligue seu celular, por favor.

(Ele deve estar digitando uma ideia, assim como faço quando a iluminação diária do gênio me atinge no meio da rua: eu paro e escrevo.)

Nós, os gênios, temos de escrever tudo. Sabemos que a inspiração é algo divino que nunca se repete...

Deus, oh Deus! Os que merecem, não recebem, e os que recebem, não merecem.

Vocês devem estar muito impressionados com a clareza e a franqueza de minha exposição sobre os aspectos clínicos de por que aquele homem precisa se relacionar com o ato criativo como um espelho, representando e interpretando a própria misteriosa e inexplicável aparição na superfície deste planeta.

Vocês certamente me respeitam mais agora do que quando entraram aqui!

Às vezes, é estranho... O fato de que homens e mulheres como vocês tenham tanta educação, cultura e informação, e que esses possam ser os próprios fatores que os impedem de assimilar novas versões de nossa mortalidade e vulnerabilidade...

Ou sou eu?

Bem, aqui estamos. Nós, os filósofos, os gênios que ainda resistem, com encontros puramente casuais. Vocês, os mestres. EU? O antimestre. Sem dúvida, vocês querem ser como eu. Certamente também quero ser um pouquinho como vocês...

Passei anos na Anistia Internacional sendo útil. Sim, é emocionalmente exaustivo. O custo emocional é alto demais. Demais. Assim como na série *Burn Notice*, você é "queimado". De uma maneira diferente, é claro. Mas, depois de seis anos de contínuos relatos de tortura e mais tortura, e de horrendas histórias sobre maus-tratos e abusos de poder, você quer sair. SAIR.

A vida continua.

Isso é uma coisa horrível.

A vida começa.

Isso é horrível.

A reação das pessoas ao nascimento de um bebê: "Ah, que adorável! Ele não é adorável?"

Não. É um rato terrivelmente enrugado. E passará por todos os erros, acidentes, apreensões, terríveis emoções, disfunções, bullying, brigas e sabe-se lá mais o quê — os objetivos e motos de "Preciso conseguir" e as desculpas de "Amanhã é outro dia" — e será dirigido pela competição, atingido pelas críticas, esbofeteado por seus pares, vaiado pelas plateias, rejeitado pelos editores e sim, tudo isso.

"Sim, fui abusado quando criança", ele vai aparecer em um daqueles *talk shows* diurnos.

"Sim, apanhava diariamente na escola", ele será o foco de documentários, muitos documentários.

"Sim, meu pai me agredia verbalmente, oralmente, costumava me diminuir na frente de toda a classe. Eu costumava me sentir muito mal", vai dizer à plateia obesa e em lágrimas, ele mesmo obeso, com lágrimas nos olhos, enquanto a humanidade parece chegar ao fim.

E talvez tenha chegado.

Digamos que começou, então.

Nelson Mandela

"Lutei contra a dominação branca e lutei contra a dominação negra. Persegui a ideia de uma sociedade democrática e livre, na qual todas as pessoas possam viver juntas e em harmonia, com oportunidades iguais. É um ideal que espero ver realizado ainda em vida. Mas, meu Deus, se for preciso, é um ideal pelo qual estou preparado para morrer."

Nelson Mandela

Mandela não apareceu simplesmente em minha vida, como apareceu na de vocês.

Eu sabia sobre ele e lutava por ele enquanto ele ainda estava preso na ilha Robben. Assim também foi com Steve Biko e tantos outros sacrificados em vão pela arrogância e pela estupidez do *apartheid*.

38

Obsessão por agendas

Sempre tive essa estranha obsessão por agendas. Um livrinho. Eu ia até a W H Smith ou, se estivesse em Nova York, a alguma papelaria e comprava uma agenda-caderneta-de-endereços-caderno de desenho, para que também pudesse esboçar algum desenho-que-viraria-pintura.

É curioso como os deveres diários provavelmente me impediram de enlouquecer e me ensinaram muito sobre viver a vida na Terra.

Ainda faço isso, aos 62 anos.

Ainda anoto a ordem das coisas, geográfica ou cronologicamente. E me pergunto como alguém como Cesária Évora, que era praticamente analfabeta, organizava seu dia. Bem, suponho que em Cabo Verde não há muito a se fazer. Um telefonema para o agente e pronto.

Aqui? Um telefonema para o agente, e você está na merda.

Sou tímido com o telefone. Quando ele toca, eu pulo. Olho para o identificador de chamadas com grande suspeita. E odeio cada momento.

Odeio ter contato com o mundo externo. No entanto, como todo viciado, faço um esforço para ter tanto contato quanto possível.

Não mais. Não mais, ao menos por enquanto.

Digamos que tudo acabou.

CHEGA!!!

Há uma boa razão para certas expressões! Esse "CHEGA" é uma delas. Pode ser a mais pertinente de todas. "CHEGA!"

Estou lendo em voz alta, e, foneticamente, ela significa exatamente o que deveria significar. C H E G A!

Não sei se estive em um longo, contínuo e constante colapso nervoso desde que me tornei um adulto prematuro, ou ainda mais cedo na vida. Por razões muito sérias, sem dúvida. Devo ter pensado, dito para mim mesmo, gritado a plenos pulmões ou gritado silenciosamente, como um Munch invertido: CHEGA!

Sim, Beckett escreveu *Enough*.

Josef Albers pintou "branco sobre branco", e Bacon pintou (mais de dez vezes) um ser vomitando. Todos eles "disseram BASTA", de uma forma ou de outra.

Walter Benjamin, Stefan Zweig, Mishima, Kurt Cobain e tantos outros tiveram o bastante.

Quando exatamente sabemos que atingimos o limite, o ponto em que o horizonte toca o céu e/ou se mistura a ele e cria um infinito que incomoda a mente, fode a mente e é aterrorizante-mente?

Eu me lembro de meu pai dizendo a minha mãe: "*Genug.*" "Basta", dizia ele *auf Deutsch* quando as coisas estavam difíceis. E elas estavam difíceis na maior parte do tempo.

Eu era pequeno o bastante, *klein genug*, para me sentar em seu colo enquanto ele dirigia seu Triumph e permitia que eu tocasse o volante e bebesse um golinho de cerveja de uma caneca de alumínio gelada... ah, aqueles dias! Eram dias doces. Naqueles dias, nada era o bastante! Naqueles dias, meus olhos estavam bem abertos e brilhantes e eu ainda não tivera o bastante.

Agora meus olhos estão semicerrados e, nossa mãe, que preguiça! A Beyoncé não usa mais o cabelo loiro! Uau! Mas agora que Muhammad Ali está morto, o que importa tudo isso?

Nada importa. O maior de todos os seres humanos morreu. E eu, mais uma vez, morri junto. Desculpem o eterno clichê.

Bem, e é fácil detectar o defeito.

Está em saber tudo que sei e julgar tudo que julgo e comparar tudo que comparo e descobrir minha impotência por NÃO SER CAPAZ DE CONSERTAR O MUNDO, DE TORNÁ-LO MELHOR, TORNÁ-LO JUSTO! Sim, fui criado por pais muito justos e com um grande senso de justiça, e, a despeito de tudo que sofreram, a despeito de toda a MERDA pela qual passaram, não havia rancor. Eu tinha uma missão. Era chamada (era?) de a arte de tornar as coisas MELHORES.

Mas tudo que toco e todos em quem toco parecem feridos ou quebrados. É o exato oposto. Tenho um efeito terrível nas pessoas.

Sou incompreendido ou simplesmente odiado.

39

Culpem Kafka

"Culpem Kafka", eu costumava gritar sempre que voltava a mim e alguém na escola tentava brincar comigo como se eu fosse uma criança. Eu não era uma criança. Não era. Não, não uma criança.

Não. Quando você recebe *As obras completas de Kafka* aos 12 anos para ler — e começar do começo, quando foi isso? Foi quando tudo começou.

Digamos que tudo começou quando Gregor Samsa acordou de um pesadelo e percebeu que, bem... sem argumentos aqui. Sem argumentos. Eu percebi, muito simplesmente, que também poderia acordar como um inseto na manhã seguinte. Ou pior. Poderia ser preso sem razão, ser julgado sem ter cometido um crime. Eu poderia ter os portões do Castelo fechados na minha cara, os portões proibidos, feitos apenas para mim, fechados em meus olhos fechados. Fechados bem quando eu estava prestes a entrar com minha testa franzida.

Pior! Eu poderia ser torturado por uma máquina, na Colônia Penal. Um aparelho de tortura que inscreveria em minha pele (com a ajuda de um intrincado mecanismo de agulhas) cada mau comportamento, cada vez que trapaceei ou cada estacionamento proibido, todas as vezes em que saí correndo com uma fatia de pizza não paga nas mãos, não, não, É DEMAIS!!! Demais.

Sim, culpem Kafka.

Ou culpem Émile Zola. Ou Marx. Ou Borges. Ou Joyce.

Não, Joyce só entrou na minha vida muito, MUITO depois.

Antes de Joyce, havia o que chamo de "parada alemã": meu pai exibia Heinrich Heine, Schiller, Goethe, Goethe e mais Goethe. Sim, vocês ouviram! Goethe!

Mas ESPEREM. Organização pode levar a Orwell. Organização pode levar ao controle. Organização pode levar a Huxley e... o quê? O que, então? Câmeras por toda parte? 1984?

Não era isso que Goethe tinha em mente... ou era?

Havia um Hitler no futuro da República de Weimar de Goethe? Ei, esperem um segundo. O que vocês estão insinuando? O que eu estou insinuando?

Sim, Gregor acordou lentamente.

Eu não conseguia. Sempre pulava da cama em um movimento rápido. Apenas para me assegurar de que ainda não me transformara em um inseto.

Ainda não.

Mas estou terrivelmente perto.

40

OS ESTADOS UNIDOS DA AMÉRICA — Pais Fundadores — "CAMINHÃO DE MUDANÇAS"

Ok, admito. Passei a entender que os Estados Unidos são possivelmente o mais espantoso "experimento político e social. Um organismo, um organismo em movimento, um organismo realmente em movimento, definitivamente, sempre"! Sim, é um corpo, uma criatura em movimento, constantemente mudando de forma, passando por emenda após emenda, um apêndice de um apêndice, tentando se adaptar à última revolução ou ao último escândalo envolvendo A, B, C ou D. Ou E ou F ou G. Hoje, é tudo sobre remover a bandeira confederada, na Carolina do Sul, e, na semana passada, foi sobre o casamento entre pessoas do mesmo sexo; e, na semana anterior, foi um passo para a frente, um passo para trás, e outros dois para a frente, e assim por diante. É um pouco como caminhar na lua. Nunca estive na lua e, contudo, sou um ser lunar.

Eu gostaria de ver, aqui em Nova York, um caminhão de mudanças deslizar pela Second Avenue, que em sua lateral estampasse o nome "Empresa de Mudanças Pais Fundadores". Algo assim como a "O Mundo Gira e a Lusitana Roda" em versão americana do tipo "O Mundo Gira porque os Homens que escreveram a nossa Constituição são seres sagrados, entendem?" Não seria legal? Sim, caramba. Seria legal se meio mundo não nos odiasse por causa dos nossos piores momentos e não nos julgasse somente por eles. Gostaria que, no somar e no subtrair das coisas e no final do dia, fôssemos julgados pelo ENORME AVANÇO que trouxemos ao mundo das causas civis. Sim, elas. FREEDOM. A liberdade de ser gay, de ser feminista, de se expressar. A liberdade de ser Muhammad Ali e aguentar as consequências e sair triunfando. E as consequências de prover o mundo com o MELHOR entretenimento. Seja ele a cultura, a contracultura ou a porralouquice total. Somos o ROCK AND ROLL, caralho! Somos o blues e o JAZZ. E somos os Founding Fathers mesmo com esses LOUCOS armados até os dentes que entram nas escolas e nos clubes gays e matam, chacinam vinte ou cinquenta de uma vez. Somos o país das contradições e o orgulho... ah o orgulho! Sim, o orgulho. É por isso que nos odeiam.

Sim, aqui estou eu, perto da lua, depois de duas taças de Syrah, e conjurando teorias sobre o que os Estados Unidos são ou não são.

Desde que eu era criança, eu me lembro de voar.

Desde que eu era criança, eu me lembro de querer escrever, mas de não ter meios para isso.

Hoje, tenho 61 anos, chegando aos 62, e estou mais deprimido que nunca. E se me perguntam sobre meu passado, tendo a ficar ainda mais deprimido do que já estou.

Por quê? Precisamente por onde estou agora. Em lugar nenhum. Em lugar nenhum.

Estou caminhando pelas mesmas calçadas, seja em Nova York, seja em Londres, seja neste avião. Não acho que consiga aguentar outro voo. Mas já disse isso várias vezes, e quem vai acreditar em mim, quando esse grande 777 quica no céu e eu rezo para que alguma tempestade o atinja e eu caia, com a graça de Deus, porque não consigo mais suportar?

Todos os meus dias são passados com advogados — não importa de que país: advogados! "Você precisa proteger seus bens." Preciso? Por quê?

O que significa "proteção"?

Meu pai era caçador de nazistas para o Centro Simon Wiesenthal. Sim, Hans Günther Sievers se misturava bem com os arianos porque era um protestante que lutara contra Hitler de dentro.

E continuou essa luta ao viver na América do Sul. Chile, Argentina, Uruguai, Bolívia. Ele viajava pela cadeia do "Hotel Florida", um anagrama para Adolf Hitler.

Adolf Hitler — Hotel Florida.

Mas, quando eu conto, as pessoas não acreditam.

Algumas poucas pessoas acreditam. É uma bênção.

Algumas poucas pessoas acreditam em Puck. Algumas poucas pessoas acreditam no Louco.

Não importa.

Como artista, não devo NADA À VERDADE. Meu pacto é com minhas próprias fantasias ou minha própria versão dos eventos. Esse é o MEU pacto.

A Suprema Corte e meu amor pelos Estados Unidos

Estou brutalmente apaixonado por este país — estes Estados Unidos experimentais —, por mais breves que esses "unidos" possam ser e quaisquer que sejam esses estados.

Quem quer que queira, neste mundo maldito, odiar os Estados Unidos, que fique à vontade. Mas, antes de destruir seu fígado, por favor, aprenda algo sobre nossa Suprema Corte. Sim, foi o juiz Antonin Scalia (se a memória não me falha — pode ter sido Alito) quem fez a melhor descrição dos EUA: "Somos um experimento social em todas as áreas, racial, judicial, religiosa, sexual e, desse fantástico experimento, uma nova sociedade emergirá."

Eu não poderia concordar mais.

Lembro de meus dias no Tennessee, na cidade de Erwin, no condado de Unicoi. Era uma cidade de 1.500 habitantes, completamente segregada e... bem, foi onde aprendi sobre essa coisa horrível chamada segregação. Sim, ônibus para negros e ônibus para brancos, bebedouros para negros e, é claro, para brancos. Éramos forçadamente separados. *Apartheid*. Foi somente quando fomos para Nashville, ou Memphis, que vimos alguns Panteras Negras e nos relacionamos com algumas pessoas negras radicais. Elas só nos aceitaram porque éramos estrangeiros, de certo modo: um pai alemão, uma mãe galesa e eu — criado no Rio —, completamente furioso com essa coisa branca e negra.

Eu queria me unir aos negros.

De certo modo, ainda quero.

Se há algo que ainda me traz lágrimas aos olhos, é o RACISMO.

Não somente eu não o entendo, não o compreendo, como também me sinto impotente quando confrontado com ele, e uma raiva vulcânica surge em mim por causa de toda a ideia de escravidão. Caramba, a ideia de que a humanidade comercializou homens, mulheres e crianças é, até hoje, inacreditável! Para além de inacreditável!

Só posso reagir com lágrimas, sabendo que são apenas um covarde ato de pesar e autopiedade.

Quase como faço com o antissemitismo (ou qualquer massacre em massa), quando visito campos de concentração, seja em Dachau, em Buchenwald ou em Auschwitz, ainda não consegui reagir adequadamente. O que significa, exatamente, "reagir adequadamente"? Mas a escravidão negra é diferente, em razão do número de séculos que durou, do GRANDE rastro que deixou e do fato de que, ainda hoje, em 2016, insiste em existir!!! Como isso pode acontecer?

Muhammad Ali, um de meus heróis de todos os tempos, disse ao ser convocado para lutar no Vietnã:

"Por que eles me pediriam para vestir um uniforme, ir para um lugar a 16 mil quilômetros de casa e lançar bombas e balas em pessoas marrons no Vietnã, enquanto as assim chamadas pessoas negras em Louisville são tratadas como cães e privadas dos mais simples direitos humanos? Não, não vou viajar 16 mil quilômetros para ajudar a assassinar e queimar outra pobre nação, simplesmente para que continue a dominação dos senhores de escravos brancos sobre as pessoas mais escuras de todo o mundo. Este é o dia em que tal mal deve chegar ao fim. Fui avisado de que tomar uma posição me custaria milhares de dólares."

Thurgood Marshall, um dos juízes negros do fim dos anos 1960 e início dos anos 1970, foi um pioneiro, e para aqueles que perderam completamente a memória, por favor, revisem o caso *Larry Flynt versus O governo dos Estados Unidos* ou o caso *Clay versus O governo dos Estados Unidos*, quando Muhammad Ali se recusou a se unir ao Exército e lutar contra os vietcongues (a guerra suja de Nixon).

No fim das contas, este é um país maluco, sim. Um país maluco com fixação por armas, no qual as pessoas atiram umas nas outras, e no qual dispositivos assumiram o controle de nossa vida, MAS também é um lugar maravilhoso de CONTRACULTURA, onde tudo nasceu — *do blues* a Hendrix a off-off-Broadway, dr. Martin Luther King, Malcolm X, as feministas, os direitos dos gays e todos os libertários — de Bob Dylan a todos os beatniks, de Jerry Rubin a Abbie Hoffman e mesmo aqueles lutando contra os outros libertários!!! ESTE é o país que tem o detetive de polícia como exemplo na TV e, CONTUDO, sente paixão e amor pelo gângster "no closet"!

AMAMOS *Law and Order* e ADORAMOS os que desafiam a lei e a ordem. Estes são os estados azuis, e estes, os vermelhos, e há ainda o estado da estrela SOLITÁRIA, e não estou falando do Texas!!!

Quero dizer EU.

Nós/EU somos um Jim Morrison disfarçado, um Zappa preso como Manson, somos o país que aparece em todas as músicas das bandas inglesas e somos o sonho UNIDO do mundo — porque, com toda a confusão que causamos, também fornecemos uma solução maravilhosa. Que solução seria essa? Um diálogo constante com nossas próprias bipolares ou bipolarizadas mentes!!!

E, enquanto houver diálogo, haverá drama.

E, enquanto houver drama, deverá haver algo concreto — embora escondido.

Talvez.

Talvez. Eu gosto da parte escondida. Por quê? Porque ainda está escondida e, assim, pode ser revelada!

O amor pode ser um sentimento escondido, mas, quando surge, ele late. E late alto!!!

E os EUA somos nós, como Toys "R" Us. Os EUA latem alto. Meu Deus, como latem! Como um pit bull no corpo de um tigre!!! Especialmente se Trump continuar a falar!

41

SEYMOUR CHWAST — MILTON GLASER — PUSH PIN STUDIOS / *Atlantic Monthly* **—** Mother Jones — PRINT Mag / *Boston Globe*... Pianos Steinway

O ano devia ser 1982. Eu estava ilustrando para a página de opinião do jornal *New York Times* e dando workshops no La MaMa pela manhã. Dois workshops, dois grupos diferentes, com vinte pessoas em cada. Trabalho pesado. A maioria dos atores era fantástica, especialmente Ryan Cutrona (que terminou em minha *All Strange Away*).

Um monte de viciados em heroína naquela época. O máximo que eu tomava eram alguns expressos, porque estava na macrobiótica.

Eu olhava para eles, eu os ensinava, mas era um grupo difícil. Eu vivia no 250 da Mercer Street e... Bem, as tardes eram dedicadas a ilustrar a página de opinião e levar a ilustração até a 43rd Street.

Por causa de minha carreira bem-sucedida como pintor/ilustrador, mais trabalhos apareciam, com excelentes pagamentos. Havia uma diretora de arte ironicamente chamada Judy Garland, no *Atlantic Monthly*. Não me lembro do italiano que fazia direção de arte para a revista *Boston Globe*. Mas me lembro de Seymour Chwast — sócio do

Push Pin Studios em algum lugar de Irving Place. Chwast se tornou um bom amigo e um entusiasta do teatro. Ele ia aos ensaios de *All Strange Away* e queria que eu lesse um romance chamado *A Million*, no qual alguém que vem de longe, muito longe, do interior, termina em Nova York vendendo os membros, que são retirados um a um, por dinheiro. No fim (se lembro bem), ele termina com 1 milhão de dólares, mas está reduzido a somente um torso e uma cabeça.

Para Seymour, fiz uma campanha publicitária de muito sucesso, que consistia na coisa mais simples e apenas algumas horas de *brainstorming*. A caneta BIC lançara um comercial na TV. Nele, alguém deixava a caneta cair, ela era esmagada e derrubada de uma ponte e acabava em uma poça d'água. E AINDA escrevia.

Era um filme caro, uma produção e pós-produção muito caras, sem dúvida. Mas aquilo era a BIC, não nós. Minha sugestão para nosso cliente — Parker Pens — era simples e barata. Somente um *slide* e uma sentença impressa logo abaixo dele: "Parker! Uma caneta tão preciosa, que você jamais a deixaria cair."

Ela venceu.

Eu estava em êxtase.

Houvera uma campanha anterior para o próprio *New York Times* — no Departamento de Promoção de Andrew Kner. Era um outdoor a ser exibido em neon na Times Square, e, novamente, era muito simples: desenhei um avião de papel feito com um exemplar do jornal, voando alto. E a frase era: "Acima de tudo, *New York Times*."

Eu me sentia como o rei da colina. Ou o rei do mundo.

42

Déjà vu — Presidentes e secretários de Estado

Viver na terra do *déjà vu* é mais que estranho. Entretanto, quando olho para meu livro de desenhos/ilustrações (*Arranhando a superfície*) e leio alguns dos artigos que ilustrei — alguns assinados por Arafat, outros por Kissinger, Ronald Reagan ou Carlos Fuentes —, noto que, a despeito de terem sido escritos e publicados no início dos anos 1980, eles são tão novos e atuais hoje quanto eram na época.

Ainda assim, dizem que o mundo evoluiu. Evoluiu?

Bem, talvez em termos de tecnologia, sim. Podemos enviar e-mails de um iPhone, podemos ficar on-line 24 horas por dia e podemos procurar isso e aquilo no Google e encontrar informações sobre qualquer coisa, em qualquer lugar, em segundos.

E DAÍ?

Em essência, retrocedemos.

Éramos muito mais liberais do que somos hoje.

Naquela época, já vivíamos como gays, lésbicas e transexuais, tartarugas, deuses, cães, gatos, casais e sabe-se lá mais o quê. Saunas e clubes gays estavam brotando por toda parte... Ah, sim! Aids, vocês vão dizer.

NÃO, direi eu.

Foi aquela horrível falsa moralidade que deu início ao chamado "politicamente correto", segundo o qual quase nada pode ser dito ou feito. Então, quando Ellen DeGeneres declarou seu amor por outra mulher em seu *sitcom*, o mundo caiu sobre ela. Ou quando Murphy Brown disse que estava grávida e não sabia quem era o pai.

Parece que foi ontem que o mamilo de Janet Jackson apareceu (brevemente e à distância, quase invisível), e, em segundos, a CBS o borrou com algum efeito digital e foi processada pela FCC (Federal Communications Comission). Por quê? Toda a mídia mundial, seja televisiva, seja qualquer outra, pode usar palavras como "foda", "merda" e assim por diante. Nós, nos Estados Unidos, podemos usar ARMAS e matar vinte crianças de 6 a 11 anos, mas, DEUS NOS LIVRE!, jamais podemos usar uma "palavra obscena". Sua mãe poderá ter um infarto! Já uma explosão? Tudo bem, sem problemas.

Em explosões e bombas e guerras e fuzileiros e soldados e pelotões e infantaria e assim por diante, há HERÓIS!!! Mas, na nudez? O que há no olho de um caipira?

Somos LOUCOS, nos EUA. Loucos. E está ficando pior. Aqueles que costumavam ser grandes valores — como a liberdade de expressão e outras emendas — voltaram para nos assombrar e nos morder na bunda. Como aconteceu com o presidente Obama em lágrimas, depois do massacre de Connecticut, o pior de nossa história. Vinte crianças. Todas mortas a tiros por um retardado mental.

Mas será isso o pior de nossa HISTÓRIA? Esperem um segundo. Vamos afastar as lentes por um momento e incluir W. Bush e dar uma olhada no Iraque e ver quantos garotos da mesma idade morreram POR NADA — morreram por causa da INSANIDADE DOS ESTADOS UNIDOS EM NOME DO...

(Sim, vocês adivinharam...) PETRÓLEO!

43

RAUL JULIA (+ Judith Malina, *A família Adams*)

Eu certamente trabalhei com muitos atores, mas Raul se destaca.

Místico, ritualista, com conhecimento deficiente do inglês e um puta saco como pessoa.

Um saco como pessoa. Maldoso, mesquinho, horrível com os colegas de trabalho de toda forma possível. Estávamos fazendo *A tempestade*, no Central Park, e ele interpretava o papel principal, Próspero. Ele nunca, nem uma vez, deu a seu substituto — John Lithgow — a chance de fazer, digamos, uma matinê. Além disso, tratava todos os outros atores como lixo e ficava constantemente trancado no camarim. Lithgow chegava de patins. Era assim que as pessoas se moviam pela City naqueles dias.

A despeito de tudo, adorei vê-lo em um papel relacionado (como Caliban) no filme de John Cassavetes. Logo depois, ele estaria no papel principal de *A família Adams*, e — adivinhem? — Judith Malina foi chamada para fazer a velha bruxa.

Judith não se comportou muito bem durante a experiência. De fato, foi expulsa pelo produtor de Hollywood por fumar maconha no set.

Agora, ambos estão mortos. Judith morreu há apenas alguns meses, enquanto escrevo, e eu devia tanto a ela! Fiquei devastado e, contudo, sei que ela está melhor, tendo partido, do que vivendo em uma casa para idosos em Nova Jersey. Raul, aparentemente, morreu de complicações de uma intoxicação alimentar: um sushi no México. Quão bizarro é isso?

"Sim, ele comeu um sushi durante as filmagens e morreu."

Morte por sushi.

Mentira. Isso é uma mentira.

TUDO ME SURPREENDE!!!

44

Não sei onde começou — hambúrguer no serviço de quarto, Tim Leary etc.

Simplesmente não sei onde começou. E essa é a verdade definitiva. Ao menos para mim. Ao menos para ele. Deve haver uma verdade definitiva. Todos corremos atrás dela, não é? Alguns a evitam como ao diabo. Alguns a buscam como se fosse ouro.

Sei que, em Jerusalém, eu me sinto em casa. De fato, todo mundo se sente. Isso se chama "síndrome de Jerusalém". As pessoas se perdem por lá, começam a vaguear, perambulando como em *The Lost Ones*, de Beckett, procurando pelos perdidos. Mas quais perdidos?

Ao que parece, estamos neste planeta por uma razão ainda a ser determinada. Sim, deve haver uma razão e uma continuação. Reencarnação, com certeza. Mas por que não nos lembramos de nossa última vida? E da vida antes desta? Bem... precisamente. Porque é quase como um papel. Um ator repetiria os truques da peça que fez antes, e isso não seria bom. Aqui e agora é uma produção diferente, com novos figurinos, novas linhas, novos cenários, novo período, então... ACOSTUMEM-SE COM ISSO e esqueçam a última peça.

Mas quando o artista está sozinho, olhando para o teto, tarde da noite, em seu quarto de hotel, pedindo serviço de quarto, um hambúrguer (às vezes, é tudo que há: "Senhor, o cardápio noturno é ligeiramente reduzido, mas, se o senhor quiser, posso preparar um creme de aspargo" — essa provavelmente é a frase que o artista ouve com mais frequência antes de DEVORAR a lata de Pringles, os M&Ms e todo tipo de merda proibida que as cadeias hoteleiras normalmente adotam para nos deixar doentes) — sim, um hambúrguer com refrigerante diet (depois de ingerir tanto açúcar), sozinho após os APLAUSOS, a ovação em pé de milhares de pessoas e a fila do lado de fora do camarim, esperando para tirar aquela fotografia com você, as perguntas irritantes, os autógrafos e tudo que você quer é DAR O FORA de tudo aquilo, afinal, foi uma noite estressante, a peça, tudo cronometrado, tudo não muito bem, os atores esquecendo suas falas etc., e você gritando no sistema de comunicação e agora, sozinho esperando que aquela garota telefone e venha trepar, ou que aquele traficante amigo venha e entregue um pouco, ou ambos, e o hambúrguer, e...

Eu simplesmente não sei onde começou. E essa é a verdade derradeira. Ao menos para mim. Ao menos para ele. Quero dizer, deve haver uma verdade definitiva.

Quando ela entra pela porta, quer conversar. Eu não. Eu só quero trepar e que depois ela se mande. Dê o fora. Quero passar o resto da noite convidando outras pessoas, cheirando sozinho, parando de cheirar, telefonando para o traficante para conseguir mais, olhando para o relógio, ainda é cedo, repetindo para mim mesmo que posso continuar até às 5 horas e então dormir um pouco até o meio-dia, para aquela entrevista coletiva — constantemente mentindo para mim mesmo, porque uma vez que *"Start me up, start me up, you get started and you'll never stop — you make me feel so good"*. Sim, você procura pelos Stones. Eles estão em toda parte.

45

Sympathy for the Devil está bem aí em seu coração e em seu cérebro

É melhor não convidá-los mais.

Aqueles dias ficaram para trás. Minha geração é de ingestão de drogas e experimentação com drogas. Ah, sim, dizem que as drogas matam. Não matam. Mas uma combinação malfeita, sim, isso pode fazer seu coração parar. Assim como carne malpassada, *E. coli* ou um acidente de avião. A vida é — em qualquer sentido — uma montanha-russa. Tim Leary disse a um amigo meu, acho que Julian Beck: "Se não provar isso, você jamais será capaz de dizer que viu Alice no País das Maravilhas! E, se nunca esteve em Jerusalém, jamais será capaz de dizer que experimentou ir até o Muro das Lamentações."

A campainha toca. "Serviço de quarto, senhor."

O hambúrguer chegou.

E uau, as batatas fritas!

46

O Concorde e meu pai nas Alemanhas Oriental e Ocidental

Digamos que começou rapidamente quando Alain Coblence me enviou de Nova York a Paris para um único almoço. Com quem? Com Berio. Já escrevi demais sobre ele. Deveria ser uma discussão conceitual.

Ok, eu fui. Não foi a primeira vez que voei em um Concorde. De fato, um voo naquele belo avião podia ser bastante inconveniente. Ele era estreito e muito desconfortável, com os assentos tão apertados quanto se pode imaginar, sem compartimento para a bagagem de mão, com corredores muito estreitos e o teto a centímetros de sua cabeça. Era como voar em uma bala com as extraordinárias asas de uma arraia.

Mas devo confessar que as pessoas simplesmente não acreditavam em mim quando, de volta a Nova York, eu dizia:

— Fui almoçar em Paris.

Vejam, eu estava de volta a Nova York no início da tarde, dado que a diferença de fusos entre as duas cidades é de seis horas e o voo durava duas horas e quarenta e cinco minutos.

Eu estava de volta a Nova York praticamente antes de ter partido.

Era inacreditável para mim também. Assim, adquiri o hábito de esfregar minha passagem nos narizes e focinhos das pessoas, mas, rapidamente, percebi que era uma ideia estúpida. Eu precisava apenas aproveitar todo o caviar que comera em Paris e esquecer o resto.

A última e única viagem de meu pai à Alemanha Oriental e à Alemanha Ocidental, e nosso adeus, meu e de Dani.

Em lágrimas, enquanto Mozart tocava *Eine kleine Nachtmusik*... saindo de Innsbruck e indo para Frankfurt.

Lee Breuer

Lee Breuer uma vez me disse, deitado no chão de meu apartamento na Mercer (ele geralmente chegava muito drogado, batia à porta às cinco da manhã e pedia para relaxar com uma garota que pegara em algum lugar; ugh, o fedor!), que, quando um casal quer animais de estimação, é porque na realidade quer filhos. Eu não disse nada. Só ouvi. Lee tinha mais filhos espalhados pelo mundo como ninguém, começando com Ruth (dois), Paulina (russa) e alguma brasileira e... Bem, ele deve ter sido as Nações Unidas da paternidade.

Mas também conseguia tirar dinheiro das pessoas como um pequeno Bernard Madoff do início dos anos 1980. De fato, seu *Prelúdio a Morte em Veneza* (uma grande peça que ele levou a São Paulo para o Festival Ruth Escobar) foi um sucesso no Public Theater. Não há dúvida de que — juntamente com Richard Foreman, Bob Wilson e os Woosters — ele moldou o teatro experimental. Exceto por uma coisa: ele era o mais brilhante.

Foi o criador da companhia de teatro Mabou Mines, à qual pertenci por um breve período. Philip Glass também começou nela. E ela era "a companhia" em Nova York, na maior parte adaptando e encenando obras de Samuel Beckett.

Lee era maluco. Também era sobrinho do arquiteto Marcel Breuer, que projetou o Museu Whitney de Arte Americana. Ele era maluco e há poucas dúvidas sobre isso: ele me telefonava às 6 horas (se não estivesse dormindo no meu loft) e ia direto ao assunto:

— Eeeeeeei, estou aqui no Biny Bun... venha tomar um café.

Biny Bun, anos depois, foi a cena de uma terrível tragédia: o autor Jack Abbott (*No ventre da besta: cartas da prisão*), um assassino condenado que recebera liberdade condicional após apelos de Norman Mailer, estava vagueando pelo East Village em seu primeiro dia de liberdade e quis dar uma mijada. Banheiros em Nova York são "apenas para clientes" por causa dos incidentes com viciados e o uso de seringas nos anos 1970 e 1980. Richard, um ator que trabalhava para o La MaMa, negou-lhe acesso e foi esfaqueado até a morte por esse "intelectual" tão defendido por Mailer. Bingo. Foi preso novamente. Algumas pessoas não devem vaguear pelas ruas. Abbott era uma delas.

— Estou escrevendo este filme para Marlon Brando e gostaria que você me interpretasse... — sussurrava Lee para mim, a menos de 900 metros de onde Abbott esfaqueara Richard dezessete ou dezoito vezes. Imaginem a raiva. E imaginem o quanto fiquei interessado na história de Lee.

Chegou um momento em que nós, Fred Neumann, Honora, JoAnne Akalaitis, Terry, LB Dallas, Bill Raymond, todos nós lidávamos com o gênio de Lee Breuer com certo conhecimento de que, lentamente, ele estava se transformando em uma pessoa insana, ressentida e amarga.

Mas então, do nada: *The Gospel at Colonus* ("Garoto, não vou ficar muito tempo por aqui. Quero que você leve isso para a Broadway.") O que ele queria dizer era: "Estou me mudando para o Rio ou para o Recife com minha namorada, ex-mulher de Naná Vasconcelos. Estou cansado de ser incompreendido por aqui e trabalhar em porões e lofts."

Tampouco era verdade.

Gospel foi um grande sucesso na BAM.

Hajj foi um grande sucesso no Public Theater, dado que Joseph Papp adotou a Mabou e tudo que foi com ela.

Coriolanus, na versão de Brecht, foi a melhor coisa que já vi e SOU isso. Eu sabia o que ele queria dizer. Então veio *Warrior Ant*, e o crítico

Frank Rich a destruiu. E Lee, em uma carta ao *Times*, ameaçou matar os filhos de Rich.

Desse momento em diante, virou um sem-teto. Literalmente. Ele se mudou para a minha casa e para a casa de outros, e todos nós o ajudamos. Ficou totalmente paranoico, achando que o *New York Times* tivesse uma força policial própria, e que iriam matá-lo. Foi isso que o filme "para" Brando se tornou.

Décadas depois, eu estava encenando minha *Nowhere Man* em um festival no Rio. Lee e os membros da Mabou estavam na plateia, e Lee falou com o ator durante toda a peça. Não sabíamos o que fazer e estávamos hospedados no mesmo Hotel Olinda, na avenida Atlântica. Foi uma época estranha e feliz. Se apenas eu soubesse disso na época. Mas nunca sabemos.

Eu estava tão ocupado! Correndo de um lado para o outro, desenhando para o *New York Times*, ensinando interpretação no La MaMa, estudando Yeats e sabe-se lá mais o quê!

Ryan Cutrona, um ator fabuloso, participou dos workshops no La MaMa, e trabalhamos em *All Strange Away* durante quase um ano. Um ano. Imagine isso!

Eu vivia e respirava Beckett, como se diz. Isso foi em 1982. Também estava escrevendo *Hunting Season* com Joan Wilder, minha futura mulher, que lia entre as trepadas, ensaiava, usava drogas e não sei mais o quê. Ah, sim, eu era macrobiótico, então não havia drogas. Ela usava. Eu estava limpo. Café, no máximo, no Reggio e no Dante, se tanto!

Finalmente estreamos com excelentes críticas no First Floor Theater em 4 de janeiro de 1984. O bilheteiro desse teatro era o Raymond, uma figura louca e desfigurada pelo tempo, pele toda esburacada pelo fracasso e pelo ódio que sentia do mundo. Com seu sotaque típico do Alabama, falava aos berros, bocejava, vivia bebaço e ainda por cima se achava maior que Tennessee Williams. Algumas noites ele caía bêbado pela 4th Street e Ellen Stewart (a quem ele chamava de "High Priestess of the Experimental Theater", mas que alegava não saber nada sobre "real drama"), o resgatava com muito carinho.

Eu tinha 29 anos. Me achava velho demais. Mas ERA a *première* mundial de Beckett, TÍNHAMOS setenta críticos na plateia, e isso ERA bastante inacreditável.

Mas fomos comprados pela Garfein-Filho-da-Puta-Produções. Ele nos queria na 42nd Street naquela primavera.

Cutrona fizera um acordo com Richard Foreman para participar da produção Delacorte de *The Golem*.

Eu fiquei revoltado. Lutara com unhas e dentes para dar a Ryan um papel (um monólogo) em *All Strange Away*, no (talvez) mais prestigiado teatro off-off-Broadway do mundo (La MaMa), e para quê? Ele estava trocando isso pelo papel de um extra no *The Golem* de Foreman no Central Park?

Eu fizera parte de uma produção no Central Park, *The Tempest*, codirigindo Raul Julia. Lee Breuer era o diretor principal. Era impossível, naqueles dias, com a tecnologia limitada, o barulho das ambulâncias e dos bombeiros, dos carros comuns, das crianças brincando e dos pombos voando, fazer uma produção ao ar livre, no meio da megalópole Manhattan, e chamá-la de *Shakespeare in the Park* (era de graça, afinal de contas), com uma plateia de 2 mil pessoas. Mas Ryan era um filho da puta teimoso, e não havia como demovê-lo. Assim, chamei Robert Langdon-Lloyd, que eu conhecera na produção de Peter Brook de *Sonho de uma noite de verão*, no Aldwych (ele interpretou Puck), e estava casado com Joan Wilder, então... Foi Robert.

Fui ver *The Golem*, e foi um fracasso óbvio em todos os sentidos. Ryan estava perdido no meio de uma multidão imensa. Não era possível detectá-lo, nem se quisesse.

Em setembro de 1984, estreamos *All Strange Away 2*, no Harold Clurman Theater. A nuvem negra de Ryan pairou sobre o teatro e provavelmente fez com que todo o equipamento elétrico quebrasse na noite de estreia. Foi um desastre total. Um desastre total.

A guerra dos teatros havia começado.

47

Esquete para *squatter*

Digamos que tudo começou quando tudo meio que começou: como *squatter* no número 23 da Winchester Road, Swiss Cottage, London NW3, quando eu tinha 17 anos.

Ontem, tive duas reuniões interessantes e cheguei à triste e reveladora conclusão de que esta biografia não servirá a ninguém, não será lida por ninguém.

Principalmente quando vemos um sem-teto francês-alsaciano que vociferava o tempo todo em Primrose Hill, sobre nada. Ou sobre algo que parecia nada. Mas, como todo tolo, ele fazia algum sentido. Essa é praticamente a vida de um *squatter*. Não tenho certeza, mas acho que o movimento foi iniciado na Inglaterra por um bando de hippies, estudantes ou esquisitões da contracultura que ocupam (não como em Wall Street) qualquer edifício condenado, religam os serviços de água e luz, tornam tudo funcional e têm uma cozinha comunitária, que não é apenas para cozinhar. Em nosso caso, ela estava lá para abrigar reuniões políticas extremamente tensas contra o *establishment*. Partilhávamos nossos pensamentos, esboçávamos nossos estatutos, reclamávamos dos Tories e deixávamos claro que HÁ VIDA FORA DO LIXO BURGUÊS DA CLASSE MÉDIA.

Banheiros? Não. Luxo demais. Um buraco no chão para cagar definia nossos nomes: *squatters* ["agachadores"].

Um dia, um dia congelante sem absolutamente nenhum aquecimento, um fedorento pintor australiano que atendia pelo nome de Bryan estava batendo à porta enquanto eu estava prestes a lançar minha merda buraco abaixo. Me ocorreu que "um buraco na terra pode conter TODA A TERRA".

Eureca. Não caguei, mas acabei com outro momento definidor em minha vida: "Cagar significa esperar e esperar significa pensar e pensar significa... bem, cagar pelo cérebro."

— Bryan, você tem sorte!

O australiano sem dentes olhou para mim enquanto eu proclamava, orgulhosamente:

— Você sabia que um buraco na terra pode conter TODA A TERRA?

Para mim, ser *squatter* era duro. Não tenho a tendência generosa de aceitar, digamos, que Jean Pierre Leaud chegasse como hóspede e roubasse nossa comida, sem jamais devolver nada, e essa ideia comunal de todos se amando, vivendo e trepando junto não funciona.

Um *squat* é um *kibutz* na vertical. Pode funcionar em Israel. Jamais funcionou em Londres.

O que funcionou em Londres foram os banhos públicos em piscinas públicas na esquina em frente — onde recebíamos um quarto e o responsável sempre queria nos estuprar. A gente se limpava uma vez por semana e ia até o COSMOS para um expresso (ou dois ou três) e os mais deliciosos croissants do mundo. E ouvíamos os velhos judeus da Hungria, da Romênia, da Áustria, da Alemanha etc., que mostravam seus "registros" gravados no braço (como minha avó) e falavam sobre os campos.

Eu me sentava lá em silêncio, ouvindo em *germanisticenglistic* enquanto Pepe, um galego, dançava com a cesta de croissants. Eu crescera com algumas das velhas histórias do Holocausto, mas aquela era a perspectiva de uma classe mais baixa. Aquelas eram pessoas da classe operária, que viviam em moradias sociais na Finchley Road, no fim de Swiss Cottage.

Como eu disse, não sou um cara "comunal". Entretanto, entre aqueles velhos judeus sobreviventes do Holocausto, e partilhando com eles os números impressos em seus braços, eu era! Lá sim!

Sei como é fazer parte de um grupo ou, como a contracultura a chama, uma "comunidade de *squatters*".

48

Koyaanisqatsi, Margot Fonteyn e os tropicalistas

Os tropicalistas NÃO TÊM senso de humor.

Beckett encenou intelectuais como mendigos sem-teto e enterrou damas até o pescoço, e os fez falar incessantemente sobre árvores, botas e deuses que jamais vêm. Ninguém jamais vem. Nada jamais é realizado, e o que era esperado sempre falha. Falha novamente. Falha melhor.

Quando Philip Glass me disse, nos anos 1980, que odiava assistir a filmes (a despeito de escrever música para alguns), porque eles registravam uma falsa "existência", em vez de examinar nossa profundidade de mente etc., como Beckett fazia, como muitos outros faziam, eu entendi. Ele não queria ser entretido com explosões e dramas inventados. Já tinha os seus. Explosões e dramas. E sua música é uma grande expressão disso.

Agora, Barry me conta sobre sua experiência de vida e ela é trágica, cômica e intensa, diversificada, perigosa e lida com situações REAIS que são tão distantes de minha confortável realidade que eu me pergunto: o que estive fazendo desde que trabalhei para a Anistia Internacional, ou após o 11 de setembro, quando realmente fui de ALGUMA utilidade? Sim, fiz workshops para o AfroReggae e grupos menos privilegiados, fiz parte da Lega Internazionale dei Popoli do senador Lelio Basso e trabalhei para o Tribunal Russell, com Julio Cortázar, salvando a vida de pessoas ao redor do mundo.

Sim, DESENHAMOS para viver. Não zombamos, não IMITAMOS nem reproduzimos. NÓS MITIFICAMOS. SIM!

Diferenças ideológicas com parceiros, esposas etc.: sim, é claro. É normal. Não é a primeira vez.

Desculpem, colegas. Estou sangrando.

Suicídio? Não, não dessa vez.

Está saindo de meu cu. Estou sentado há tempo demais.

Sim, meu cu.

Lembro de uma GRANDE briga que tive com Fernanda Torres, quando ela trocou a Companhia de Ópera Seca pelo *Cinco Vezes Comédia,* de Hamilton Vaz Pereira — um esquete de merda no Canecão. E foi quando e onde começamos a nos afastar.

E outra grande briga com Bete Coelho, quando ela escolheu — após anos e anos sendo a "musa" do teatro de contracultura — a TV Globo ou o SBT em vez de meu teatro. O mesmo com Camila Morgado e tantas outras.

Eu tenho integridade. Não sei bem a que custo. Mas tenho.

Ops! Meu telefone. Me desculpem.

O quê? Vocês não sabem... o quê? Vocês nunca ouviram falar de *Koyaanisqatsi*? Não, não é sobre gatos.

Jesus!!! Significa "vida em caos" e é um FILME, porra!

Sim, um filme de Godfrey Reggio e Philip Glass feito em...

O quê? Quem é Philip Glass?

Não há por que chorar.

Não há por que gritar.

Não há por que ser brutalmente honesto.

Ontem, alguém me disse que nunca tinha ouvido falar de Margot Fonteyn. Hoje é Godfrey. E estamos falando dos GRANDES aqui, e já não dos off-off do off-off-off.

Estou sangrando.

Me deem um tempo.

49

Grande drama

Digamos que tudo começou com um drama da vida real, uma vida real de proporções épicas. Enquanto escrevo isto, a entrevista de Lance Armstrong com Oprah Winfrey foi a público e todos estão de queixo caído porque, em vez de se "explicar", ele conseguiu insultar ainda mais pessoas. Mas, como no caso de O. J. Simpson, essas estrelas, sejam elas do esporte ou figuras políticas, como a família Collor de Mello, possuem um lado que nós, no teatro, só podemos associar a Shakespeare.

Há dezenas de casos. Dez por ano. O caso Bill Cosby. O caso Murdoch. Os casos Lance Armstrong, Arnold Schwarzenegger, Richard Nixon, Ted Kennedy e o acidente de carro etc. É a famosa "perda de prestígio" na mídia que amamos tanto.

É uma overdose. Não uma overdose de drogas (embora, no caso de Armstrong, fosse), mas uma overdose de ego, de poder, ou de uma combinação dos dois.

Traidores! Ladrões!

Se as pessoas realmente gostassem umas das outras, a aparência simplesmente não importaria. Mas as aparências importam! Por quê? Porque AMAMOS ser amados. Por outro lado, em meu caso, amo ser odiado. Se nos sentíssemos seguros a respeito de nós mesmos, deixaríamos de cuidar da aparência e simplesmente não nos importaríamos. Não nos preocuparíamos em sermos apresentáveis, em comprar roupas etc. Não nos preocuparíamos com cabelo e coisas assim, com pintar o cabelo e coisas assim. Aspiração e coisas assim.

Coisas assim!

Isso significa que as pessoas feias são mais felizes que nós?

Não. Duvido. Estamos ambos insatisfeitos!

50

Ainda NÃO é o fim!

Há tanto que eu ainda não disse e, provavelmente, nunca direi. Nunca escavei profundamente tantas, tantas questões de psicologia profunda, nunca realmente revisitei grandes eventos históricos, como a Inquisição e/ou a Diáspora. Mas como poderia? Todas as coisas devem passar, e aqui estou eu, olhando para quatro paredes como o personagem de *All Strange Away*. Estou vivendo em uma prisão de Beckett.

Já não me interesso por nada ao meu redor.

Sim, descobri que muitos judeus (judeus asquenazim) são inexpressivos: de Jacó Guinsburg a Henry Kissinger (pode escolher), suas reações são meio entorpecidas em relação a tudo e a qualquer coisa. Ou seja... se não estão histéricos, estão o oposto. Isso me inclui. Sou um judeu asquenazim.

Não, nove em dez estrelas do cinema NÃO me fazem chorar. Talvez eu não esteja vivo.

Talvez eu tenha realizado demais — em meu próprio mundo —, muito cedo, muito rapidamente. A escalada não levou o tempo necessário e foi de certo modo uma combustão. Espontânea, sim. Hoje, entretanto...

Fico me perguntando.

Já estamos em mais de 250 páginas e não mencionei Einstein. Não mencionei seu desmazelado modo de ser. Não mencionei *A Glorious Accident*, Gould, Toulmin, Sheldrake e todos os outros.

Mas por que deveria?

Sou apenas um artista e um poeta. Um pintor e um escultor. Um dramaturgo e um artífice, um forjador, um ferramenteiro, um escritor. Não preciso mencionar tudo.

Fico me perguntando e cantando "Beware of Darkness".

Ainda assim, estou de costas na escuridão, ouvindo aquela voz de *Company*, de Beckett, e devo deixar isso aqui, sem saber para onde ir ou o que fazer... o peso interminável de ser alguém que viveu intensamente e com tanta intensidade.

Fico me perguntando se as palavras a seguir farão sentido, mas ei-las: "Uma voz chega até você!"

Chega?

51

Lou Reed — O FIM?

— Com licença, senhor. O senhor pode me dizer onde eu poderia encontrar Lou Reed por aqui?
— Lew... quem?
— Ah, deixa pra lá. Obrigado.
Tentei outra pessoa.
— Sim, eu sei das coisas, mas vai custar!
— Custar? Eu só preciso saber sobre Lou Reed, cara. Como é que isso poderia me custar?
— Eu cobro! Quer fazer o download de qualquer coisa de mim? São 5 dólares.
— Qual o seu...
— ... nome? Muda todos os dias. Hoje sou Hustler, ontem era Winnie, e acabei de cair de uma janela do 57º andar e aterrissei em uma peça de Beckett — todo quebrado, todo em pedaços, pedaços quebrados, braços, pernas, tudo espalhado. Hoje sou Hustler.
Ah, os malucos de Nova York! Eles não são adoráveis?
Mas agora se tornaram muito caros. E eu não os culpo! Seres altamente educados, vagueando — procurando uma morada, nenhuma à vista. É claro que temos de pagar, se quisermos saber!

Eu poderia continuar a citar exemplos similares de olhares lunares e ausentes, mencionando a recém-falecida lenda do rock, se não fosse por um desvio muito surreal: eu estava em pé diante do memorial para Lou, improvisado no último momento no Chelsea Hotel, bem no meio da West 23rd Street em Manhattan, onde todos moramos.

— Desculpe, Lou Reed... o que você disse? Ah, sim, o cara do Velvet Under... sim.

Memória perpendicular é uma coisa difícil, hoje em dia. Uma coisa estranha de se dizer. Paradoxal, no melhor dos casos, com todos os drives de backup, Dropboxes e iClouds, todos os aparelhos extraordinários que manuseamos com cuidado e atenção a fim de preservar nossas mentes interiores, nossa paz interior e nossas almas interiores (existem almas além das interiores?).

Juntam-se a mim duas gêmeas de Long Island que sempre aparecem quando preciso: Annie Longer e Annie Moore.

Annie Longer e Annie Moore.

Talvez eu viva para ver o dia em que *The Celebrity Apprentice* já não existirá, Annie, e gente como Trump voltará a ser o que era: um construtor, um desenvolvedor. Você acha? O quê? Ele foi presidente dos Estados Unidos? Onde eu estava? Dormindo?

Talvez essas imbecilidades possam se exaurir sozinhas ou ficar sem combustível ou, talvez, a falta de combustível em si se torne um reality show no Twitter Channel, agora sendo passado no NSA LEAKS CHANNEL, apresentado pelo namorado de Glenn Greenwald no Rio, David Miranda, ou pelo próprio Ed Snowden, em Moscou! Será algo imperdível.

Oh, Annie Moore!

Mas o que acontecerá nesse dia?

As frequências ENLOUQUECERÃO, não?

Enlouqueceremos se elas ficarem em silêncio?

Elas substituem o VAZIO dentro de nós?

Annie Longer, você está aí??? Está ouvindo? Annie Moore, você ainda está comigo? O FaceTime está me traindo? Você está no Skype?

ESPEREM! Annie Moore está sussurrando em meu ouvido (via Twitter)... O que é? Oh, "os dias da Guerra Fria estão de volta".

Sim, entendo. Também sinto falta daqueles dias. Muita falta.

ESPEREM!!! (Annie Longer está me enviando uma mensagem...)

"Há uma câmera sobre sua cabeça. Afaste-se desse Hustler, rápido. Deposite as flores no memorial de Lou Reed e corra para a ONU, agora. Esse cara... rápido!"

Precisamente, Annie. Precisamente. Estou enviando uma imagem pelo Instagram agora, e você pode ver meu pescoço e meu pomo de adão, ou a maçã podre de Manhattan neste Mac, e, bem, você pode me ver, eu posso me ver e ver o que estou comendo enquanto corro antes de postar a coisa toda no Facebook, porque, se eu não postar, NÃO EXISTE!!!

O presidente Mao e Lou Reed e mesmo Andy Warhol estão se revirando, horrorizados, nas tumbas, e esse Hustler está me seguindo porque eu não o paguei.

Annie Longer: "Mas ele não forneceu nenhuma informação. Pagá-lo pelo quê?"

Ela está certa. Por que estou correndo? Por que estamos todos correndo?

Paro na esquina do Flatiron e GRITO:

— ESPEREM UM MINUTO!

— NÃO FOI ISSO QUE EU QUIS DIZER! ESPEREM UM MINUTO! NÃO FOI ISSO QUE EU QUIS DIZER! MAS...

Eu quero voltar para quando só havia dois jornais e dois canais de notícias?

Quero voltar para apenas um Cronkite e um Wallace (e talvez um Murrow)?

Quero?

Estou em casa. Estou calmo. Estou olhando para o East River e respiro fundo.

Não, estou aqui no palco, de frente para vocês, e minha mente está focada no East River, para que eu permaneça calmo.

Não posso evitar notar um grafite quase invisível no muro, que deve ter sido inspirado em um artista brasileiro de vanguarda do passado, Hélio Oiticica: "SEJA UM CRIMINOSO, E SERÁ UM HERÓI."

Imaginem a recente paralisação do governo, aquela obstrução e aquela estrela solitária falando por 21 horas e torrando seu saco em suas fraldas às nossas custas. Sim, o grafite "SEJA UM CRIMINOSO, E SERÁ UM HERÓI" escavou seu caminho até minha mente.

O que eu vi e fiz me deixa com esse gosto amargo de nostalgia. Ainda assim, Annie Longer e Annie Moore se lembram daquele motorista de táxi louco — um inspetor —, aqui em Nova York, no fim dos anos 1970, que me disse, com seu assombroso sotaque do Brooklyn:

— A VIDA MATA!!!

Ela mata.

Quanta sorte temos.

Por quê?

Porque.

Annie Longer e Annie Moore sabem disso.

As pessoas não se importam de fato. Elas se importam com o que está em seus bolsos. Dinheiro, chaves, iPhones! E ninguém dará a mínima ao fato de sermos espionados por nossas 2.456 agências de segurança nacional, ou gravados por nossos tantos fornecedores de telefone e internet, e vazados, mijados e chovidos enquanto tropeçamos em mendigos que podem ter sido executivos de classe média apenas um ano antes, carregando uma caixa de papelão recortada e bastante gasta (*à la* Marcel Duchamp).

— Saia da minha frente! Não quero seu dólar sujo. Nossa moeda está afundando!!!

Sim, caminhando e pensando o quão longe chegamos em esfaquear nossa constituição e nossas liberdades, nossas emendas e, bem, dar um golpe incrível em nosso futuro. Nosso futuro econômico, ecológico, escatológico, lógico e logístico! Que pesadelo! A ONU fica a apenas nove quarteirões daqui! De minha janela, olho para ela todos os dias, assim como olhei para as Torres Gêmeas durante décadas antes do 11 de setembro.

Economia estúpida? Quem disse que é estúpida?

Quem está me chamando de estúpido???

52

A GUERRA que preenche
o BURACO — Warhol

Percebi que biografias são para aqueles que leem. Sim, há aqueles (como Sting, Kurt Weill e Schönberg) que são mestres da arte e "cantam e contam", como Fellini. E, para eles, ler (aparentemente) não importa. Cantar importa. *E la nave va.*

Um e-mail de Wendy: por favor, esperem. Vou lê-lo em voz alta:

> A tecnologia mudou tudo sobre nossa cultura. Lembre dos dias em que havia apenas três canais de TV e todos nós assistíamos e falávamos sobre os mesmos programas. Aqueles também eram os dias em que quatro filmes estreavam nos cinemas em qualquer sexta-feira em Nova York. Agora são 24. Nossa cultura se tornou completamente estanque, e já não temos mais os critérios culturais de antes. Eu posso nunca ouvir sobre o grande sucesso cinematográfico do fim de semana, porque nenhuma publicidade foi dirigida a mim, uma vez que não faço parte do público-alvo (um garoto de 18 anos). A internet permite que a mídia e as informações sejam tão altamente dirigidas — bom para os anunciantes, ruim para o bem-estar geral — que você e eu, e especialmente nossas crianças, podemos viver em universos culturais

completamente diferentes. O que é irônico, uma vez que a tecnologia também tornou o mundo muito menor, internacionalmente falando. Sim, e meu cultivado *feed* de notícias é completamente diferente do de meu vizinho. A revolução tecnológica da informação significa que já não lemos os mesmos livros, ouvimos as mesmas músicas nem assistimos aos mesmos filmes ou programas de TV. Estamos melhores ou piores por causa disso?

Sim, Wendy. Concordo. Mas, e agora???
Deve haver esperança, não?
Parece haver um momento Rodin em nossas vidas, quando nos ostracizamos e nossos "punhos na testa" se tornam uma concha de memórias tristes. E entramos em pânico.
Pânico.
O vento sopra lá fora, a profundidade da água é inimaginável, e a esfera em que vivemos é vasta demais para compreender. O som que tudo isso produz é um som nervoso. Hoje estamos em Cannes. Hoje estamos em Barcelona. Hoje estamos em... Não, não estamos. Estamos no palco!
Gaudí pode muito bem representar a justificativa do inexplicável. Por quê? Por que sempre tem de haver um porquê?
"Por que isso?" "Por que você...?"
"Quem era?" "O QUE era?"
"Quando foi isso e aquilo?"
Parece haver um momento Warhol em nós, quando a GUERRA [*war*] enche o BURACO [*hole*], e não somos nada além de múltiplos de nós mesmos ou móbiles de nossas almas flutuando ou pendurados, como em uma peça de Calder ou um personagem de Calderón.
Quando percebemos que a ostra em nós seguiu em frente e se tornou um prato de frutos do mar, então tudo está acabado.
Está tudo numa lata. É... lá de nada sai. De nada posso. E tudo empaca.

O tempo para.

Ele para. Mas os relógios continuam a tiquetaquear, enquanto nossas mãos e dedos internos se movem para refletir e reflexionar, e terminamos onde sempre terminamos: em lugar nenhum e com uma pergunta — para que tudo isso?

Málaga. Argel. Tunísia. Sicília, onde eu... Não. Onde eu nada!

Passar uma vida inteira respondendo às mais estúpidas e banais perguntas não é a razão pela qual estou aqui. E, no entanto! Estou aqui em um navio, velejando as ondas da Britânia e do Mediterrâneo, deixando o vento me dizer que estamos nos movendo para a frente. *La nave va.*

Mas eu vivo lá, lembram? Lembram de onde eu vivo?

Lembram de onde minha mente foi construída ou cunhada, como se fosse uma torre de Pisa, e onde nenhum antioxidante jamais me impedirá de ficar velho? Velho. Velho.

Não vejo razão para correr, malhar, suar, fumegar, remar e procurar pela fonte da juventude.

Gibraltar.

Malta.

Altar.

Afinamos nossos sangues. Tomamos afinadores de sangue, estabilizadores de humor, quando essa rainha Victoria não parece capaz de lidar nem com ondas minúsculas. Mas pecadores e afinadores em nosso sistema prolongam nossa vida. Mas prolongam o quê? Esse incrível PALCO de ilusões? Choro porque não posso rir quando as pessoas ainda me abordam com perguntas como: o que era isso ou aquilo, quem era ele ou ela e o que eles fizeram trezentos, duzentos, cem anos atrás?

Há um momento Goethe em todos nós, quando o tempo para e simplesmente percebemos que não somos nada além de um grão de poeira e...

Toda essa informação!

Todo esse conhecimento histórico!

Toda essa educação!

Toda essa curiosidade!

Todo esse algo erudito... atrapalha. Sim, atrapalha o que somos, porque não nos levará mais longe do que onde estamos AGORA.

Nós de fato enferrujamos. Não existe creme, pomada nem pílula antioxidante que seja capaz de impedir esse ridículo ciclo mental. Ciclo mental.

Há um momento Duchamp em todos nós e há um momento Picasso em todos nós e há um momento John Cage em todos nós, em que há silêncio. Sim, simplesmente silêncio. Como o silêncio que prevalece depois do som de uma bomba explodindo.

Existimos para comer ou satisfazer uma insaciável FOME!

Existimos para digerir e cagar.

Existimos para preencher a ESCURIDÃO do universo em que flutuamos, assim como existimos a fim de velejar ou vender nossas almas ou navegar nessas vastas águas como nada além de um minúsculo grão de poeira ou cinza, enquanto olhamos para as estrelas e o navio segue em frente: *la nave va*.

Sim, e existe um momento NOSSO em todos nós.

E eu choro.

(*In memoriam* de Samuel Cunard, Einstein, John Fante e Sérgio Vieira de Mello.)

52,5

"Eu poderia continuar a acreditar em Deus como tal?"

E, quando eu choro, o que acontece? Estou chorando por todas as minhas perdas.

E todas as minhas perdas equivalem a uma ligeira crença em Deus. Somente uma ligeira crença.

"Eu poderia continuar a acreditar em Deus como tal? Poderia um cão se dirigir a Deus? Como? Como é Deus para um animal ou uma planta? Uma conexão direta?"

Há uma peça que estou pensando em reencenar. É minha *Nowhere Man*. Poderia ser uma produção permanente. Em minha opinião, é a melhor peça que já escrevi. E eis minha história:

"Seria complicado ser um cão e ter de viajar tanto quanto viajo... MAS eu poderia me dar um nome humano... Gregor Samsa, por exemplo, Arnold Schwarzenegger, Immanuel Kant, Fausto. Sim! FAUSTO! Com um bom nome como Fausto..."

— E quem é esse, minha senhora?

— Esse é meu cãozinho Fausto.

Sim! Que ótimo! Sem mais pinturas, sem mais textos, sem mais musicologia ou estilo na profissão de atuação, sem mais me espelhar em décadas ou séculos... SEM MAIS PEÇAS DE ÉPOCA! Sem mais necessidade de ser um gênio! Somente a ocasional tigela de comida que me será dada pela mulher que me ama, A MULHER QUE ME AMA. "FAUSTO e suas irmãs", ou o "Próspero Fausto", ou "REI LEAR FAUSTO". Sim!!!

Um "CÃO ESPIRITUAL", mestre de acordos e alianças estratégicas: pactos... acordos... um cão com futuro!

(Para si mesmo.) "Mas o que já estou fazendo? Jogando o mesmo jogo humano novamente? Espere um minuto!"

(Para a plateia.) "Alguém consegue entender o que diabos estou dizendo?"

"Cuidado. Pornografia é onde tudo está. Psiu. Sempre cuidadoso. Darwin. Sempre cuidadoso, ahá! Pois há um 'irônico pessimismo de natureza perfeccionista' e há um 'crânio fraturado e sitiado aqui, tentando desesperadamente se aguentar e parecer descolado', assim como um James Mason indo para os bastidores após uma peça terrível, dizendo para um ator terrível: 'Foi simplesmente... inacreditável.'"

Quem é ela? Quem é a Musa?

Quem é ela? Quem é a Musa?

ATOR (em off):

— Mordi minha mão novamente na esperança de angariar alguma simpatia para o patético estado em que me encontrava...

Musa:

— Diga que sou bela e que você não se importa com meu ferimento. É isso, não é? Você me acha repulsiva. Você acha que eu e minha ferida somos repulsivas, não acha? Por que outra razão teria me deixado? Por que você me exibe, em vez de me amar, em vez de me prometer o céu, em vez de dizer que sou a mulher de sua vida? POR QUE VOCÊ ME EXIBE???

Michael? Michael? Você ainda está aí?

Merda, acho que Michael Blanco partiu para o Vietnã. Céus!!!

Obviamente, tudo que vocês estão pensando está correto. "Espera-se" que pareça datado e que tenha esse ligeiro traço de deselegante elegância. É intencional. Vocês sabem, temos de "descobrir" o elemento de conexão entre o próprio desconstrutivismo e as partes que constituem a arte criativa. Em outras palavras, temos de mergulhar de cabeça em uma vasta piscina da própria arte como elementos de alusões "pré-freudianas" à racionalidade como meio de conectar os símbolos internos de nossas almas aos ícones externos de reconhecimento. Essa, é claro, é a única maneira pela qual seremos capazes de avaliar a real dimensão da humanidade neste universo e escrever sobre seu desejo de se tornar grande demais, grande demais. Extremamente grande, sim, grande demais, tão grande que sua necessidade de crescer chegou a um tamanho infinitesimal, um tamanho que se tornará cada vez menor com o passar do tempo, dando ao homem a real, humilde e universal conexão de que ele necessita para transcender essas eternamente estúpidas questões de "de onde viemos", "por que viemos" e "para onde vamos".

"Ele deve ter ficado muito impressionado com a clareza e a franqueza de minha exposição sobre os aspectos clínicos de por que o homem precisa se identificar com o ato criativo como modo de espelhar, representar e interpretar sua própria, maldita, misteriosa e inexplicável aparição na superfície deste planeta. Ele certamente me respeita mais que nunca agora."

"Às vezes, tem de ser assim: o fato de que um homem como ele possua tanta educação, cultura e informação pode ser o próprio fator que o impeça de assimilar novas versões de nossa mortalidade e vulnerabilidade."

"Bem, lá estávamos, dois filósofos, dois gênios, encontrando-se por puro acaso. Ele, o mestre. EU, o antimestre. Sem dúvida ele quer ser como eu. Certamente quero ser um pouco como ele, mas não quero aquele nariz escorrendo..."

53

Digamos que tudo começou onde termina: *Entredentes ou ju-deus!*

Pouco tempo atrás, o Brasil se encontrava no meio de uma grande discussão sobre "biografias" — o que, em si, é engraçado, dado que 40% do país é iletrado e os que leem mal conseguem lidar com livros reais. O máximo que fazem é postar fotografias de pizza no Facebook.

O Brasil vive nessa eterna utopia, o teatro é uma delas, e eu me pergunto O PORQUÊ!

Por que estou escrevendo esta peça para estes dois atores? Quero dizer, dois atores e uma atriz?

Daniella Visco e eu estivemos debatendo freneticamente o valor de tudo isso e a "profundidade" de meu trabalho passado. Verdade. Eu costumo trabalhar em camadas.

Agora? Eu me pergunto onde elas estão.

Devem estar enterradas em minha cabeça, mergulhadas profundamente em algum lugar do interior, morrendo de vergonha dos tempos superficiais em que vivemos.

NÃO HÁ CAMADAS!

É claro que há.

E haverá uma revolução que, um dia, fará ruir todo esse lixo e trará de volta o valor das coisas palpáveis.

Coisas palpáveis.

Isso me leva a Anthony Bourdain. Sim. *Sem reservas*. Seu programa na CNN, *Parts Unknown*, é simplesmente ótimo.

É palpável! Digerível, legível. Exequível. É REAL.

O que ele mostra, que é tão interessante? Que há apetite! Apetite por cultura, lugares e esquisitões! E paisagens incríveis e comida maravilhosa! Tudo se resume a uma palavra: V I D A.

Sim, VIDA!

Você não acha isso nas notícias. Nelas, você só encontra MORTE. O mesmo com biografias e romances! O mesmo com as artes em geral.

A ARTE está sempre apaixonada pela MORTE.

E por que não estaria?

Bourdain também está apaixonado pela morte. Mas ele a revela na forma de rituais. Pessoas celebram a morte e sacrificam animais — sim, felizmente ou não, somos humanos e massacramos essas pobres criaturas! Pode ser horrível assistir a esse banho de sangue constante, mas é a natureza humana!

Feijoada não é uma coisa vegana!

Nessa era de biografias muito debatidas, acho que somos 7 bilhões de pessoas e ninguém dá a mínima, ninguém liga a mínima para coisa nenhuma, então...

Digamos que tudo terminou como...

Oh, digamos apenas que tudo TERMINOU.

54

A ERA GLACIAL DAS REDES SOCIAIS

Acordei esta manhã de sonhos terríveis e percebi que estava vivendo na era glacial do Twitter, do Facebook e de outras coisas horríveis, frígidas e medonhas chamadas simplesmente de redes sociais, e que os ponteiros de meu relógio haviam congelado na hora zero do dia zero, e que meus cinquenta frascos de medicamentos estavam vazios e toda a minha água Evian evaporara.

Possível?

É claro que é possível.

Franz Kafka jamais quis que sua obra fosse lida. Queria que fosse queimada. Graças a algum engano da justiça ou a um cara chamado Brod, ela não foi queimada e suas obras-primas estão disponíveis para nós. E, assim, Samsa rasteja por nossos braços, Joseph K. se senta em nossas mentes, sua colônia penal escava nossa pele e vivemos todos em um tipo de castelo.

Mas o que a Xuxa tem a ver com tudo isso?

Eu estava me perguntando aqui, neste apartamento; digo, palco; digo, palco do East River; digo, palco do Lenny Easter River, enfrentando os fortes ventos vindos, bem... do East River, tentando responder a um e-mail de Lenny Easter em meu iPhone, quando descubro livros não abertos do mestre Haroldo de Campos.

E foi quando meu mundo ruiu. Por quê? Eu preciso explicar por quê? Vocês sabem quem é Haroldo de Campos e o que ele significa para mim? Bem, se sabem, devem ter adivinhado! Sim, livros não abertos e, o que é pior: EXEMPLARES ASSINADOS!

Toda a minha correspondência com Beckett fica trancada em um cofre de uma agência do Citibank, aqui em Manhattan. Mas o que significa um cofre, de qualquer modo, quando não acredito que duraremos outra semana ou outra hora — quem sabe? Essa sensação de PÂNICO completo, de ter certeza de que todos desapareceremos em segundos... uma sensação de furacão Katrina... uma sensação Hiroshima, Nagasaki... uma sensação de *Dias (in)felizes*, sobre os quais (novamente) Beckett criou uma EXCELENTE metáfora, quando quase enterrou Winnie em uma pilha de poeira em uma Europa pós-guerra. E um Willie ferido.

Sobre o que são todas essas malditas teorias? Sobre *Dias felizes*, *Fim de partida* ou *Esperando Godot*? Beckett é o mais REALISTA de todos os autores e escreve sobre as coisas como elas SÃO. Contudo, as pessoas querem ler absurdos em tudo, querem travestir seus próprios pesadelos, e isso me leva à beira da raiva!

Acordei esta manhã de sonhos terríveis e percebi que estava vivendo na era glacial. Sim, é um domingo muito, muito frio, e não há frio mais frio que o frio no interior do cérebro de alguém que é confrontado com os frios tempos em que vivemos. Mais frios que a Guerra Fria. Mais frios que a própria era glacial. Esta é a idade da completa indiferença por TUDO O que já existiu. Esta é a idade da PERDA TOTAL DE MEMÓRIA. Esta é idade da SOLUÇÃO RÁPIDA!

E FODA-SE TUDO ISSO!!!

Obviamente, tudo o que vocês estão pensando está correto. "Espera-se" que pareça datado e que tenha esse ligeiro traço de deselegante elegância. É intencional. Vocês sabem, temos de "descobrir" o elemento de conexão entre o próprio desconstrutivismo e as partes que constituem a arte criativa. Em outras palavras, temos de mergulhar de cabeça em uma vasta piscina da própria arte como elementos de alusões "pré-freudianas" à racionalidade como meio de conectar os símbolos internos de nossas almas aos ícones externos de reconhecimento. Essa, é claro, é a única maneira pela qual seremos capazes de avaliar a real dimensão da humanidade neste universo e escrever sobre seu desejo de se tornar grande demais, grande demais. Extremamente grande, sim, grande demais, tão grande, que sua necessidade de crescer chegou a um tamanho infinitesimal, um tamanho que se tornará cada vez menor com o passar do tempo, dando ao homem a real, humilde e universal conexão de que ele necessita para transcender essas eternamente estúpidas questões sobre "de onde viemos", "por que viemos" e "para onde vamos".

54,5

Perambulando com um propósito — A ARTE ESTÁ MORTA — MURO em Holborn

Li, pintado em um muro de Holborn, em Londres: "A ARTE está morta."

Fui encontrado morto e usando botas, porque não apenas a arte estava morta. Eu também estava. Mas usava um par de Dr. Martens.

Toda essa coisa começou alguns anos antes, aqui em Nova York, na Second Avenue com a East 4th Street, no apartamento (transformado em loft improvisado) onde meu amigo (mentor e namorado) Hélio Oiticica vivia.

Hélio tinha displays de suas homenagens a Cara de Cavalo (Box Bólide), e — é desnecessário dizer — sua grande coisa na vida era sua declaração "tropicalista": "SEJA MARGINAL — SEJA HERÓI."

Agora, tente converter isso em termos norte-americanos do século XXI. Onde estaríamos?

Ou no Brasil, aliás? Onde estaríamos?

É claro que é mais fácil começar pelo Brasil.

As pessoas encarregadas do governo e a "mentalidade prevalente / mentalidade dominante" no Brasil são canalhas que subscreveram intensamente o sistema da frase de Hélio, profética e clara como cristal.

Eles são todos ladrões. Todos eles.

Se você odeia Washington, D.C., pense novamente. Tente Brasília.

Olhei para aquele muro em Holborn no início dos anos 1970. Olhei novamente no ano passado. Quase não mudou.

Olhei para meus pés. Céus! Como eles mudaram! E QUANTOS pares de botas eu moí, esmigalhei e cortei. Quantos carros, quantas camisas, quanto de tudo! Quantas pessoas!!!

Estou pensando em tudo isso um dia depois da morte de Lou Reed. Enviei vários e-mails para Lenny hoje, e trocamos memórias sobre nós, Philip e Laurie.

Todos os meus valores mudaram tanto!!!

A NSA agora é uma coisa terrível — é o "inimigo interno", como Enoch Powell costumava chamá-la.

Espionar é algo que todos fazem, mas ninguém quer falar a respeito. Entretanto, essas botas foram feitas para caminhar, e eu caminhei. Estive caminhando por toda a minha vida como se estivesse fugindo. De quê?

Não tenho certeza. Talvez estivesse fugindo de ser um CRIMINOSO — HERÓI (nas palavras de Hélio); fugindo de estar morto ao chegar (meu estranho nascimento em um hotel, o Gramercy Park); fugindo da VERDADE (qualquer que seja); fugindo dos vícios cotidianos e do pânico diário de morrer, embora estar MORTO devesse, em princípio, significar que já fui isento de ter de morrer, e de morrer de novo.

Mas não me isenta de ter de viver.

E viver é perambular com um propósito. E perambular com um propósito significa ter uma fileira reservada e outra cheirada, especialmente, aos 16 anos, no dia em que li em um muro de Holborn, em Londres: A ARTE está morta.

Tinta spray não é pensamento. Nenhuma tinta jamais é.

Nenhuma tinta jamais é.

Nenhuma pintura jamais é.

55

BIOGRAFIAS E O ARTISTA
COMO *PERSONA* PÚBLICA

Biografias autorizadas ou não autorizadas são pura criação de nossa imaginação.

Sim, o Brasil está transformando tudo isso em um pesadelo.

Esses heróis que costumavam ser os ícones da liberdade de expressão agora são, subitamente, os rostos do puritanismo e da censura. Tudo se inverteu. Caetano Veloso e Chico Buarque — os próprios guerreiros da liberdade nos últimos quarenta anos — tomaram todos os passos necessários para se assegurar de que suas preciosas vidas permanecerão "incólumes" e que seus segredinhos sujos não serão revelados.

Por quê?

Só Deus sabe!

Talvez porque o Brasil esteja acostumado a esse tipo de mentalidade! Eles não conseguem viver sem algum tipo de restrição.

Por favor, notemos que o artista é uma *persona* PÚBLICA, um SER que pertence ao público, e que esse pertencimento é uma premissa básica! Assim, a própria noção de manter uma vida "privada" é, em si mesma, absurda. Sim, estou falando sobre o artista como criador, como iluminador!

Tudo sobre o artista (aos olhos de Saul Steinberg, Artaud ou Duchamp) é o que "leva" aquele ser a existir, seu COMBUSTÍVEL, suas idiossincrasias e assim por diante. Além disso, os artistas recebem feedback por meio da reação do público a comportamentos extremos, melodramáticos, frequentemente alimentados por poções secretas, obsessões e compulsões! Censurá-los seria como dissecar o corpo humano e retirar a espinha dorsal ou um órgão vital.

Agora, por quê? Por que esses grandes gênios musicais do Brasil estão adotando essa linha dura?

Frequentemente me pergunto sobre o ato privado. Ele é muito similar, em forma e em ideologia, ao infame Ato Patriótico — quase um Ato Fascista.

Sempre estaremos perto do fascismo? Sempre estaremos à beira do macarthismo?

Estaremos reentrando na era da lista negra e da caça às bruxas no Brasil, como foi nos Estados Unidos nos dias de J. Edgar Hoover e McCarthy?

É isso?

Aqui, nos Estados Unidos, parecemos ser protegidos (nem sempre) pela Suprema Corte e por nossas emendas.

Mas, e no Brasil? As pessoas nem sequer estão cientes de sua Constituição. Tudo o que sabem a respeito é...

O que elas sabem a respeito?

Boa pergunta.

Triste pergunta.

56

BIOGRAFIAS — Caetano Veloso — Ruy Castro — *Ela é carioca* — Minha avó como amante de Hitler e a morte de minha mãe

É claro que amo Caetano Veloso. É claro que odeio aqueles que o atacam sem razão. Mas Caetano esteve envolvido em uma OFENSIVA ESTÚPIDA ultimamente, e essa ofensiva tem relação com os direitos (ou autorização) dessas biografias! Foda-se ele. Ele ainda é o homem mais inteligente que já conheci e tem essa visão maravilhosamente clara do que está "in" e do que está "out". Mas, no caso das biografias não autorizadas, está assumindo o papel de censor!

Imaginem isso! Censurar o que as pessoas pensam e dirão em um livro que NINGUÉM JAMAIS LERÁ! Por quê? Porque a população é iletrada!

E há Ruy Castro.

Por que alguém deveria viver sentindo dor? E se essa pessoa pode pôr fim à dor, por que não fazer isso? Mas quem é você, Ruy Castro, para terminar com a vida de minha mãe antes que ela mesma quisesse fazê-lo? Você não tem uma vida, MAS escreve sobre a vida dos outros e tenta arruiná-los. E eu sou um bom exemplo disso.

Eu estava ensaiando *Ventriloquist* em São Paulo e dando aulas na USP quando alguém na plateia me perguntou como eu me sentia sendo o neto de alguém que tivera um caso com Hitler e Goebbels.

Congelei, como sempre faço.

No carro, voltando para o hotel, recebi um telefonema de *O Globo* perguntando se eu queria responder.

Mas eu não tinha nada a dizer. Não fazia ideia do que estava acontecendo. Arnaldo Bloch, o editor, disse: "Se estiver perto de uma livraria, pegue um exemplar de *Ela é carioca*, de Ruy Castro, e leia o capítulo a seu respeito."

Eu li, em pé na livraria, e não tenho palavras para descrever a raiva, a horrível raiva que senti, e o pesar que sinto agora, dezesseis anos depois.

No capítulo de abertura, Castro afirma que minha avó era amante de Hitler e Goebbels.

Minha avó, que teve todo o seu lado da família EXTERMINADO em campos de concentração, foi pintada por você, sr. Castro, como amante de nazistas?

Arnaldo Bloch me deu o número de Castro no Rio, e eu telefonei.

— Ah, sinto muito! Não é verdade? Aquele filho da puta do Ziraldo me disse isso no Plataforma...

E VOCÊ... VOCÊ NÃO PENSOU EM VERIFICAR COMIGO ANTES?

Tarde demais.

A pré-venda do livro havia sido enorme, e a primeira edição já estava esgotada.

Eu precisava apenas me assegurar de que minha mãe não leria aquilo!!!

Infelizmente, fofocas como essa se espalham rápido, especialmente entre judeus. Uma amiga de minha mãe no Rio levou um exemplar para que ela pudesse ver com os próprios olhos.

Minha mãe caiu. Caiu de um lugar horrível que a levou de volta ao suicídio do irmão e ao Terceiro Reich. Ela caiu, quebrou o fêmur e...

esse foi praticamente seu fim. Ela começou a se deteriorar rapidamente depois disso.

Publiquei minha versão no jornal *O Globo*, e exigi que o editor, Luiz Schwarcz (ele mesmo um judeu que perdera quase tudo para os nazistas), retirasse das livrarias o que restara da edição e excluísse do livro o parágrafo de abertura.

Ele quase chorou quando nos encontramos, me contou sua história de vida e disse que não vira aquilo porque, na ocasião, estivera na Feira do Livro de Frankfurt. Mas, na realidade, estava apenas torcendo para que eu não processasse a Companhia das Letras por difamação.

Minha mãe morreu em 2006, mas perdeu a vontade de viver naquela época, quando tudo aquilo aconteceu.

Fog E MÁQUINAS DE FUMAÇA

ISSO SIGNIFICA que minha vida foi enevoada como meu palco, escura como meu palco e que essa COMPULSÃO de representar algo é inacreditavelmente importante. Algumas pessoas pretendem se tornar atores e dançarinos. Contudo, de seu lugar vantajoso, uma vez que conseguem isso, elas REPRESENTAM ou INTERPRETAM aqueles que foram o alvo de uma vida inteira de observação!

Isso não é estranho?

A — Sou tímido em minha própria vida. Contudo...

B — Contudo, quando você a representa ATRAVÉS dos olhos de outro, tudo fica ok e, meu Deus, tão mais fácil.

O artista É o outro.

58

James Joyce escapou e "compôs" na página escrita

James Joyce escapou e "compôs" na página escrita.

James Joyce escapou e "compôs" na página escrita.

Isso não é estranho? Estranho e normal, como os eventos anormais. Como um furacão.

Foi devastador. Passou por Illinois e Indiana como uma coisa rápida, causando devastação. NÃO CONSIGO ACHAR MEU CAMINHO PARA CASA. E Thomas Hudson passou a manhã (minha manhã em Nova York — início da tarde para ele, em Londres) me perguntando quando eu estaria lá.

Ele é alguém com quem me importo profundamente. Amo esse cara. Não me perguntem por quê.

Me perguntem por quê: sim, tem a ver com tornados, devastação, Blind Faith, The Cream etc. As Filipinas sofreram tanto porque DEUS assim decidiu.

Ontem, os Estados Unidos foram atingidos com força pelo ciclone BLIND FAITH. E NÃO CONSIGO ACHAR MEU CAMINHO PARA CASA.

E tantas pessoas, como Thomas Hudson e eu, estão neste exato lugar: conseguimos, mas não conseguimos. Não importa o que façamos, simplesmente NÃO CONSEGUIMOS realizar a coisa que faz chorar nove entre dez estrelas do cinema.

E o que as faz chorar?

Elas encontraram aquela gratificação INSTANTÂNEA chamada holofote, que um POLÍTICO OU ATOR NECESSITA para continuar vivendo. Elas são famosas PORQUE vivem sob a pele imaginária de outras pessoas.

Ei, você! Você está tossindo porque Omar Sharif morreu hoje? Ou porque você achou que já estava na hora de ele morrer e... Por que você está tossindo?

Mas aqueles que PERMANECEM ATRÁS da criação disso tudo, como Philip Glass, dificilmente são reconhecidos.

Isso não é estranho?

Será DEUS uma coisa escondida?

Não deveríamos conhecer a existência de tal CRIADOR?

Deveríamos. Como pode Haroldo de Campos ter morrido praticamente na pobreza? E Miley Cyrus já ter 20 milhões, por fazer o que ela (des)faz?

Não consigo achar meu caminho para casa.

Essa é a primeira e a última linha para todos os envolvidos com as ARTES.

James Joyce escapou e "compôs" na página escrita.

E é por isso que a canção atinge com tanta força. É o cerne de usar drogas — usar a heroína assassina e estar no assim chamado Reino da Sobriedade.

Não importa quão velho você seja.

Por quê?

Porque tenho mais de 5 mil anos e não aprendi NADA.

Mas posso olhar para você e pensar.

Sim, posso fazer isso.

De novo.

Acontece todos os dias.

Se usássemos um sistema lógico — não haveria um sistema lógico.

Ouvi isso pela primeira vez ao vivo em algum lugar. Não consigo lembrar exatamente onde... No Marquee? Talvez. Só lembro que meu carro estava estacionado em algum lugar de Londres, e o cheiro de heroína estava por toda parte. Assim como gente drogada.

59

DESCULPE, G — E-MAIL DE UM HACKER

Mas tudo REALMENTE começa no dia em que termina. Estou escrevendo esta entrada em 14 de novembro de 2013 — aproximadamente quatro meses depois de ter recebido o e-mail sorryg@hushmail.com, reproduzido abaixo e depois de Leon Browne ter sido abordado pelo mesmo hacker.

Eis o e-mail.

Ei, G. Assim como não podia ficar sentado e ver você ferrar Leon, não posso ficar sentado e ver essa pobre Sylvia ser envolvida nisso tudo. Jamais pretendi que isso acontecesse. Você provavelmente acha que sou Sylvia tentando confundi-lo. Se acredita nisso, você é tão estúpido quanto Leon. Ao contrário de você, sou uma pessoa honesta e vou simplesmente contar o que está acontecendo. Conheci você há muito tempo no Brasil (embora não seja de lá). Você pode dizer que eu o admirava de longe. Eu fiquei lá por um tempo e, toda vez que ligava a televisão, lá estava você! Era incrível. Era tudo sobre Gerald, Gerald, Gerald! Eu tinha de encontrá-lo. Comecei a ter essa fantasia de que nos veríamos, de que você se lembraria de mim e nos tornaríamos bons amigos. Você pode dizer que me apaixonei por você. Não é difícil, sabe. Mas agora que vi como você trata seus amigos, acho melhor não! Seja como for, um dia te encontrei e dei de cara com sua conta. Não é difícil, se você sabe como fazer esse tipo de coisa. E eu sei. Não sei quem diabos é Sylvia, mas aposto que ela não sabe a diferença entre um computador e uma calculadora. Em todo caso, foi totalmente inocente. Eu só queria dar uma olhada. Sempre o considerei um gênio e espero que você possa entender, como artista, o quanto eu queria ver o que estava acontecendo por aí. Acho que você realmente é um dos grandes artistas vivos do mundo. Você provavelmente acha que isso lhe dá o direito de viver para sempre, mas, ei! De qualquer forma, eu não pretendia me envolver nisso tudo. Eu só ia dar uma olhada e ir embora. Mas quando descobri o que você estava fazendo com Leon, eu tive de avisá-lo. Eu me senti tão mal por ele! Não adiantou. O próprio Alá poderia descer dos céus e dizer que você está mentindo e aquele idiota não acreditaria. De todo modo, enviei um e-mail para ele e então vi aqueles e-mails da Sylvia dizendo que você e Bram são a mesma pessoa. Eu não conseguia acreditar. Mas ela estava certa! Assim, enviei um segundo e-mail a Leon, falando sobre Bram. E então, é claro, você concluiu que Sylvia estava por trás de tudo. Às vezes, você pensa tão pequeno! Você, aliás, é exatamente como Leon: vê o que quer ver. E mesmo quando descobriu que alguém estava lendo seus e-mails, NÃO MUDOU SUA SENHA. Uau. É espantoso como um gênio pode ser tão estúpido. Gerald, MUDE SUA SENHA DE E-MAIL, SEU IDIOTA! É uma senha muito ruim, para começo de conversa. Não ligo, porque acabei por aqui. Jamais procurarei você novamente, e, se o vir andando pela calçada, atravessarei a rua. No que me diz respeito, eu e você pertencemos a dois mundos diferentes. Mas, olha, no fim, nada mudou. Não roubei nada de você, essa nunca foi minha intenção. Leon ainda o idolatra. Se eu fiz algo, foi ajudá-lo. Tudo se encaixa em toda aquela sua merda conspiratória. Você pode dizer a Leon que eu sou Bram, retorcendo meu bigode. Pode continuar mentindo para seus amigos, e ninguém nunca ficará sabendo. Aprendi minha lição. Espero que você possa entender, eu só queria conhecê-lo como artista, só queria ver o que faz o gênio funcionar! Espero que você possa entender e me perdoar. Nenhum mal foi feito. Agora, se você quiser iniciar uma caça às bruxas e vir atrás de mim, sinta-se livre para desperdiçar seu tempo. Prometo que não chegará a lugar nenhum. Mas você fica repetindo para as pessoas "pare e pense antes de tirar conclusões" e talvez você devesse fazer o mesmo. Pobre Sylvia. Timing ruim. Sei que o que fiz foi errado. Nunca deveria ter tentado ser um herói e avisar Leon. Nunca deveria ter tentado olhar dentro de sua cabeça. Cedi à tentação e me arrependo. Espero que você possa me perdoar. De todo modo, não se incomode em responder. Acabei por aqui. Vou fingir que nada disso aconteceu e continuar com minha vida. Sugiro que você faça o mesmo. Sei que você ama histórias, e essa foi uma das boas. Cortina.

Cortina. Não, ainda não.

Por que esse foi um alerta VERMELHO ou CÓDIGO VERMELHO tão importante em minha vida? Acho que é fácil dizer: porque fui "pessoalmente" ameaçado por uma alma anônima que quer desesperadamente ser encontrada e reconhecida. Cegamente? Como?

Ele ou ela me acusa de mentir. Sim, é verdade. Verdade? Desculpe. Desculpe, G. Sim, todo o mundo mente. Os governos mentem, e nós somos complacentes!

Somos complacentes?

Por que esse foi um alerta VERMELHO ou CÓDIGO VERMELHO tão importante em minha vida? Acho que é fácil dizer: porque fui "pessoalmente" ameaçado por uma alma anônima que quer desesperadamente ser encontrada e reconhecida. Cegamente? Como?

Ele ou ela me acusa de mentir. Sim, é verdade. Verdade? Desculpe. Desculpe, G. Sim, todo mundo mente. Os governos mentem e nós somos complacentes!

Somos complacentes?

O hacker novamente — The glass seagull

O mesmo hacker escrevera para Leon no dia anterior.

> De: theglassseagull@hushmail.com
> Data: 24 de julho de 2013, 12:51:07 PM EDT
> Para: bamlrbb@gmail.com
> Assunto: Gerald está mentindo para você
>
> Leon,
>
> Escrevo isto com certo risco para mim mesmo, mas não posso deixar esse show continuar. Gerald não está em Dublin. Está na Suíça. Ele está na Suíça desde 17 de julho. Não há nenhuma audiência do Conselho de Artes (por favor, como se isso fosse o Irã-Contras). Ele está aqui porque é aqui que está todo o dinheiro dele. VOCÊ TEM A PROVA nos e-mails que ele enviou. Você pode não saber disso, mas, em muitos casos, é possível traçar a localização da pessoa no endereço IP do cabeçalho. Vou enviar alguns links com instruções sobre como fazer isso. O código que você está procurando provavelmente se parece com isto:
>
> Recebido de [192.168.1.35] ([213.202.45.91]) por nk11p03mm-asmtp002.mac.com
>
> O número 213.202.45.91 indica de onde o e-mail foi enviado. Você pode traçá-lo até a Suíça. Se olhar para os e-mails que Gerald enviou, verá que todos foram enviados da Suíça. Os últimos dígitos podem mudar, mas os primeiros provavelmente serão os mesmos.
>
> Bram e Gerald são amigos. Novamente, por favor, ninguém na posição de Bram seria tão insano. É tudo muito dramático, não é? Gerald está escrevendo uma peça, e você é tanto o ator quanto a plateia. Warren Hoge provavelmente também está envolvido, mas sei menos sobre isso.
>
> POR FAVOR, NÃO CONTE A GERALD SOBRE MINHA DICA. Vou mostrar como provar que ele está mentindo, e espero que você não precise mencionar minha existência. Posso oferecer mais provas, se

você precisar, mas, quanto mais ofereço, mais envolvido fico. Eu prefiro que você descubra tudo sozinho e NÃO FALE NADA SOBRE MIM! Posso ajudar mais, mas, se Gerald suspeitar, posso ter problemas.

Eis como traçar o IP de Gerald:

http://www.wikihow.com/trace-an-email

Você pode ver várias linhas de "Recebido de" no cabeçalho dos e-mails de Gerald, que apontarão para os servidores de e-mail da Apple na Califórnia. Mas o que você está procurando provavelmente será parecido com a linha que colei, com ao menos o número 213.202 no endereço IP. (Embora isso também possa mudar, então, continue procurando — sei que pode parecer confuso. Se necessário, peça a um amigo bom em tecnologia para ajudar. O que estou dizendo é verdade e pode ser verificado de maneira independente.)

Você parece uma pessoa decente, e não posso ficar aqui sentado, vendo Gerald mentir desse jeito. Boa sorte e que Deus abençoe.

60

Deus abençoe? Meu compromisso com esta vida, na Terra, agora, NÃO É com nenhum tipo de verdade. É com meu palco

Estranho! Colocar Deus (e cortina) nessa equação é raro. Bem raro.

Posso, de fato posso, transformar todo o caso em uma peça. Também posso transformá-lo em um pesadelo, e tentar decodificar Glass Seagull ou qualquer outra mensagem cifrada que haja nesses e-mails.

Posso viver para ver o dia em que duvidarei de todos a minha volta, mas POR QUE deveria fazer isso?

Sim, meu compromisso com esta vida, na Terra, agora, NÃO É com nenhum tipo de verdade. É com o palco.

Sim, meu compromisso com esta vida, na Terra, agora, NÃO É com nenhum tipo de verdade. É com o palco.

E minha vida foi a mesma durante 62 anos. Sessenta e dois anos de PURO teatro. A essa REGRA sou completamente leal.

POSSO LIDAR COM A VERDADE? Cristo, Moisés ou Mohammed! Que simplificação da VIDA!

A VERDADE???

Meu compromisso com esta vida, na Terra, agora, NÃO É com nenhum tipo de verdade. É com o palco.

O governo mente para nós. As corporações mentem para nós. As religiões mentem para nós, mas eu? Eu deveria ser um narrador da verdade quando todo nosso SISTEMA DE MÍDIA não passa de uma grande mentira?

Sim, meu compromisso com esta vida, na Terra, agora, NÃO É com nenhum tipo de verdade. É com o palco.

É tudo um conceito muito estranho: olhar para minha vida como se fosse a de uma terceira pessoa: "uma voz chega até VOCÊ no escuro" e tudo muda!

Então, tudo muda.

Para ENCERRAR mais uma vez... Eu decepcionei, de fato decepcionei, muitas, muitas, muitas pessoas.

É apenas justo.

Está na natureza da besta. Também fui decepcionado por elas.

É difícil ser mais preciso. É difícil (e cada dia se torna um pouquinho mais) olhar para mim mesmo no espelho e não ver uma imagem distorcida. Eu gostaria que ela pudesse, de algum modo, se parecer com um Francis Bacon ou um Picasso. Mas ela não se parece. Ela não se parece com nada que eu já tenha visto antes.

E isso é estranho.

SIM, estive no palco por 61 ANOS. Como disse meu hacker: "Cortina."

E eu me pergunto onde está a cortina e sobre o que ela se fecha.

Sim, meu compromisso com esta vida, na Terra, agora, NÃO É com nenhum tipo de verdade. É com o palco.

Gerald Thomas, o VERDADEIRO mentiroso de *True Lies* — um filme magnífico! O herói das histórias de ação virado do avesso. A resposta americana à rancidez europeia. Europa: uma maçaneta em foco por cinco minutos. Os franceses enlouquecem.

Uma maçaneta — uma sequência de cinco minutos, e a câmera ainda está rodando.

Estados Unidos: "Não, de jeito nenhum. O herói de ação americano explode a si mesmo e a todos a sua volta."

Assim como eu. Eu explodo.

E... cortina.

61

PROFANAR é um ATO DIVINO (de ARTE) — Duchamp, Rauschenberg, Jasper Johns e Michelangelo — Capela Sistina — A situação BLACK MOUNTAIN COLLEGE

A melhor ARTE é e SEMPRE FOI feita em nome de DEUS. De Bach a Michelangelo, Mozart a Verdi, e assim por diante. Sim, e todos os réquiens! A música é (talvez) a maneira como Deus se comunica conosco. Ou através de algum desenho/entalhe/resmungo de grandes pintores, como Rembrandt, Duchamp, Banksy.

Ouçam: pintar Deus estendendo as mãos e os braços NÃO É um ato religioso. É uma metáfora artística para... para... não sei mais.

Ouçam: decorar a Capela Sistina é algo feito com um *twist*. Prestem atenção aos anjos. Todos gays, todos nus, todos excitados e excitando os homens mais velhos com barbas.

Quando ouço Egberto Gismonti, me lembro da viagem de carro que fiz com meu tio Joachim para Braunschweig e Schoening (o local de nascimento de meu pai, Hans Günther Sievers, e de seus dois irmãos), e de estar com tanto medo de ter uma ereção no banco do passageiro e de ele notar, e percebo a superficialidade de minha vida e a gratidão que sinto por ter tido acesso a TANTO em tão pouco tempo. Sim, fiquei perante Beckett e me sentei diante de *The Large Glass* na Filadélfia, e, sim, vi a *Guernica* de Picasso um milhão de vezes, e, quando criança, chorei ao voltar para a Christopher Street vindo do MoMA, na 53rd Street.

Sim, minha formação foi praticamente nada prática. Tudo estava embebido em teorias ou em ler *Ahead of the Game*, de Calvin Tomkins. O livro resume tudo. Agora se chama *The Bride and the Bachelors*, em homenagem à obra-prima de Duchamp (*The Bride Stripped Bare by Her Bachelors, Even*).

Não era Deus a minha frente no altar. Era TODA a vanguarda sendo GRANDE, como em *Nu descendo uma escada*, ou em *A fonte*, era O Marcel Duchamp, O Rauschenberg e O Jasper Johns, e toda a situação do Black Mountain College (ou seria Blue Mountain, como no melhor café do mundo?). Isso importa?

Importa. Era tudo uma enorme e incompreensível TEORIA. Quase como Deus, o intocável, incomensurável Deus.

Que tolo de minha parte achar que o mundo poderia pertencer a um aquário.

62

Medo da linguagem

Meu MEDO da linguagem me levou a me engajar com suas raízes — todas as linguagens que eu pudesse reunir e dominar. "Sim, que tolice", vocês podem pensar, por que alguém deveria conhecer a trilha do francês em Miami, que percorre todo o caminho até Illinois e Detroit, e de lá para o Quebec, e assim por diante? Ou vice-versa. Isso importa?

Sinto dores terríveis ao escrever esta nota, em 9 de dezembro de 2013.

Mas estou falando agora e vocês podem me ver e não me lembro da dor. Consigo me lembrar de escrever sobre ela, mas não de senti-la.

James Joyce escapou e "compôs" na página escrita.

Dor terrível. Minhas costas doem, assim como meu coração. Tudo que tenho e jamais tive é uma JANELA. Sim, uma janela.

Assim, eis como *Finnegans Wake* começa.

> riverrun, past Eve and Adam's, from swerve of shore to bend
> of bay, brings us by a commodius vicus of recirculation back to
> Howth Castle and Environs.
> Sir Tristram, violer d'amores, fr'over the short sea, had passen-
> core rearrived from North Armorica on this side the scraggy
> isthmus of Europe Minor to wielderfight his penisolate war: nor
> had topsawyer's rocks by the stream Oconee exaggerated themselse

to Laurens County's gorgios while they went doublin their mumper all the time: nor avoice from afire bellowsed mishe mishe to tauftauf thuartpeatrick: not yet, though venissoon after, had a kidscad buttended a bland old isaac: not yet, though all's fair in vanessy, were sosie sesthers wroth with twone nathandjoe. Rot a peck of pa's malt had Jhem or Shen brewed by arclight and rory end to the regginbrow was to be seen ringsome on the aquaface. The fall (bababadalgharaghtakamminarronnkonnbronntonnerronntuonnthunntrovarrhounawnskawntoohoohoordenenthurnuk!) of a once wallstrait oldparr is retaled early in bed and later on life down through all christian minstrelsy. The great fall of the offwall entailed at such short notice the pftjschute of Finnegan, erse solid man, that the humptyhillhead of humself promptly sends an unquiring one well to the west in quest of his tumptytumtoes: and their upturnpikepointandplace is at the knock out in the park where oranges have been laid to rust upon the green since devlinsfirst loved livvy.

Nelson Mandela é um bom exemplo de janela. Sim, Mandela talvez seja o MAIS impressionante caso de Deus se comunicando conosco, desde os grandes compositores, como Beethoven, Bach e Wagner.

MAS Nelson Mandela não estava em minha mente quando tive minha primeira experiência sexual imprensado na porta de um elevador — contra a qual eu fora empurrado pelo cara da lavanderia, um negro enorme — aos 12 anos, em Nova York, enquanto fazíamos uma escala vindos do Tennessee e voltando para o Rio de Janeiro.

É tudo livre-pensamento. A linguagem nos amarra como um nó em uma terrível laçada que somente as letras de Bob Dylan ou de Paul Simon ou a música de Philip Glass e de Shostakovich podem redimir.

James Joyce escapou e "compôs" na página escrita.

E, naquele momento, eu já não tinha mais medo da linguagem!

Perdi meu medo.

Perdi minha virgindade.

Perdi meu ânus!

Fui estuprado.

Mas Beckett escreveu: "Será amor, no cu?"

Os irlandeses são druidas mortos que sobreviveram apenas por meio da presunção de uma linguagem miraculosa que herdaram e transformaram em música. Não, não sou irlandês. Sim, sou inteiramente irlandês. A maioria dos judeus é. Digo, judeus que se tornaram párias, porque somos párias de nosso próprio corpo e mente.

James Joyce escapou e "compôs" na página escrita.

E James Joyce era muito irlandês!!!

Sou irlandês muito da maneira como um compositor como Bach resistia à ira de outro *kaiser*. Bach era um irlandês alemão tocando órgão em uma igreja. Cristo era irlandês, Moisés e Aarão eram irlandeses, e a diáspora e o constante maravilhamento são efeitos ou defeitos irlandeses dessa coisa que chamamos humanidade.

Não sei o que me faz resistir. Talvez nada faça. Não hoje, o dia de meu *fear-well*, meu *farewell* [adeus].

Jamais atingirei essa felicidade mística ou iluminação, por causa das mentiras que disse e ouvi.

Toda essa coisa de DNA é uma desgraça, uma conspiração contra o MITO.

Talvez esteja na hora de encerrar esta biografia com morte súbita. Toda morte é súbita. Não. Nem todas as mortes são súbitas.

Biografias e autobiografias são formas LENTAS de morrer.

James Joyce escapou e "compôs" na página escrita.

E eu não. Eu escrevo. Escrevo do modo como penso. Penso do modo como falo, logo, existo.

Descartes não era nenhum Joyce.

Ele era menos.

Morte, sim, mas não por decreto, mas sim — por decreto! A determinação de terminar isso agora, de começar uma nova vida — uma vida devotada a encontrar uma maneira de lidar com a VIDA da maneira como meu tio e meu pai NÃO lidaram com a deles.

Sievers. Sieverstat. E os Landsbergs e Thomas nesta árida paisagem chamada século XXI, na qual ninguém tem tempo para se preocupar com uma ereção ou olhar para as estrelas e QUERER SABER. Sim, QUERER SABER como isso veio a ser e se tornou uma questão física. Uma questão de existência física e de preocupações práticas, a fim de passar pela vida IGNORANDO-A. O quê?

E Leibniz? Eu o estou ignorando agora porque não posso continuar. Vou continuar. Outro *Manifesto*? Não, o fim de uma tola e vã autobiografia — um carimbo de borracha, por assim dizer.

Sim, vivi daqui para ali, e não posso ser encontrado em minha alma. Tudo que tenho é dor nas costas e estou assombrado, constantemente assombrado, com os humanos e sua determinação em EXTERMINAR e com sua determinação em PARAR nosso extermínio, o nosso, dos humanos.

Digamos que tudo começou quando olhei para CIMA na Capela Sistina e vi o que ELE fizera conosco, nos amaldiçoara, enquanto a "Missa" de Janacek estava explodindo ou algum STING nos mandava "Message in a Bottle" ou Gismonti nos ensinava que forró e chorinho são, de fato, as formas mais elevadas de louvor e prova de louvor e louvor de nossa existência.

É por isso que, desde aquele dia em Roma, na Capela Sistina, tudo que consigo é me sentir doente, de uma forma ou de outra — meu corpo físico estava começando a ceder bem lá, enquanto eu VIA e SENTIA o universo ruir sobre mim com sua grandiosidade! Bach e o "Réquiem" de Fauré sempre soando em meus ouvidos, como um ruído rosa e indesejado.

Qual é meu lugar?

Não sou nada além de uma pequena parte — uma NOÇÃO — em "The Large Glass". Talvez um detalhe no moedor de chocolate, ou, pior que isso, parte da parte estilhaçada da obra-prima de Duchamp.

Do que realmente gosto, além dos dez tons de cinza ou da horrível não cor estabelecida por Beckett ou das quatro notas empregadas por Philip ou dos tons marrons e terracota escuros dos pintores flamengos ou... de minha inabilidade em expressar TUDO, como fez Dylan.

Os tempos estão *a-changing*, mas, mas... eu já não os reconheço. Agora, está tudo do lado de fora de minha janela, e TUDO que faço é olhar pela janela, seja para o East River ou Cadogan Square, seja para a praia de Ipanema ou... as minúsculas vielas de Jerusalém ou Wengen? Tudo que faço é olhar e me perguntar.

Tudo que faço é olhar pela janela e me perguntar.

Tudo que faço é olhar pela janela e me perguntar.

Tudo que faço é olhar pela janela e me perguntar.

Janelas OLHAM de volta porque, no século XXI, cada janela olha para outra janela.

Janelas conversam com outras janelas.

Tudo que faço é olhar pela janela e me perguntar.

Janelas OLHAM de volta porque, no século XXI, cada janela olha para outra janela. E, na OUTRA janela, existe um ser, como eu, olhando para fora e se perguntando.

Digamos que tudo começou quando percebi que TUDO que faço é olhar por minha janela e me perguntar.

Digamos que tudo começou quando percebi que TUDO que faço é olhar pela janela e me perguntar. E, por olhar demais, dois aviões atingiram o World Trade Center. Espero que não tenha sido porque eu estava olhando para as torres do número 131 de Kent Avenue, no Brooklyn.

Por que não terminar com um GRANDE acorde de ÓRGÃO de Bach e dizer que tudo começou quando percebi que TUDO que faço é olhar por minha janela e me perguntar?

Assim, agora, pelo bem de meu próprio "falhar, falhar novamente e falhar melhor", por que não terminar com um GRANDE acorde de ÓRGÃO de Bach e dizer: "Digamos que tudo começou quando percebi que TUDO que faço é olhar por minha janela e me perguntar, e dois aviões atingiram o World Trade Center. Espero que não tenha sido porque eu estava olhando para as torres do número 131 de Kent Avenue, no Brooklyn"?

Por que não terminar com um GRANDE acorde ou nota de ÓRGÃO de Bach e dizer "Digamos que tudo começou quando percebi que TUDO que faço é olhar por minha janela e me perguntar"?

A melhor ARTE é e SEMPRE FOI feita em nome de DEUS. De Bach a Michelangelo e todos os réquiens! A música é (talvez) a maneira como Deus se comunica conosco, através de algum esboço de grandes pintores como Rembrandt. Assim, agora, pelo bem de meu próprio "falhar, falhar novamente e falhar melhor". A inexistente verborragia dos irlandeses... é suficiente para fazer alguém chorar.

E a janela pela qual olho?

A janela também se pergunta, me olhando nos olhos, pois o que é aquilo que vejo refletido nela?

Não, não é um jogo de palavras. Sem trocadilhos.

As janelas OLHAM de volta porque, no século XXI, cada janela olha para outra janela.

Janelas OLHAM de volta porque, no século XXI, cada janela olha para outra janela. E, na OUTRA janela, existe um ser, como eu, olhando para fora e se perguntando.

E, notando os milhões de olhos olhando para o nada e contemplando o TEMPO, o tempo na Terra, o tempo passando por nós nesta Terra, eu...

Eu mesmo. Meu rosto, se obliterando.

A janela também se pergunta, me olhando nos olhos, pois o que é aquilo que vejo refletido nela?

Eu mesmo, e meu rosto, o tempo todo.

E que mentira isso tem sido.

Tchau.

Adeus e obrigado por permitirem que eu existisse — brevemente — entre vocês.

O FIM???

É claro que não.

Se precisam de uma pausa para banheiro, drinques, e assim por diante...

Fiquem à vontade! Dez minutos, e estaremos de volta.

63

Minha mãe no retrovisor

Digamos que tudo começou nos anos de minha infância, quando vi minha mãe toda alquebrada aqui neste vilarejo alpino onde "as ruínas ainda estavam no lugar onde você brincava quando criança?". Sim, as ruínas estão todas aqui.

Há dez anos (parece uma eternidade), eu lembro que era Natal — eu e Fabiana estávamos hospedados no Belvedere, e eu escrevia freneticamente o que deveria ser (na época) minha autobiografia. Naquela ocasião, ainda vivendo em Belsize Park e depois de ter mostrado a bunda para a plateia no Rio, após a estreia de minha melhor peça até então, *Tristão e Isolda* (versão 2), eu a chamei de "Nota de suicídio: verdades e mentiras, e o império das meias-verdades".

Minha mãe ainda estava viva.

Sim, minha mãe. MÃE!!! MÃE!!! MÃE??? MÃE???

Eu realmente devo ser a pessoa mais estranha deste planeta. Sim, eu sou.

Essa era a pessoa que não somente me dera vida e amor, mas também um ser humano frágil, que amei tanto que esse sentimento devia envolver a lei dos opostos ou algo assim. Sim, Freud novamente. Ou algo assim.

Freud, em minha *Tristão e Isolda*, era uma decorrência natural do fato de eu morar muito perto de sua estátua (Ornam Road, NW3), da Clínica Tavistock e do Museu Freud, em Frognal. Sim, a obra-prima de Wagner na prática clínica de Freud! Faz todo o sentido do mundo.

Simplesmente não estou "me relacionando bem" com nada nem ninguém.

Tentei agradar Daniela em relação ao Natal, com seus rituais cristãos, mas aquele NÃO era eu. Fui falso? Fiz algo naquele dia em particular que agora me causa amargura?

Sim, possivelmente.

Tratei minha mãe de um jeito horrível no fim de sua vida, o que — olhando em retrospecto — agora me causa amargura?

Sim, certamente.

— Eu tinha certeza, desde o início da gravidez, que daria à luz um gênio — me disse logo depois da morte de meu pai, em 1984. Sim, enquanto caminhava comigo em Williamsburg ou no banco de trás de meu Toyota Celica verde-escuro (o tanque nicaraguense), cruzando a ponte Williamsburg, foi isso que ela disse.

Algo acaba de me ocorrer: minha mãe sempre foi uma imagem que vi pelo retrovisor!

Isso é assombroso para mim.

Um refugiado. Fugindo durante toda a vida. Minha mãe também, uma refugiada, fugindo durante toda a vida.

Alguém sabe o que isso significa? Passar a vida correndo? Fugindo?

MÃE!!! MÃE!!! MÃE??? MÃE???

Alguém sabe o que isso significa? Ninguém no mundo que não tenha sido criado como fui — um tio que se suicidou durante o Terceiro Reich —, ou que não seja um sírio vivendo em um campo congelante na Turquia ou na Jordânia, realmente saberia, a não ser que o fizesse por meio da literatura ou de coisas assim.

Sim, permaneço fugindo.

Mas é a história de minha vida: "O império das meias-verdades." Alguém está realmente ouvindo?

Espero que alguém, algum dia, possa ouvir.

Mas estou gritando. É claro que a língua não é uma em duas: é a língua de Babel. É todas elas. O universo inteiro e seus sons.

É ensurdecedor.

Sim, estou começando a entender. Minha mãe no retrovisor e meu grito é tão alto quanto o dos refugiados! Mas ninguém ouve nada, porque há um silêncio ensurdecedor do lado de fora. A neve pesada cobre tudo, como sempre faz, como sempre fez neste lugar em que "as ruínas ainda estão onde eu brincava quando criança".

"Digamos que tudo começou" quando percebi que TUDO que faço é olhar por minha janela e me perguntar.

Por que não terminar com um GRANDE acorde de ÓRGÃO de Bach e dizer "E, mortos, caminhamos" quando percebi que TUDO que faço é olhar por minha janela e me perguntar?

Por que não por um FIM ao som do Big Bang de um ENORME SOM de ÓRGÃO de Bach e dizer: "E, mortos, caminhamos", quando percebi que TUDO que faço é olhar por minha janela e me perguntar por que não terminar com uma GRANDE chave de ÓRGÃO de Bach, corrente, corrente-fuga, um Bach "fugitivo" e... Riverrun Bach, córrego que flui para o infinito?

Digamos, digamos que tudo começou quando percebi que tudo que faço é olhar por minha veneziana e velejar, olhar pela persiana e perceber e me perguntar por que não pôr um FIM ao som dele, aquele riacho em alemão, o Bach, o riacho em inglês o Brook, o riacho de Finn, o Riverrun, como ser um fugitivo que acorda no seu funeral enquanto dorme e sonha a morte dentro do velório que tem cheiro de tubarão.

Digamos, digamos que tudo começou quando percebi que tudo que faço é olhar por minha janela e me perguntar como ser um fugitivo como Bach e Gismonti.

A melhor ARTE é e SEMPRE FOI feita em nome de DEUS. De Bach a Philip Glass a Michelangelo a Schönberg a Egberto Gismonti e Astor Piazzolla e todos os réquiens, a música é (talvez) a maneira como Deus se comunica conosco e por meio de nós, empregando meios de desproporcional malevolência, como as bolhas no olho deixadas por Picasso, Rothko e Bacon.

A melhor ARTE é e SEMPRE FOI feita em nome de DEUS. De Bach a Michelangelo e todos os réquiens! Música é (talvez) a maneira como Deus se comunica conosco, por meio de algum esboço de grandes pintores como Rembrandt, Da Vinci, Duchamp, Saul Steinberg e... Então, agora, pelo bem de minha própria falha, "falhar novamente e falhar melhor". O inexistente fluxo sanguíneo verbal dos irlandeses... É suficiente para fazer alguém chorar.

Por que não terminar com um GRANDE chaveiro de ÓRGÃO de Bach e dizer "E, mortos, caminhamos" quando...

Percebi que TUDO que faço é olhar por minha janela e me perguntar.

Percebi que TUDO que faço é olhar por minha janela e me perguntar.

As janelas OLHAM de volta, porque, no século XXI, cada janela olha para outra janela.

Por que não terminar com um GRANDE acorde-chave de ÓRGÃO de Bach em um berimbau e dizer "Digamos que tudo começou" quando percebi que TUDO que faço é olhar por minha janela e me perguntar?

E as janelas pelas quais olho?

A janela também se pergunta, me olhando nos olhos, pois o que é aquilo que vejo refletido nela?

Não, não é um jogo de palavras. Sem trocadilhos.

As janelas OLHAM de volta porque, no século XXI, cada janela olha para outra janela. E nessa OUTRA janela há um ser, um ser como eu, olhando para fora e se perguntando.

A TV... uma janela? Assim como nossos laptops e telefones: todos janelas para o mundo, colocadas logo abaixo de nossas janelas de vidro.

E ao notar os milhões de olhos olhando para o nada e contemplando o TEMPO, o tempo na Terra, o tempo passando por nós nesta Terra, eu...

Eu mesmo. Meu rosto, minha Terra.

A janela também se pergunta, me olhando nos olhos, pois o que é aquilo que vejo refletido nela?

Eu mesmo e meu rosto, o tempo todo.

E que mentira isso tem sido.

Tchau.

Adeus e obrigado por permitirem que eu existisse — embora brevemente — entre vocês.

63,5

"Agora explodiram o retrovisor"

Downtown Manhattan é um enorme escombro. E o que aconteceu "dentro" da minha janela foi o pior teatro que já vi.

Não foi teatro. Mas foi uma encenação. Escrevo isso no dia 27 de junho de 2016 e ainda tusso, choro e me engasgo com as palavras quando penso naquilo tudo, me entendem?

Michael?

Michael? Você me ouviu? Preciso de um lenço...

Michael...

Nossa, o Michael. Sim, entendo. Nós somos todos daqui e esse assunto nos comove, nos entulha de números onze. Onze vezes onze, torre vezes torre e... Quando Philippe Petit, um acrobata francês (uma mistura de Evel Knievel com Marcel Marceau da década de 80), esticou uma corda entre as duas torres do WTC no 105º andar e atravessou invicto, somente minha geração aplaudiu.

Não. Não era isso que eu queria falar.

MAS EU NÃO VOU DESCREVER A QUEDA DO WORLD TRADE CENTER, ENTENDEM? NÃO VOU.

SIM! Sim, eu vi tudo. TUDO. O primeiro avião, o segundo avião e o COLAPSO, o panquecamento, PORRA! Pronto.

Já não sei quantas vezes eu disse isso nesses QUINZE anos, caralho! São quase QUINZE anos e até hoje eu sou medicado por causa disso. É Topamax e Rivotril por causa do PTSD e o PÂNICO a cada vez que... MICHAEL!!!!

A TV Globo me pegou lá dentro dos escombros. O Edney Silvestre conseguiu me localizar lá dentro, mas... como eu cheguei lá dentro?

É uma confusão enorme!

Tinham fechado as pontes, os túneis e os metrôs. Todos os acessos a Manhattan estavam bloqueados. Enquanto atravessava a ponte de Williamsburg a pé, eu não parava de olhar para o meu lado esquerdo, onde, um dia antes, ainda estavam as torres do WTC.

Quanto mais perto, mais o cheiro se tornava insuportável. Desci pela Delancey e fui contornando pelo Bowery e por Chinatown, Park Row, sabendo que o policiamento mais ostensivo estava na Broadway e na Church Street, ah, o que importa. Foram os militares que me chamaram para fazer triagem de "coisas". Finalmente cheguei ao local. Acho que o impacto foi ainda maior. Mais uma vez, nenhuma palavra traduz aquilo. Eram centenas (talvez milhares) de "voluntários" trabalhando sob luzes brancas de geradores. O lugar parecia nevado de cinza.

Mas as máscaras contra fumaça eram largas demais, então, então... a fumaça ficava "trapped" (sim, presa, presa) lá dentro. Tudo um horror. Um horror.

Só por alguns instantes eu percebi a dimensão real da coisa. A horrenda proporção que eu não havia visto da minha janela durante o dia, nem mesmo durante a transmissão da TV. Downtown Manhattan era um enorme escombro. Uma mini-Hiroshima. Uma mini-Nagasaki ou uma mini-Dresden.

Tudo em volta do que era o WTC foi lambido, destruído ou semidestruído junto. Eu contei umas catorze torres derretidas e carros desfigurados em posições que nem o mais conceitual dos artistas conceituais conseguiria criar.

Sentei na calçada empoeirada. Cobri a cara por causa da poeira e das cinzas e do fedor de morte e fiquei, aos prantos, catando alguns papéis que voavam.

Li trechos de cartas pessoais, arquivos de empresas, encontrei relógios, carteiras, pedaços de escritório. Mas o que mais me impressionou foi uma mesa praticamente intacta. Ela parecia ainda conter a alma de quem a usava.

Só me lembro de uma calma e um silêncio iguais quando visitei o campo de concentração de Auschwitz. No Holocausto, perdi oito parentes.

MICHAEL, pelo AMOR DE DEUS, VOLTA!!!!
EU PRECISO BEBER ALGUMA COISA.
Preciso cheirar uma fileira.

Escrevi uma peça para o Marco Nanini chamada *Um circo de rins e fígados*, que era sobre isso. Era sobre esse momento aqui. Era ele, o Nanini, recebendo essas caixas de um João Paradeiro, de paradeiro desconhecido. E nas caixas? Rins e fígados. E muitos papéis e trechos de cartas pessoais, arquivos de empresas, encontrei relógios, carteiras, pedaços de escritório. E algumas fileiras. E — no entanto — o verdadeiro João Paradeiro estava sentado na quarta fileira.

Sempre entre duas fileiras. Eu me movimento entre elas.

É incrível. O Muro de Berlin, seu colapso e suas fileiras. E eu.

Voltei a pé e cheguei de Williamsburg por volta das 8 horas. Tomei um café da manhã no Read Cafe. Não havia música ali (sempre há) e ninguém falava. O café estava mais amargo, e a volta para casa, mais triste.

As Torres Gêmeas eram a cara da minha geração, e eu as vi crescer. O Empire State Building e o Chrysler eu já peguei prontos e muito prontos, claro, já que são da década de 1930. Mas o WTC subiu na década de 1970 e são a cara de Andy Warhol mais Samuel Beckett. Ou seja: a repetição de uma imagem, típica da obra de Warhol e suas latas de sopa, e típicas também de *Esperando Godot*. Por quê? Porque em

Godot (supostamente) "nada" acontece, em dois atos. Assim como as torres eram "limpas", sem "Adorno", em dois atos, uma espelhando a outra, mas constatando que a arquitetura da década de 1970 não tinha muita coisa a dizer. Existe uma tragédia nisso? Existe tragédia em *Esperando Godot*?

A queda das torres foi a maior tragédia que a minha geração vivenciou. Bem, eu ainda estou vivo. Sei lá o que vem por aí.

Mas dentro da tragédia existe sempre um lado lúdico. Há algumas horas, comecei a notar um movimento estranho em frente à minha casa. Pessoas corriam em direção ao East River. Pensei no pior, talvez outro ataque ou coisa semelhante.

Nada disso. As pessoas estavam correndo porque começaram a aparecer, flutuando na margem do rio, destroços que, eu supunha, fossem do impacto da explosão do segundo avião contra o WTC.

Desci e fui checar. De fato, eram milhares de pedacinhos de madeira, restos de mesas, móveis, plástico de computador, carpetes incinerados, papéis e mais papéis.

A população catava esses pedaços de triste lixo histórico como se fossem pequenas lembranças e lembretes de um episódio inesquecível. Certamente esse "lixo" será exposto com orgulho do lado dos retratos e dos troféus que servem para nos lembrar o quanto somos feitos de saudades. Hoje existe o "Museu do 11 de Setembro".

Vocês já foram lá?

Já?

Se divertiram?

Gostaram do novo prédio?

Subiram nele?

Gostam de maquiagem?

Gostam de torres altas em tempos de guerra?

Essa é a situação psicológica hoje. Ninguém mais sabe o que é boato ou verdade. Naquela época não tinha Facebook, Instagram ou essas "coisas".

Mas já tinha Al-Qaeda. Mas não tinha Snowden nem Assange nem o Wikileaks. Nem O ISIS. Mas tinha... Ah, essas comparações idiotas.

Vivemos um "Viagra Falls", a mais simples impotência.

O medo é que uma barata tonta esbarre num botão vermelho, o que representaria o fim de tudo. Ironicamente, durante a Guerra Fria, isso não aconteceu. Enquanto tínhamos inimigos "visíveis", a flexibilidade da barganha era enorme e dependia só do enxadrista econômico e de *fair play*.

Mas o que fazer quando tento confortar os que ligam querendo respostas? Digo que está tudo calmo. E está. Mas sei que esse pode ser nosso último dia.

A PAZ MUNDIAL está longa demais. Demais.

Nunca foi tão longa.

Quer saber? Vou para a esquina comer um belo balde de sorvete. E vou degustá-lo na beira do píer enferrujado aqui em frente, com a calça arregaçada e os pés na água morna do East River, como se fosse um daqueles pescadores malucos que jogam a rede no rio Tietê e esperam pegar um belo salmão já marinado.

Michael: não sei onde você foi parar. Mas eu vou pedir um intervalo porque... ah, porque eu quero e PRONTO.

64

Tempestade num copo sem água!
Os amigos que morrem

Ruth Maleczech, Lee Breuer e Fred (e Honora) e toda a Mabou Mines estavam juntos havia muito tempo: desde 1980-1981, para ser preciso. Eu estava lá, bem no meio de *The Tempest in the Park* — produzida por Joe Papp — no Delacorte, e Lee e Ruth estavam à frente da produção.

Fred, Bill Raymond, Steven Keats e eu nos tornamos amigos muito próximos. Para cima e para baixo, e ao longo de todo o caminho até Princeton (onde Fred e Honora moravam), e até minha casa em Mercer Street, 250 — onde frequentemente Lee e LB Dallas (e mesmo Ruth) pediam para passar a noite.

Fiquei devastado ao ler a mensagem de texto de Philip dizendo que Ruth morrera, e então a chamada. A chamada telefônica.

Philip foi bastante impertinente durante o telefonema.

— Lee, é claro, está na China!!!

Fiquei pasmo.

— O quê?

— Sim, e eu estava indo vê-la pela manhã e descobri que ela estava morta.

Eu não sabia como reagir e realmente não sabia por que Philip mencionara minha mãe durante a conversa. Mas aquele certamente não era o assunto.

— Falando nisso, estou namorando essa garota japonesa, muito jovem, bonita e estranha, que tem um passaporte americano. Ah, sim, tenho algumas músicas novas para você ouvir — incluindo algumas em iorubá! E... e... eu gostaria de ser convidado quando você levar Stokes para jantar na semana que vem, porque estou indo para a Califórnia agora e volto na segunda-feira.

Durante toda a conversa, minha mente estava em Ruth, Clove e Fred, cuja morte "perdi" em 2012, algo pelo que não consigo me perdoar!

Mais que isso! Eu estava pensando: "Essa maldita Ruth Maleczech. Preciso escrever um artigo em meu blog e entrar em contato com Alisa Solomon, minha amiga de longa data — antiga crítica do *Village Voice*." Eu queria gritar para o mundo: **UMA GRANDE ARTISTA ACABA DE SAIR DE CENA!!! SEU NOME ERA RUTH MALECZECH!!!**

E, no entanto, depois de todos aqueles prêmios, ninguém a conhece!

— Vou desligar agora e voltar para minha música, Gerry! Falar com você é como um tsunami — disse Philip, rindo, e naquela risada ainda encontramos algum alívio beckettiano da dor de ter perdido Ruth.

Fiquei sentado em uma lagoa, uma grande lagoa de nostalgia, pensando: quem virá depois? Quando o telefone vai tocar novamente? Será Judith? Foi Judith. Será Philip novamente, falando sobre os Grinsteins? Sim, foi Robin Williams e Philip Seymour Hoffman e...

Em uma visita recente a Dublin, aprendi algo sobre isso! Quero dizer, sobre a morte.

64,5

AMIGOS? O PAPA? Leonard Easter, Lisa Giobbi

Sabem, eu frequentemente me pergunto o que isso significa. O que as pessoas veem como um "amigo" pode geralmente se tornar um detrator no futuro, no caso de você ser bem-sucedido. No caso de atingir seu objetivo cedo na vida.

Amigos! Especialmente quando me encontro com Lisa, olho em seus olhos e vejo a incrível paisagem da passagem do tempo e, especialmente, da passagem de nosso tempo, de nossa era, daquela nossa euforia que certa vez existiu.

Sim, Lisa Giobbi é o que se poderia chamar de puro amor, ao menos para mim. Um amor que não precisa de nada e que se abastece sozinho. É uma enorme admiração e o constante lembrete, no fundo da mente, de que eu gostaria de dizer: "Sinto muito por nossa perda." (E isso significa tudo que vocês lerem nisso.)

Ou quando olho nos olhos de Hugh Hudson em sua cozinha, preparando jantar para mim: "GT, você precisa comer de modo mais saudável", ele diz, enquanto quase meio quilo de manteiga derrete para fritar a abobrinha e os cogumelos que vão guarnecer a massa que ele está preparando.

Subitamente, uma maçã é jogada diretamente em meus olhos, quase quebrando meus óculos.

— THOMAS NÃO PRECISA DE UM IPHONE!

Thomas Hudson é o filho de Hugh. Mas também sou um pouco seu pai. É um *twist*, mas não mais que Oliver Twist.

Hugh grita comigo e pragueja, como somente os amigos fazem.

Hugh não faz um filme desde 1999. É o período mais árido para qualquer um que eu conheça ou tenha conhecido. Isso significa dezesseis anos sem um filme — sua única paixão.

Odiei cada momento de sua festa de casamento em 2003, em um salão de festas em Fulham/Chelsea, na qual uma guerra de traficantes aconteceu bem na nossa frente. Um lorde holandês chamado M.S. usou a festa para assumir as operações de um certo artista do vidro chamado Bryan. E por que isso aconteceu lá?

Porque TODO MUNDO que era ALGUÉM em Londres estava lá. Sim, de Alastair Campbell à família Broccoli/James Bond, dos jogadores de futebol a Jeremy Irons ou Ian Holm, ou... De todos os Ridley Scott a Coppola e Sting. Todos lá.

Ou Leonard Easter. Como posso descrever o amor real e o companheirismo entre Lenny e eu? Ele é uma das pessoas mais especiais que conheço. E conheço Lenny há quase trinta anos. Nós cuidamos um do outro. Não é fácil, dado que Lenny vive em Kingston, no estado de Nova York. Mas, quando ele vem para cá ou quando nos encontramos no Loup Café, rimos do mundo, rimos de tudo. Entretanto, Lenny sabe melhor que ninguém como me colocar no lugar:

— Gerald, faça isso e não aquilo.

É claro, sendo um mega-advogado e um "pensador" da lei — assim como sou um "pensador" do teatro —, a ligação é facilmente explicável.

Enquanto conto a vocês sobre Lenny, um e-mail dele chega em meu iPhone e rapidamente respondo.

Oi, Lenny.

Obrigado por escrever.

As coisas estão indo bem. Ou estavam, até a noite passada. Achei que estivesse fazendo grandes progressos nessa "amaldiçoada" biografia *Entre duas fileiras*, mas, hoje, cheguei a um daqueles momentos em que nada faz sentido. Nada.

A companhia de Londres foi impedida de fazer uma turnê pela Ásia por causa de uma tecnicalidade, e estou convencido de que a idade — falta de motivação e tal — bate com força, de tempos em tempos.

Estou sob tanta pressão, Lenny! Estou tão estressado, por causa do crescente número de pessoas a minha volta que pareço ferir simplesmente porque não posso lhes dedicar o "tempo especial" que merecem...

É um daqueles dias gloriosos aqui na City, e eu estava escrevendo sobre "amigos" e o Papa quando seu e-mail chegou.

Mas não acredito em nada neste momento.

Sinto imensamente sua falta. Sinto falta do "olhar Leonard" de realidade quando digo algo tolo. O olhar de irmão mais velho.

Realmente sinto sua falta, meu amigo.

LOVE,
G.

Essa resposta diz tudo, não diz? Lenny e eu temos um punhado de amigos em comum lá dos anos 1980, a maioria dos quais desapareceu.

O que posso dizer sobre Hans Aschenbach? Um querido amigo e um músico completo, indo de tenor brilhante, maestro e ator a simplesmente um cara que nasceu e foi criado em Idaho e se mudou para a Alemanha, onde ainda vive. Outro irmão? É isso que filhos únicos fazem? Procuram irmãos?

Fico ansioso sempre que passo dois dias sem saber dele. É intenso assim. Tão intenso quanto Tristão, um papel que ele interpretou em minha produção de 1996, quando nos conhecemos.

E onde o PAPA se encaixa?

Bem, eu sei de algumas coisas. Na verdade, não há segredos entre a comunidade internacional de direitos humanos. O padre Jorge estava envolvido com a Junta Militar na Argentina nos anos 1970. Mas ninguém diz nada.

É um segredo estranho. É quase como a morte da princesa Diana. Todo mundo sabe que o Mercedes blindado foi explodido em Paris porque ela estava grávida de três meses do filho de Dodi Fayed. Sim, um muçulmano e o lorde da cocaína que patrocinou todo o New British Cinema. E voltamos a Hugh e a seus olhos, no porão do número 24 de Leonard's Terrace, Chelsea. E voltamos aos olhos de Lisa e à erosão causada pelo tempo, pelos sonhos frustrados e pelos projetos fracassados, anjos caídos, vidas destruídas e a existência e persistência do constante azarão que existe em nós.

E foi para falar sobre esse azarão que eu e Hugh subimos juntos ao palco em 2008, para debater uma retrospectiva organizada por Leon Cakoff em São Paulo. Eu e Hugh debatemos toda a sua obra, de *Carruagens de fogo* a *Revolução*, com Al Pacino, e a passagem do tempo era uma presença tão forte que apenas argentinos (argentinos como o Papa) se levantaram e fizeram algumas perguntas a Hugh.

Ex-esposas ou esposas em geral são vistas como amigas?

Não sei. Há muita disputa em jogo, nada perto de amizade. De fato, é o oposto. E quanto a ex-sogros e ex-sogras?

O que posso dizer sobre Fernanda Montenegro ou Ziraldo? E sobre Ruth Escobar?

Acho que sim. Amigos. Tempo bastante já se passou para que a amargura das lágrimas amargas tenha passado e haja a ocasional doçura de uma nova lágrima rolando.

Marion Strecker é uma amiga, mas ausente, assim como sou pai de Mileny ou Fernando: um pai ausente.

Jamais pedi que Lisa se casasse comigo. Não podia. Até hoje me pergunto por quê. Não há um porquê. Eu era um covarde na época, e a coca não me permitia ser "caloroso" o bastante para dizer: "Lisa, vamos nos casar." Simplesmente não aconteceu. Entretanto, até hoje, somos martelo e prego, Hamm e Clov, Nagg e Nell. Mas eu me sinto mais confortável com alguma outra pessoa? Não. É ela. E sempre será.

Posso não ter sido leal em meus casamentos, mas sempre fui leal a Samuel Beckett.

De Hans, agora mesmo: "É isso que acontece quando o gás acaba. Decidimos cortar a árvore inteira. Tudo bem se sentir pra baixo. Tudo bem contemplar. Acho que muitas memórias são as que parecemos evocar quando estamos pra baixo. Tendemos a nos lembrar da última vez em que estivemos pra baixo, e a memória de por que ficamos naquela merda. É quando decidimos fazer aquela coisa de andar em círculos."

Sim, Hans. Concordo.

Como não poderia?

65

Lendo vogais e consoantes

Também leio vogais, consoantes, palavras, sentenças inteiras. Lembro que as entrevistas de David Sylvester com Francis Bacon eram a joia do momento. Eu as amava tanto que odiava ler rápido demais e, assim, era cuidadoso. Uma página de cada vez. Página por página, vogal após vogal, como se estivesse olhando para partes das pinturas de Bacon e nunca para a coisa como um todo.

"*I walk down Portobello road to the sound of reggae [...] And nine out of ten film stars make me cry. I'm alive.*"

Bem, nove entre dez estrelas do cinema também me fazem chorar.

O problema é sempre a décima. Se nove entre dez estrelas do cinema me fazem chorar, o que a décima faz comigo?

66

Médium — OBAMA, PERCUSSÃO + DEPRESSÃO

Percussão é tudo que realmente importa. Digo isso com grande certeza. Uma boa percussão toca sua alma, contradiz as batidas de seu coração, abre uma fenda em seu crânio e o coloca em transe.

Um transe tão longo, tão bom, que pode trazer chuva e alterar o clima.

No fim, ele se resume a coisas simples. Mas coisas que cantam tão alto e tão claro que podem estremecer a terra.

"Gimme Shelter", dos Rolling Stones, com Lisa Fisher é um dos momentos que tendo a revisitar quando quero contextualizar ou redimensionar as coisas.

"Kashmir", do Led Zeppelin, é outra.

Eu era uma cascata de lágrimas, lágrimas de alegria, de satisfação, comovido como raramente antes. Eu me "tornara" aquelas cataratas do Iguaçu ou do Niágara, uma tempestade em um copo d'água. Não conseguia parar de chorar. Não conseguia acreditar na alegria!

Barack Obama fora eleito.

Eu me sinto tão feliz, tão triste, tão estranho sobre os últimos dias que nem saberia por onde começar. *Weltschmerz*, o peso e a dor do mundo que carrego em meus ombros e que nunca me deixa em paz.

Como posso realmente explicar às pessoas que tudo que eu queria era estar morto?

Como?

Como se diz isso sem soar repetitivo e/ou pedante?

Bem, sim! Eu tive a experiência de ser médium!

Sim, vocês leram direito! Médium! Eu me vi murmurando no tom, na altura e no sotaque de minha mãe sobre a "máquina" não estar funcionando, senti uma terrível pressão no pescoço e na garganta e desmaiei. Acordei sem saber onde estava, ainda murmurando e deixando Daniella Visco maluca sobre "dizer a ELE ou ELES (quem quer que fossem)" que os anjos iriam levá-lo(s) embora.

Subitamente, me vi em uma mesa, com uma vela acesa e rosas brancas, e Daniella fazendo perguntas ríspidas!

— Pergunte quem é essa pessoa!!! Vamos, pergunte!

Perguntei. Houve uma resposta. Tal e tal.

— E o sobrenome? Qual é o sobrenome? PERGUNTE!

Eu perguntei. Houve uma resposta. Tal e tal.

Ela foi até seu iPad, e — para nosso assombro e minha consternação — o tal médico realmente existia e era o mesmo que FIZERA a cirurgia... Isso não é tanto sobre Obama. É mais sobre minha intuição.

Todo mundo ficou assombrado. Fui usado como canal para "curar" o ator com quem eu estava trabalhando, Ney Latorraca, que passava por uma cirurgia.

Eu podia sentir uma pessoa entubada do jeito errado e fui capaz de consertar parcialmente as coisas. Durante três dias, três dias exaustivos, falei e agi de modo estranho, porque estava em um transe constante. Instruí os médicos no Rio (enquanto eu estava em Londres) sobre quais tubos usar e assim por diante.

Foram dias tensos. Muito tensos.

Estou tenso agora, contando isso.

O acupunturista chinês que me examinou no Ekang Health Center, em Covent Garden, disse que meus batimentos pararam.

Uma semana depois do evento e sabendo que Ney Latorraca estava em condição estável, Daniella Visco me levou ao Conan Doyle Psychic Center, na Cromwell Road, e eu meio que choquei todo "especialista" de lá, girei cada cristal e movi cada pêndulo com um ímã ligado a ele.

Finalmente, a mulher de aparência punk que era a encarregada do lugar me disse:

— Se eles vierem, se você ouvir essas vozes, simplesmente DIGA NÃO!!!

— E eles me deixarão em paz?

— Sim.

— Simples assim?

— Simples assim. MAS coma um filé. Um filé malpassado. Você parece morto.

Achei que fosse um elogio, vindo da diretora do Centro Conan Doyle para mortos ou quase mortos.

Dani e eu fomos comer um filé em Fulham, perto dali, e eu voltei para casa e chorei mais um pouco. Afinal, meu presidente realmente fora reeleito para um segundo mandato.

Chorei, escrevi um e-mail para Lenny Easter e fui dormir pela primeira vez em quase uma semana.

Como posso explicar às pessoas que tudo que eu queria era estar morto?

Bem, eu meio que estive morto e tudo que não quero fazer é... estar vivo amanhã de manhã.

67

Viena, Munique, conquistando a EUROPA

Tudo começou em novembro de 1988. Minha *Trilogia Kafka* estava no anexo do La MaMa, em Nova York, com casas lotadas, depois que a primeira página do *Arts & Leisure* do *New York Times* nos abrira uma grande porta, com todos os elogios e controvérsias de que precisávamos para um sucesso fantástico no centro. Eu ainda podia ouvir a voz de Julian Beck em meu ouvido, embora ele já estivesse morto havia três anos:

"Vá para o Brasil e faça o que você faz aqui, mas em grande, gloriosa escala. Faça algo grande e, depois que se tornar um herói nacional, volte para cá, que o *Times* lhe dará uma grande cobertura e você ficará famoso."

Dito e feito, como uma profecia.

Elmar Zorn

Um dia, recebi uma nota, entre outras, deixada na bilheteria: "Olá, sr. Thomas. Meu nome é Elmar Zorn, sou o principal produtor de arte da Alemanha e serei o curador do Wiener Festwochen do ano que vem. Estou no Excelsior Hotel, na West 81st Street. Por favor, entre em contato."

Foi o que fiz.

Encontrei aquele cara grande, caminhando com uma bengala, que demonstrou tanto entusiasmo pelas peças que não parava de cuspir em mim enquanto bebia suas canecas de cerveja. Quando ele descobriu que eu falava alemão, uau! Foi o que bastou. Ele ficou frenético. Começou a formular uma estratégia de guerra bem ali, em um guardanapo.

— Você TEM de ir a Munique na semana que vem, faremos contato com a imprensa e...

Quase pensei que o Quarto Reich estivesse começando bem ali, com Zorn, Thomas e Kafka. Não. Não podia ser.

Uma semana depois, eu estava em Munique, em um excelente hotel em Schwaben, sendo apanhado por Rosemarie Schneider e seu (então) marido "Felipe, o príncipe de Sintra e Alemanha", que estava "in" com Fassbinder, Wenders, Kreuz, Botho Strauß, Dieter Dorn e assim por diante.

Rosemarie, durante minha vida, veio a se tornar uma grande amiga e amante, uma crítica confiável que sempre exigia mais e mais de mim, crítica como era, louca como é, de um jeito bom, louca e bela: uma versão feminina de Mick Jagger.

E, assim, ocorreu a primeira entrevista no *Abendzeitung*: "Universum im Kleinen Format" [O universo em miniatura]. Fiquei impressionado com o extraordinário nível de inteligência e concisão dos alemães. Quero dizer, quem pode argumentar com isso?

Nossa longa estada em Viena foi nosso mais bem-sucedido xeque--mate até então. Ela nos colocou no mapa mundial. Eu jamais poderia imaginar o que se seguiu. Novamente, era o verão de 1989, e nós estávamos lado a lado com Pina Bausch e a maior exibição sobre Freud até então (Wunderblock). Diretores artísticos estavam no lobby do meu hotel brigando para terem "uma palavrinha" comigo. Sim, soa pomposo e provavelmente é, mas foi realmente assim que tudo começou.

Era um açougue, um leilão, uma caça a cabeças, uma temporada de caça, um... meu telefone estava fora do gancho quando alguém bateu à porta.

— Oi, Elmar.

— Eles estão enlouquecendo lá embaixo. Vou dizer em quem você pode confiar e em quem não pode.

E a lista começou. E assim, pouco a pouco, tomei café com Günther Beelitz, o intendente do Teatro Estatal de Munique; outro café com Klaus-Peter Kehr, de Stuttgart; com Pyman, do Volksbuhne; com Brunner, de Graz; hambúrger de Viena ou Vienner da Hamburg Opera (você pode ajustar os nomes e sempre acabará com uma comida); Flymm de Hamburgo e este e aquele outro... Era difícil decidir. Era exaustivo!

O dinheiro oferecido era assombroso. Eu jamais recebera ofertas de salários europeus antes. Não conseguia acreditar. Além disso, eu podia aceitar, digamos, Beelitz e Kehr (teatro e ópera, Munique e Stuttgart), dado que não havia conflito. Soma total: 250 mil dólares, mais diárias, passagens aéreas, acomodações luxuosas e mais isso e aquilo.

Eu tinha de pensar rápido porque precisava decidir e assinar os contratos, ver os teatros e casas de ópera *in loco* e correr de volta para Nova York, a fim de finalizar minha peça com Philip Glass, *MattoGrosso*, que deveria estrear em alguns meses, com orquestra completa e coro. Foi um ano muito, muito pesado. Eu tinha 35 anos.

A idade ideal para se ter quando se está em demanda: trinta e cinco!!!

Sim, isso me assustou. Eu estava assinando meu futuro, na terra onde sonhara o lance de palco e na terra que matara minha família.

Voltei para Nova York.

Após um mês e meio em Viena, com transmissões ao vivo da *Trilogia* na ORF — o canal nacional de TV —, eu realmente precisava respirar.

68

SAMBA — ROCINHA E MANGUEIRA

Eu era criança, não lembro com quantos anos, não lembro onde, mas lembro da superfície: a tampa de metal de uma máquina de lavar, que minhas mãos descobriram ser o mais perfeito substituto de percussão para minha sempre em evolução "escola de samba completa", com surdo, caixa e tamborim.

Pulemos algumas décadas. Estamos em 1992 e sou um realizado, qualificado e célebre percussionista da Acadêmicos da Rocinha e, principalmente, da Estação Primeira de Mangueira. Uau!

Percussão é tudo que realmente importa. Digo isso com grande certeza. Uma boa percussão toca sua alma, contradiz as batidas de seu coração, abre uma fenda em seu crânio e o coloca em transe. Sei que fico repetindo isso, do mesmo modo como fico repetindo que preferia estar morto. Mas, em essência, a percussão é tudo que importa.

Uma coisa é sonhar com isso. Outra é estar nervoso e com medo de perder pontos porque, afinal, eu não vivia o ano todo, 3.099.876 dias por ano, só para isso, como eles faziam. Compareci a dez ensaios e foi tudo. Durante os primeiros cinco minutos, usando aquela cartola enorme, já escorregando da minha cabeça por causa do suor e dos óculos, com os quadris empurrando o surdo — o maior deles, o terceiro surdo, treme-terra —, achei que fosse desmaiar.

Jamais pensei, após o sétimo minuto, que aguentaria mais uma hora e meia sem parar e...? Ah, não! Há um breve "recuo", uns passos para trás... Ok, isso significa quinhentos percussionistas andando de costas e em curva, tentando NÃO bater nos outros percussionistas e manter o ritmo. Sim, agora é hora de parar, tocar e esperar que os outros 4 mil (4 mil!) membros de sua escola passem, enquanto você os mantém "energizados" com sua batida.

É assombroso. É realmente o espetáculo mais assombroso da Terra. Estou no epicentro do Desfile de Escolas de Samba do Rio de Janeiro. Quero dizer... Sim.

Minhas mãos já estavam sangrando e eu estava ficando sem gás quando o pano branco com a coisa branca foi passado, e eu mal podia ver a vasta plateia nas arquibancadas, comemorando, e continuei dançando, como faz o terceiro surdo. Cara! É assombroso. É realmente o espetáculo mais assombroso da Terra. Estou no epicentro do Desfile de Escolas de Samba do Rio de Janeiro. Quero dizer... Sim.

A coisa toda leva duas horas, e UM ANO de preparativos é praticamente jogado fora. Não, não realmente. Os resultados saem na Quarta-Feira de Cinzas e, se sua escola ficar entre as seis melhores, você desfila novamente no sábado seguinte.

MAS, ao fim dessas duas horas, há a dispersão. Tiramos as fantasias e devolvemos os instrumentos, enquanto olhamos para aquela versão apocalíptica da Praça da Apoteose, projetada por Oscar Niemeyer, o famoso arquiteto brasileiro.

O ar está prenhe de sexo. Todos estão encostados nos muros, fodendo. É suarento, durante o auge do verão no Rio, a temperatura está pelos 100 graus e há êxtase no ar, drogas, sexo, bebidas. Puro *Satíricon*. Pura devassidão.

    Foi assim que Claudia, mãe de Mileny, ficou grávida.

    Pode não ter sido lá, naquele dia, mas foi naquela semana de Sodoma e Gomorra.

69

DEPRESSÃO E VÍCIO

Percussão é tudo que realmente importa. Mas tocar percussão ou qualquer outro instrumento pode ser usado como amortecedor para minimizar os problemas.

Em meu caso, foi assim. A percussão turvou os problemas reais, a guerra real no interior desse enredo conspiratório que vive em mim.

Fui tratado por compulsão sexual, mas nunca por vício em cocaína. Talvez porque não me considerem um viciado, uma vez que posso ficar um ano inteiro (ou mesmo dois) sem a droga.

Mas isso não significa que eu não pense a respeito. Eu penso.

E qualquer compulsão ou vício leva a essa imensa depressão pela qual estou passando, e que enfrentei durante tanto tempo. Tanto tempo quanto consigo lembrar. Mesmo aos 7 ou 9 anos... Não importa. Sim, naquela idade, eu não usava coca nem fazia sexo. Assim, se é uma questão de ovo ou galinha, em meu caso estou certo de que a depressão veio antes.

O que importa é que a batida da vida parece ser marcada por um estranho relógio. E os ponteiros desse relógio não apontam para as realizações de alguém. Eles apontam para os desempenhos ruins, para as frustrações insolúveis e para a tristeza, e eu me pergunto por que é assim.

Assim, tentei antidepressivos. Todos eles, e desisti, porque, bem... porque não quero realmente ver um retrato quimicamente alterado do mundo. Sou categorizado como bipolar e sei por quê. Estou, indubitavelmente, na idade de "nada saber", como bipolar. Sou pentapolar e comedor compulsivo. É difícil resistir à tentação de comer o dia todo. Vício em comida é quase tão ruim quanto vício em heroína, medicamentos etc.

Estou ouvindo um comercial na TV: "Ontem ele estava jogando golfe, e hoje está morto. Como pode ser?"

Precisamente.

Agora consigo minha orientação psiquiátrica em anúncios de TV.

Isso não é engraçado? Não é pós-traumaticamente engraçado?

Sim, percussão e **ritmo** é tudo que realmente importa. Mas, quando os **tambores param**, o sexo para e o desejo acaba, tudo que resta é um esqueleto horroroso pendurado no closet, pintado por mim, idealizado por mim, já que sexo é uma questão de fetiche, tentando fazer com que o suicídio pareça engraçado, pois o corpo é classificado como "morto por cabide" (*death by hanger*: morto e pendurado num cabide).

Sim, percussão é tudo que realmente importa. Mas quando a "morte por cabide" entra na visão periférica de alguém, então essa percussão se torna um barulho terrível e insuportável.

Sim, percussão é tudo que realmente importa.

É?

Estou perguntando a vocês: é?

70

Led Zeppelin, Viena, Ellen K.

Certa manhã, em Viena, acordei de sonhos desagradáveis com o cabelo arrepiado e chegando quase ao teto de um quarto de hotel barato. Ellen K. e eu havíamos passado a noite em um colchão de água elétrico. Era verão, e Viena pode ser extremamente quente. Não existe ar-condicionado. Apesar disso, aquele colchão de água era aquecido.

Ellen K. (minha segunda mulher) e eu estávamos nos matando (literalmente), mas aquela foi a última gota no oceano. Estávamos em Viena visitando minha mãe, que, por sua vez, estava visitando uma amiga. Era 1974. Viena estava construindo ou expandindo seu sistema de metrô, porque, como eu sabia, todo o sistema público de transporte era via linhas de bonde.

A cidade era um buraco enorme e estava impossível circular. As plataformas de madeira que tinham sido construídas eram precárias, e Ellen parava em cada farmácia para pedir um produto, um sabonete feito de ou contendo areia: *Sand Seife*. Mas ela não falava alemão, e eu falava, e aquilo se tornou uma saga diária. Eu simplesmente me encolhia quando via uma farmácia, porque sabia o que estava por vir e também sabia que ninguém jamais ouvira falar da maldita coisa. Sim, ela estava obcecada. *Sand Seife, ja?* Sabonete de areia?

Assim, naquela maldita manhã, estávamos ambos elétricos, literalmente. Ellen era faixa preta em caratê. Ela era preta em tudo. Não foi preciso muita discussão, e, antes que eu pudesse reagir, seu pé estava em meu rosto, destruindo meus óculos, o único par que eu tinha. Meu pescoço estava torcido, minha visão estava borrada e meus óculos estavam espalhados pelo chão.

Assim, saí por Viena, cego e caminhando sozinho, tropeçando naquelas plataformas de madeira, quase sem conseguir encontrar uma ótica — com a massa de pessoas me espremendo e me empurrando para lugares para os quais eu não queria ir. Eu JÁ TIVERA O BASTANTE! Quem saberia que, catorze anos depois, eu voltaria à mesma cidade em grande glória? De garoto casado a renomado dramaturgo, a moeda sempre cai em Viena.

Encontrei um lugar para me sentar e chorei. Ainda estava elétrico. Além disso, lembrei que comprara ingressos para ver Led Zeppelin na Earl's Court Arena naquela noite, em Londres, e agora, aquela confusão. Estava cego em uma Viena cheia de buracos e... preso. A maioria das pessoas cegas, incluindo eu mesmo e algumas outras, mas nenhum garoto cego, nenhuma Cornelia Street, Sachertorte por toda parte e mulheres velhas com ventiladores minúsculos. Era tudo bastante ridículo.

Encontrei um oculista. Ele me disse para voltar em algumas horas, e Ellen havia desaparecido. Não liguei. Mas precisava encontrar minha mãe e dizer a ela que pegaria o primeiro voo para Londres, porque não perderia Zeppelin por nada no mundo.

Ok, óculos finalmente prontos, entrei no ônibus que saía do Hilton Hotel para o aeroporto e parti. Em Heathrow, percebi que havia perdido as chaves do meu MGB. Merda! Sem chaves. Uma hora para ir de Heathrow a Earl's Court pela M4. Merda, sem chaves.

Assim, rasguei o teto de lona e entrei no carro no estacionamento de Heathrow, paguei com algumas moedas e fui direto para Earl's Court. Nada importava. Deixei o carro em uma área proibida e não dei a mínima. Pequena valise no porta-malas e foda-se. Tudo que importava eram os ingressos, e isso eu tinha.

Entrei, com o lugar quase completamente lotado.

Mais cedo do que eu esperava, as luzes se apagaram e a plateia enlouqueceu.

Led Zeppelin estava no palco.

Era tudo purpurina e ouro, eu estava no paraíso e em lágrimas, e Viena ficara dez anos no passado.

Lembro de contar essa história a John Paul Jones e ele perguntar:

— Você está dizendo que brigou com sua mulher e rasgou o teto de seu carro apenas para nos ver?

Eu respondi que SIM e que faria de novo e de novo.

E aqui estamos, fazendo *Ghost Sonata*. E agora não estamos mais.

Minha participação terminou em junho de 2013. Enviei uma carta de "desligamento", e ficou tudo no passado.

Irônico?

Muito.

Quanto a Ellen, cheguei em casa muito tarde naquela noite, e ela me perguntou, naquele sotaque horroroso da Flórida:

— Como foi o concerto?

Fiz questão de tirar os óculos antes de retomar qualquer tipo de conversa. Ellen pegara um voo de volta para Londres.

— Como foi o concerto?

Foi tremendo, querida. Tremendo.

Graças a Deus, não sou cego!

71

Tereza Albues Eisenstat

"Arranha-céus são arquitetura de tempos de paz", disse Robert Eisenstat. Ele devia saber. Ele se afastou de um World Trade Center em ruínas, cruzou a ponte do Brooklyn a pé e seguiu todo o caminho até Garfield Place, Park Slope, sem sequer olhar para trás.

    Sapatos ensanguentados, camisa ensanguentada, sangue, poeira e amianto por toda parte. Robert Eisenstat e eu nos tornamos bons amigos. Ele era casado com uma de minhas melhores amigas, Tereza Albues, uma escritora. Um dia, cerca de seis meses depois do 11 de setembro, ela entrou em contato por causa de minha coluna no jornal. O que se destacou foi "Acompanho seu trabalho há anos e somos vizinhos". *Pedra Canga*, um de seus livros, é excelente.

    Ela era uma mulher selvagem, parecendo uma nativa norte-americana ou uma índia sul-americana com cabelo crespo. Ela me telefonou, e foi como se sempre conversássemos. E quando desligamos, eu liguei novamente (quase quatro vezes naquele dia), e foi muito simples dizer: "Ei, por que vocês não vêm até aqui?"

    Eles foram.

Robert é um arquiteto e engenheiro civil que trabalha para a Autoridade Portuária de Nova York e Nova Jersey, que era dona do WTC. Por sorte, quando os aviões colidiram, ele e seu técnico estavam no elevador de serviço da Torre Norte, ouviram uma grande explosão e notaram a interrupção na eletricidade. Com as ferramentas que tinham, conseguiram abrir as portas entre andares, se livrar dos cabos e sair a tempo.

Sair a tempo para ver e perceber que hordas de pessoas estavam correndo da fumaça e que nada (alarmes, sinalização) estava funcionando. Robert guiou muitas pessoas até as escadas de incêndio, mas mesmo elas estavam emperradas e cheias de fumaça, porque tudo estava fodido. Quem quer que tenha planejado aquilo, Al-Qaeda ou Al-Bush, o fez para maximizar a perda de vidas.

Robert desceu correndo por 76 andares, tropeçando em inúmeros corpos no caminho. Deve ter sido um episódio dantesco, sobre o qual ele ainda não se sente confortável para falar. Os círculos do inferno.

Fomos unidos por esse inferno. Ele perdeu todo mundo. Mas nos encontramos via Tereza, que lia minha coluna, e através dele mesmo, Robert, que vira tantas de minhas produções e queria falar sobre elas. Eu não queria.

Um dia, na casa deles em Park Slope, ela assou um fantástico porco com farofa. As crianças vieram, pegaram sua comida e partiram, e o schnauzer barulhento continuou a latir.

Foi assim durante anos. Eu me encontrava com Tereza na Cozy, na esquina da 13th com a Broadway, e, um dia, ela se queixou de uma dor na perna. Tereza foi parte importante da base nova-iorquina que me apoiou durante o episódio de "mostrar a bunda", fazendo aparições em meu benefício, reunindo petições, e assim por diante. Foram ela, Philip e Auster (seu vizinho em Garfield) que engajaram alguns VIPs em NYC. Até mesmo o promotor Morgenthau, se não me engano. Ela foi uma apoiadora fervorosa.

Quando o caso (ou eu) apareceu na primeira página do *New York Times*, ela tomou aquilo como vitória pessoal, e eu me lembro de ouvir sua voz ao telefone, do Brasil (onde eu estava):

— VENCEMOS! Nós VENCEMOS!

Eu tivera de ir ao Brasil para dirigir Marco Nanini e Fabiana Gugli na peça que eu escrevera para ele, *Um circo de rins e fígados*. Ela queria ir também, a qualquer custo. Mas, por razões desconhecidas, não foi. Era um mistério.

Eu voltava para Nova York a cada duas semanas, porque, basicamente, nunca consegui ficar longe daqui. Como sempre, telefonava para eles.

Daquela vez, em novembro de 2004, Robert atendeu o telefone:

— Gerald, precisamos conversar.

Congelei. Aquele sentimento estranho que se tem quando os serviços de emergência acorrem à cena de um crime...

Não consigo me lembrar onde nos encontramos, mas nos encontramos.

Eu estava morando em Manhattan novamente, tendo deixado Williamsburg em 2002 para viver em Londres como exilado de Bush, logo depois de minha fracassada tentativa de me tornar intendente do Kampnagel Fabrik, em Hamburgo.

— Gerald, ela não está bem. Eles encontraram câncer em suas pernas e ela...

Devo ter desmaiado antes que ele terminasse a frase.

Tereza e eu éramos um só. Ela pensava e eu dizia. Ela era altamente espiritualizada e podia "ver coisas" através de um velho espírito indígena. Como aquilo poderia estar acontecendo? Fiquei devastado e não tive forças para voltar ao Rio e continuar os ensaios.

Tereza me ligou:

— Você deve ir. Deus quer que você vá, e eu também.

Uma palavra dela bastou, mas ela não queria ser vista.

Viajei com o coração partido e sem senso de humor, sabendo que estaria de volta a NY para o Natal e Ano-Novo.

Telefonei para a casa deles. Sem resposta. Fabiana, que fazia parte da equação, mas não era tão próxima, também ficou surpresa. Sem contato.

Em 3 de janeiro de 2005, telefonei para a Autoridade Portuária em sua nova sede temporária em Nova Jersey e pedi para falar com Robert. Sem sucesso. Enviei inúmeros e-mails, e ele finalmente respondeu: "Oi. Ouça, ainda há alguma esperança. Estamos tentando esse cara alternativo que parece estar fazendo boas coisas, mas o câncer se espalhou por toda parte, e Glorinha (irmã dela) está aqui. Tenho de enterrar minha mãe, que acabou de morrer."

Fiquei pensando em Josh e Max, os dois filhos adotivos, que já eram bastante problemáticos. O que seria deles?

Estava na hora de eu embarcar naquele avião da Japan Airlines de volta para o Brasil e retomar os ensaios.

Eu ligava para Tereza de tempos em tempos e notava alguma melhora em sua voz; tinha uma incrível sensação de alívio.

Finalmente estreamos *O circo de rins e fígados*, em março de 2005, em São Paulo.

A peça foi um sucesso sem precedentes em minha carreira. Eu queria que Tereza soubesse. Telefonei. Sem resposta.

A peça só era exibida nos fins de semana. Nanini tinha gravações na TV durante a semana e, assim, eu pegava o último avião para Nova York na noite de domingo, por volta da meia-noite.

Ao chegar ao JFK, liguei para o celular de Robert do avião, antes mesmo de chegar ao portão.

— Ouça, Gerry, ela não queria que você soubesse, mas não conseguia mais suportar a dor. Nem a morfina ajudava mais... Ela faleceu há algumas horas.

Saí do aeroporto Kennedy e fui direto para a casa deles. O corpo de Tereza acabara de ser removido. Robert, alguns amigos e as crianças estavam sentados na varanda. Eu estava sem palavras e em lágrimas, exatamente como estou agora, escrevendo isto.

Foda-se a vida.

Foda-se!

72

Campo 14, Coreia do Norte

Longe das reais atrocidades do mundo, como o Campo 14, na Coreia do Norte, a Síria, todo o mundo árabe ou um mundo dominado pela pobreza, em que balas voam para a cabeça das pessoas e armas químicas são lançadas em complexos habitacionais indiscriminados, aquilo com que nos preocupamos é: "Quem sou eu e qual minha ambição?" É RIDÍCULO.

FUI CRIADO COM O HOLOCAUSTO NA CABEÇA.

FUI CRIADO OUVINDO HISTÓRIAS SOBRE A CRISE DE 1929, CONTADAS TODOS OS DIAS, a fim de que VALORIZASSE A VIDA, valorizasse o sol, valorizasse as salsichas e a lentilha em meu prato, sabendo muito bem que PODERIA NÃO HAVER NADA NO DIA SEGUINTE.

FODA-SE, CARA!

FODA-SE.

AS PESSOAS NÃO FAZEM IDEIA.

AS PESSOAS NÃO FAZEM ABSOLUTAMENTE NENHUMA IDEIA, NÃO É?

73

Se Deus existe, ele deve ser as letras vivas de George Harrison

Se Deus existe, ele fala por intermédio de George, usando o blues como canal.

"While My Guitar Gently Weeps" e "All Things Must Pass" e — bem, não importa.

Um dia, você liga a TV e alguém morreu. Supõe-se que seja natural. Amigos da pessoa aparecem na câmera, "Nós o amávamos, sempre amaremos", parecendo confusos e atordoados com sua própria existência no planeta, óculos de sol, uma geração chega, outra parte e, dias depois, o assunto é esquecido.

E quanto a nosso ego, que soluça gentilmente, e nosso esforço para mantê-lo vivo e darmos conta e provarmos para nós mesmos e para os outros que podemos e iremos? Uma missão? Um vício? Todos os anteriores? Porque não sabemos fazer nada diferente. Talvez.

E então, quando nos vemos "imortalizados" em livros escritos por nós ou sobre nós, perguntamos: é isso? Era isso? Realmente? Realmente?

Admiro aqueles que conseguem manter amigos.

Mas admiro aqueles que conseguem manter inimigos por mais tempo. Por quê? Acho que não há razão.

É só algo para fazer o tempo passar, como todas as coisas passam e soluçam, com um pouquinho mais de pimenta.

74

Uma criança dividida em dias amorosos

Sendo de baixa estatura, você está mais perto do asfalto e nota a textura criada pelas freadas bruscas dos pneus dos carros e pequenos defeitos, como minúsculos buracos e imperfeições. Você fica simplesmente fascinado pela fragilidade das coisas, todas as coisas, coisas em geral, pela altura dos edifícios, pelo alinhamento dos postes, e todas as luzes, e mesmo as árvores. Sim, a imensidão das coisas o assusta um pouco enquanto você atravessa a rua. Você fica assustado com o universo e com quão grande ele é, quão organizado, e como você pode perder tudo. Mas como? O que é pior, você não tem "como explicar". Você simplesmente sente tudo isso, mas não sabe "como explicar". E quando está prestes a ensaiar uma pergunta, não recebe nenhuma resposta que o satisfaça, e parece que não se sente bem, ou ao menos não tão bem quanto os outros parecem se sentir.

Talvez isso tenha a ver com a palidez ou brancura de sua pele ou com a língua que falam em casa, que faz você se sentir diferente dos outros. Sim, as pessoas passam por você ao atravessarem a rua, e todas parecem alegremente loquazes, cantando e mesmo gritando, às vezes — todas essas coisas às quais você aspira, mas não tem ideia de como nem entende por quê. Então você assimila tudo isso, como se fosse fumaça de Plutão ou algum outro mundo, engole ou inala como se fosse alguma vegetação de

Júpiter. Sim, é claro: você entende cada palavra do que dizem. Mas não consegue uni-las, como pode fazer com sua própria língua, então você ouve, mas parece que essas palavras são entendidas como sons simbólicos de uma música distante, que cria formas em sua mente.

Isso faz algum sentido? Faz? Todos eles parecem saber os passos da dança, a batida, mas você olha para tudo geometricamente e flutua. Sim, eles parecem fraturar ainda mais quem você é com os óculos que colocaram em seu rosto. Não entendem o que você vê. Olham para você e dizem algo em uma língua que você simplesmente não consegue acompanhar. Sim, e os óculos fraturam as imagens do que é visto nesse clima tórrido! Às vezes, frio como gelo, chegando aos ossos. É tudo tão claro que você não consegue ver, tais são a incidência e a intensidade da LUZ, ou TAL é a ESCURIDÃO, de modo que nem mesmo usar o tato ou se apoiar nas paredes ajudaria, dado que todos os ângulos são retos, todos medidos em graus, tudo feito com tal improvável perfeição que...! Você ainda está no meio da rua, tentando atravessá-la e segurando a mão de sua mãe.

Continuando a travessia, você nota um minúsculo pássaro, um minúsculo pássaro morto, já seco, só ossos e penas, provavelmente atropelado por um carro e impresso no asfalto, esmagado no asfalto com as marcas de pneu ainda visíveis. Você sente um frio no estômago, que imagem pavorosa. Um daqueles frios que sobem por sua perna até uma área que você não consegue descrever, mas tudo que sente ao ver aquilo é a necessidade de GRITAR. Não, o que você sente não é normal. É como se o espírito do pássaro estivesse vivo, esperando para pular sobre ou dentro de você. E matá-lo de novo e de novo com uma sensação de terror. O minúsculo rosto seco ainda é reconhecível, e seus olhos estão fixos nos dele. Finalmente, você chega ao outro lado da rua (chegar à calçada é um alívio) e vê uma cena que já viu e que desejava ver novamente, uma cena que o deixa confuso, uma bagunça: pessoas em fila, umas atrás das outras, a fim de comprar doces que estão fora de alcance. Divididas por uma partição de vidro, elas trocam dinheiro pelos doces, que são colocados em sacos de papel por atendentes uniformizadas. Contudo, enquanto olha pela vitrine, você faz uma descoberta incrível! Uma descoberta que o atemoriza terrivelmente.

Você nota uma velha, uma sem-teto, uma mendiga, com o seio de fora e o filho no colo. Você se sente estrangulado, sufocado, excitado e atraído, repugnado... porque percebe que foi capaz de vê-la sem que ela o visse. Ela vive em algum tipo de solilóquio, um monólogo repetitivo e infinito e cheio de anseios, como todas as pessoas loucas riem enquanto estão sentadas nas ruas, na sujeira, em seu próprio fedor, longe de nosso mundo de perfeição. A sujeira formou uma crosta em torno dela, com o filho pendurado no pescoço, e a única coisa que você nota é o seio, o grande seio negro, o mamilo, o filho — da sua idade —, o frio em seu estômago, o conforto de segurar a mão de sua mãe e uma profunda tristeza. Esse pode ter sido o primeiro dia de sua vida em que a tristeza desempenhou tal papel, vindo do mundo externo, sem relação com seus brinquedos, sua sopa de vegetais ou uma reprimenda de seus pais.

Você e sua mãe passam a caminhar mais rapidamente, mas mesmo assim as imagens não desaparecem de sua cabeça. Você tem perguntas, mas não tem como fazê-las. Caminha por mais duas ou três quadras, mas, a partir daquele momento, já não nota a rua e seus detalhes e nada o distrai — nenhuma pessoa, suas expressões, nada. Você subitamente se tornou um introvertido e olha hipnotizado para as mesmas texturas da rua, sem se importar. Tudo em que consegue pensar é na velha com o seio aparente, o mamilo aparente, o filho no colo e o pequeno canto do mundo que ela encontrou para si mesma, bem no meio do cruzamento — onde é invisível e ignorada pelos outros. Bem na porta onde pessoas fazem fila para se encher de gordura, açúcar e creme, ela se senta em uma poça de sujeira, eroticamente ignorada.

E aquele grande seio, aquele seio extraordinário, suculento, enrugado, mas com um mamilo firme e duro! Algo aconteceu com você. Você se tornou uma bola de fogo. Chamar essa sensação de medo seria solapá-la. Chamá-la de repugnância seria subvertê-la. Você se sente cego pelo extraordinário ruído das cartas emocionais sendo jogadas em sua imaginação, e o calor escaldante do sol, o suor e sua solidão. O que tudo aquilo seria em sua solidão? Sua solidão, sim. Não havia dúvida.

Você estava... AMANDO.

75

Nova York, Londres, Rio de Janeiro e Wengen

Sou um orgulhoso patriota. Uau, isso é difícil de pronunciar em inglês. *Proud patriot*. Mas patriota do que e de onde?

Por alguma razão, minha língua fica presa no "p" ou no "tr". Mas o fato é que me sinto muito honrado por viver e ter vivido nas cidades mencionadas.

O tempo me provou que é tolo criar raízes em um país, cidade ou comunidade. Todo mundo está melhor se todo mundo está melhor.

E, se todo mundo está melhor, só há um lugar para onde ir: a melhor terra.

Vencedores são os que conseguem aceitar eventuais derrotas, acho.

É uma honra ter tido a chance de crescer juntamente com as três cidades, enquanto cresciam como humanos, eram derrotadas exatamente como humanos e celebravam suas vitórias ocasionais.

Talvez isso explique meu vício por culturas. Sabem, quando você esteve ausente por um tempo, mas ouve falar de uma nova loja que foi inaugurada, um novo edifício ou restaurante em tal quarteirão, é quase como se uma nova membrana tivesse crescido em você, ou um membro artificial tivesse sido implantado. É isso que as cidades REAIS significam para você, se realmente é parte delas, organicamente, se se importa, se sofre quando elas sofrem e assim por diante.

É esse meu relacionamento com Nova York e, de certo modo, com Londres e com o Rio.

Bem, novamente, quando trabalhei no Marco Zero na própria noite daquele terrível evento, eu podia sentir minha cidade como se ela tivesse perdido as pernas para sempre e também podia sentir aquelas quase 3 mil almas gritando dentro de mim, implorando para que eu as libertasse, de algum modo as libertasse — mas eu não sabia como. Eu mesmo estava preso, caixas sobre caixas e mais caixas, suco de laranja, café e oficiais do corpo de bombeiros e da polícia cobertos de poeira verde e se aproximando para chorar. Contudo, eu já não tinha mais lágrimas. Digamos que tudo começou naquele dia e naquela noite, coberto de poeira humana.

Quando Philip retornou do Brasil para uma Nova York amputada e ainda de muletas — sem pernas, usando frágeis muletas e com sete grandes buracos ainda queimando no centro —, ele me disse:

— Eu nunca gostei daqueles edifícios, de qualquer maneira.

Dizer algo assim um mês e meio depois do evento foi, para dizer o mínimo, uma declaração "criativa". Fiquei zangado na época. Estou zangado agora.

76
A "RETROSPECTIVA" de Steinberg

Edi Botelho, um dos membros mais antigos da Companhia de Ópera Seca no Brasil, telefonou dizendo que a Coleção Aplauso acabara de lançar o livro que ele escrevera a meu respeito, *Gerald Thomas: cidadão do mundo*, o tipo de livro de "realizações".

Estou e estive falando com vocês deste espaço, deste palco, durante tanto tempo agora que, juntamente com minha história de vida em minhas próprias palavras, esse *Cidadão do mundo* e a tentativa de suicídio mais cedo, este parece ser o ano de se despedir da vida.

Artistas vivos não precisam de retrospectivas.

Os mortos precisam.

Assim, no melhor dos casos, isso é estranho!

Lembro muito vividamente de um desenho de Saul Steinberg, um "coelho sentado em uma tartaruga" que ele chamou de "Retrospectiva". O coelho — um dos animais mais rápidos do planeta — está olhando para leste enquanto a tartaruga — um dos mais lentos — se dirige para oeste.

É a vida se despedindo lentamente, rios de sangue e sombras no coração, coração em constante desespero e pânico.

Esse sou eu.

Eu disse que estava aqui para contar minha história e contei.

Os poderosos homens e mulheres que habitam este meu planeta fazem parte de uma estranha organização, uma peça esquisita, um roteiro sem fim. Também fazem parte de uma conspiração global, a minha, uma organização secreta que se estende por todos os continentes e o tem feito durante as últimas seis décadas. Alguns chamam esse grupo de *E, mortos, caminhamos*. Outros o chamam de teatro.

Do que vocês o chamariam? Agora que foram expostos a ele?

"Retrospectiva", de Steinberg, é o último desenho de um de seus livros, *Inspector*, eu acho.

Eu permaneço, como sempre, aqui sozinho, na escuridão e na luz, sem que nada faça sentido e, entretanto — até hoje —, tento entender.

Mas tudo que tenho agora são algumas memórias. Memórias no limiar.

Me deixem contar mais algumas coisas.

Só mais algumas.

O Muro de Berlim — Princesa Diana — John Lennon

A morte de Lennon e Alex Polari

Digamos que tudo começou por toda parte, em todo o mundo, durante seus momentos mais históricos e/ou mais memoráveis.

Vejamos o Muro de Berlim, por exemplo — um muro com o qual cresci, uma vez que meu pai e minha mãe costumavam falar sobre ele. Mais tarde, eu o cruzei de carro, em Checkpoint Charlie, para ver peças no Berliner Ensemble e dirigir por uma Alemanha Oriental horrendamente intimidadora e uma repulsiva Berlim Oriental. Ou de trem, na Bahnhof Friedrichstraße, um lugar lotado, esperando que meu passaporte fosse carimbado, passando por duas fronteiras, com 10 metros de uma lenta inspeção de nada, um moroso nada, um vazio de *O espião que sabia demais* deixado pela Guerra Fria e por um superego chamado Honecker!

O muro é apenas um exemplo.

A morte da princesa Diana é outro. Eu estava em Paris naquele dia, voltando de um castelo na região do Loire, quando ouvi a notícia. Estava prestes a escrever minha primeira coluna para um novo jornal e senti que precisava ver os destroços no túnel. Quando cheguei lá, o Mercedes totalmente destruído estava sendo removido por um caminhão, e eu fiquei 100% convencido de que não tinha sido um acidente.

Ou o dia em que John Lennon morreu. Eu passara toda a tarde de 8 de dezembro de 1980 fotografando um prisioneiro político brasileiro, Alex Polari de Alverga, que eu levara para Nova York, juntamente com a esposa, após sua libertação. A música e as letras de Lennon haviam mantido a esperança de Alex entre as sessões de tortura, confinamento solitário e tratamento desumano. Tudo que ele queria era ser fotografado do lado de fora do Dakota, onde Lennon e Yoko moravam.

Eu estava me mudando de meu loft na 23rd com a Lexington para a Mercer Street, e felizmente tive dois apartamentos durante um período de duas semanas. Assim, naquele dia enregelante, tiramos montes de fotografias, e, depois de uma tarde exaustiva, eu decidi comer alguma coisa (eu já era macrobiótico na época) e os deixei em casa.

Dirigindo para casa, coloquei o rádio no volume máximo. 102.7, WNEW, com Scott Muni. Uma voz sombria interrompeu a programação, quase chorando.

— John Lennon foi baleado. Foi levado para o Lennox Hill Hospital.

Estranhamente, parei o carro e estacionei em frente ao Gramercy Park Hotel, onde supostamente nasci. Simplesmente não conseguia acreditar.

Eu não sabia o que fazer. Não sabia se voltava e contava a Polari, ou se ia para casa. Já não havia telefone no endereço antigo. Continuei em frente.

Ao chegar em casa, dez minutos depois, tentando achar uma vaga de estacionamento, em frente ao clube de jazz Bottom Line, um Scott Muny em lágrimas voltou ao ar e disse:

— John Lennon está morto.

O TEMPO PAROU.

Uma DJ entrou no ar e disse que as pessoas, fãs em geral, já estavam se reunindo em frente ao Dakota, fazendo uma vigília com velas.

Fiz a volta e apanhei Alex e Sonia.

Eles perderam a fala. Eu podia ouvir Alex chorando no banco de trás e quase o ouvi dizer "essa viagem acabou para mim". Por um momento, as coisas ficaram fora de lugar; afinal, um homem que era guerrilheiro confesso, que matara pessoas em nome de uma ideologia e assim por diante, havia desabado porque seu ídolo de vida inteira havia morrido.

Quando chegamos à esquina da Central Park West com a 72nd Street, já havia cerca de quinhentas pessoas reunidas por lá, incapazes de acreditar.

Fabiana Gugli

Kepler, the dog, Terra em trânsito, Queen Liar, Ventriloquist **e tantas outras...**

Estou chegando ao fim de meus dias neste teatro, e, quando a cortina descer, descerei com ela. Tenho a mais surpreendente e abençoada memória entre os humanos, e neste momento ela está em caos. Neste momento, está passando pelo pior tumulto que já vi.

Mas deixo este espetáculo e este palco sagrado que Ellen Stewart, Ruth Escobar e Samuel Beckett me deixaram usar.

Poder e ser capaz de "pensar" o teatro não apenas como arte, mas também como uma filosofia sempre em evolução, bem... isso foi uma bênção, e sou grato por ter tido essa oportunidade. As pessoas me ouviram.

Trabalhei com alguns dos melhores atores e atrizes que os céus já forneceram. Bete Coelho foi uma interlocutora perfeita durante algum tempo. Esqueçamos os nomes famosos que deram corpo a mim e às minhas ideias, que nos representaram e interpretaram tão magnificamente. Sim, Luiz Damasceno foi outro, assim como Maria de Lima. Mas não há nenhuma atriz melhor e mais comovente para a qual escrever, a quem dirigir e com quem viver que Fabi.

Sim, fomos casados durante oito anos. Fizemos mais de dez peças e óperas juntos e vivemos em Londres em 2003, assim como aqui em Nova York, e até hoje eu me pergunto o que me fez deixá-la. Amo Fabi tão enormemente e sinto, em retrospecto, que não a tratei bem ou do modo como ela merecia.

Creiam, ninguém sente essa dor mais profundamente que eu. Talvez ela. Ela é uma palhaça e, como palhaça, é uma das pessoas mais tristes que já cruzaram meu caminho. Acho que, de algum modo, Fabi e eu fomos unidos pela tristeza. Mas isso — obviamente — não diz tudo.

Enquanto estávamos em Londres, ambos presenciamos aquela tomada de poder do chefão das drogas, bem em frente a nossos olhos, nossos narizes (literalmente), no casamento de Hugh.

Não acho que trabalharemos juntos novamente.

Ela agora tem uma linda filha de dois anos e meio. É isso que todas elas fazem comigo. Nanda teve um filho cerca de um ano após o rompimento. Mas eu me sinto tão orgulhoso de ter testemunhado o amadurecimento de Fabi, seu desenvolvimento, até se tornar uma atriz grotescamente deslumbrante e alguém que me apoiou durante períodos muito difíceis de minha vida.

Fabiana permitiu que eu a transformasse em minha musa, e essa musa se tornou uma transformação radical e literal, do tipo "antes e depois", de minha obra... O restante não era nem comigo, nem com ela. Era com os deuses.

Andaimes por todo o palco, que deveriam ser escalados, que deveriam ser observados, que deveriam representar "Em construção"!!! Fabi e eu éramos um projeto em construção e, agora, diante de vocês, peço perdão e grito: OBRIGADO, Fabi. Obrigado.

Obrigado por ser uma parte tão crucial de minha vida. Provavelmente uma das mais cruciais.

Traum und Trauma.

Estranha coincidência? Estranho *hasard*?

Traum und Trauma.

Freud und Freude [Freud e felicidade].

Esse foi um tema recorrente nesta vida e neste espetáculo e, todavia, resume o que Fabi e eu éramos como parceiros de palco e cúmplices na cama.

Vamos lá, Fabi! Deixe que eu leia um pedaço de meu *Manifesto*... Só as linhas de abertura? Sim? Ok?

Ok, não. Acho que não. "Um pedestre atravessando a rua fora da faixa, um 'espaço vazio' cheio de lixo, um asterisco. Estive nele por algum tempo e percebi que gemer e ranger os dentes do berço à sepultura simplesmente não adianta. Assim, tomei uma decisão."

— Transforme o mundo. Acorde cada manhã e mude o mundo — uma voz suave costumava sussurrar em meu ouvido. Já não era Julian. Era Fabi.

Está escuro aqui e não consigo encontrá-la, Fabi.

Cadê você?

Onde você está se escondendo?

Você era o Rembrandt, Fabi, certo? Era você se escondendo atrás do autorretrato do mestre, não era?

Agora, tudo faz sentido.

Nessa escuridão, tudo faz sentido.

Por que você simplesmente não me disse, Fabi?

Por quê?

Porque você é mais sábia e não consegue SUPORTAR a imensa dor da vida, a dor de viver, assim como eu. Assim como eu tampouco consigo suportá-la.

Anjos morrem jovens, Fabi.

Demônios resistem!!!

E não sei onde me encaixo nessa equação.

Mas você, Fabi... Você se encaixa em todas as equações.

E agora, em minha cegueira, nessa escuridão, tudo se encaixa: VOCÊ ERA o garotinho cego em Cornelia Street, não era?

Foi você quem me entregou a flor morta e a nota que dizia "Você está preso..." Foi você, não foi, Fabi? É claro que foi. Você sabia quão preso eu ficaria quando você saísse de minha vida. Quão triste e preso e amarrado, mas, Fabi? Fabi? Por que você não me disse?

É claro, você estava certa novamente.

Você tinha de se disfarçar como garoto árabe porque o que fazemos é TEATRO, não é?

O que fizemos foi o melhor teatro, e agora?

79

O artista é sempre uma "outra pessoa"

Estamos chegando ao fim deste espetáculo, e sou profundamente grato por sua paciência. Agradeço a vocês, e agora deixarei que voltem a seus celulares, a seus perfis do Facebook, do Twitter e do Instagram, e a suas tossidelas, suas vidas nervosas e sua inabilidade para lidar com "a vida como ficção".

Tudo sobre O artista é diferente.

Por quê?

Porque somos "o outro". O artista é sempre outro alguém.

Então, não se preocupem. Não levarei para o lado pessoal. Ataquem, se quiserem. Ataquem! Estou pronto.

O atacado não serei eu. Pode ser alguém — temporariamente — escondido dentro de mim, mas não inteiramente eu.

Serei eternamente grato por sua atenção. Vocês estiveram sentados aqui durante quase um ano e quatro horas, ouvindo meus esforços para contar-lhes sobre minha vida e para tentar incluí-los entre todos esses personagens, reais ou irreais, físicos ou não.

Já não estou morto e, portanto, caminho.

Uau, quantas sirenes! Será que há um incêndio em algum lugar? Realmente não consigo ver nada.

Onde estão as luzes?

Parece que tudo ficou escuro.

Agora sou o garoto cego. Tenho uma flor morta e uma nota na mão. Devo entregá-las a alguém em Bleecker Street, para que esse alguém possa seguir as pistas ou, quem sabe, até mesmo me "desprender".

Eternamente obrigado. Boa noite.

Adeus.

Gerald Thomas

Epílogo

Daniella Visco – Hospital de Interlaken

Urs Allenspach:
— A senhora é a Daniella Visco?
— Sou, sim, sou eu.
— Prazer. Eu sou o doutor Urs Allenspach, o médico lá de Wengen.
— Claro, o Gerald fala muito de você. Vocês são amigos, não é?
— Sim, muito. Olha, ele está bem. Já pode ir para casa. Ah, aqui... Algumas páginas que encontrei soltas juntas com o celular e o óculos todo quebrado e esse casaco todo rasgado... — O médico ri.
— Ele merece uns bons tapas depois disso. E o pior é que ele gosta!
— Haha. Olha, deixo vocês aí. Acho que têm muito a conversar. Dê um beijo nele. Depois eu ligo pro fixo. Ah, diga que... Não, não diga nada.

Daniella:
— Acorda, Gerald.
— Que foi? Eu estava...
— Tava nada. Não tem público nenhum. Você deveria é levar um tapa na cara por dizer tanta besteira. Vamos pra casa. Vem, o táxi está esperando. Chega dessa bobagem.

Sobre o autor

Nascido em 1954, Gerald Thomas tem passado sua vida entre os Estados Unidos, a Inglaterra, o Brasil e a Alemanha. Graduando como leitor de filosofia pela Biblioteca do Museu Britânico em Londres, oficialmente começou sua vida no teatro em 1982, no La MaMa Experimental Theater, de Ellen Stewart.

Tornou-se ilustrador da página Op-Ed do *New York Times* enquanto também ministrava workshops no La MaMa, onde adaptou e dirigiu algumas das primeiras das pesadas e dramáticas prosas de Samuel Beckett.

No começo dos anos 1980, começou a trabalhar com o próprio Beckett, em pessoa, em Paris (depois de uma longa troca de correspondência entre eles por quase dois anos), adaptando novas ficções do autor. Dentre elas, as mais conhecidas são *All Strange Away* e *That Time*, estrelando o legendário fundador do Living Theater, Julian Beck, no seu único papel teatral fora de sua própria companhia, o Living Theater.

Em meados dos anos 1980, envolveu-se com o autor alemão Heiner Müller, dirigindo seus trabalhos nos Estados Unidos e no Brasil, e então começou uma longa parceria com o compositor Philip Glass.

Em 1985, Thomas formou e estabeleceu a Companhia de Ópera Seca, em São Paulo, Brasil. Desde então, ela tem se apresentado em quinze países com retornos anuais. Com a Companhia de Ópera Seca, Thomas escreveu e dirigiu *EletraComCreta*, *Trilogia Kafka*, *CarmemComFiltro*, *MattoGrosso*, *The Flash and Crash Days*, *A trilogia da B.E.S.T.A* e *M.O.R.T.E.*

Em 1987, ingressou no universo da ópera, dirigindo *O navio fantasma*, de Richard Wagner, no Theatro Municipal do Rio de Janeiro, e, logo em seguida, a ópera — em colaboração com Glass — *MattoGrosso*. Foram mais de vinte óperas em seis países, principalmente Alemanha e Áustria, até a remontagem de *Tristão e Isolda* no Rio em 2003, que resultou num processo que repercutiu no mundo inteiro: "Ato indecente", porque Thomas mostrou as nádegas em protesto ao coro nazista que berrava "Judeuzinho, volta para o campo".

Em 2009, Thomas escreveu um manifesto dando "adeus" ao teatro. Mas, logo depois, em Londres, ressurge com a London Dry Opera Company, montando *Throats* e *Gargólios*.

Thomas considera que sua melhor produção tenha sido: *The Flash and Crash Days*, escrita e dirigida para Fernanda Montenegro e Fernanda Torres (1991); *The Ventriloquist*, escrita e dirigida para a Companhia de Ópera Seca (2000); *Um circo de rins e fígados*, escrita e dirigida para Marco Nanini (2005); e a ópera *Moses und Aron*, de Arnold Schönberg, montada na ópera de Graz, Áustria, em 1998.

Índice onomástico

A Brief Interruption of Hell, de Gerald Thomas, 190, 193,
A conferência dos pássaros, de Farid ud--Din Attar, 223,
A gaivota, de Anton Tchecov, 151
A Glorious Accident, de Wim Kayzer, 262
A tênue linha da morte, de Errol Morris, 138
A vida de Brian, de Monty Python, 93
Abbie Hoffman, 100, 237
Adolf Hitler, 160, 164, 207, 232, 235, 284, 285
Ahead of the Game, de Calvin Tomkins, 300
Al Pacino, 72, 322
Alain Coblence, 170-172, 176, 177, 178, 248
Alan Riding, 222
Alan Schneider, 42, 65, 67
Alastair Campbell, 320
Alban Berg, 177
Albert Einstein, 262, 271
Alberto Guzik, 119
Aldous Huxley, 232
Alex Polari de Alverga, 94, 96, 99, 354, 355
Alexander Calder, 269
Alexander von Humboldt, 216
Alice no País das Maravilhas, de Lewis Carroll, 247
Alisa Solomon, 318
Allen Ginsberg, 115, 128, 222
American Bandstand, com Dick Clark (programa de TV), 76
Amy Winehouse, 185, 186
Andrei Serban, 72, 108, 198
Andrew Kner, 240
Andy Warhol, 43, 84, 164, 217, 265, 268, 269, 314
Annabel Drower, 213
Annie Sprinkle, 100
Anthony Bourdain, 276
Anton Webern, 177
Antoni Gaudí, 269
Antonin Artaud, 15, 215, 283

Antonin Scalia, 235
Antônio Hernandez, 150
Antonio Manuel, 117
António Salazar, 207
Arnaldo Bloch, 285
Arnold J. Toynbee, 34
Arnold Schönberg, 35, 166, 175, 177, 197, 198, 268, 310
Arnold Schwarzenegger, 259, 272
Arranhando a superfície, de Gerald Thomas, 204, 241
Arthur Koestler, 80
Arturo Tamayo, 167, 198
Assim falou Zaratustra, de Friedrich Nietzsche, 35
Astor Piazzolla, 310
August Strindberg, 205
Auguste Rodin, 269
Augusto de Campos, 115, 118
Augusto Pinochet, 207

Babylon, de Detlef Heusinger, 192
Banksy, 299
Barack Obama, 51, 102, 242, 325, 326
BBC World Service (programa de rádio), 45
Beat Furrer, 143
Bernard Levin, 80, 145
Bernard Madoff, 249
Bernd Krispin, 196, 197
Bertolt Brecht, 81, 250
　Coriolanus, 250
　Mãe coragem e seus filhos, 151
Bete Coelho, 106, 113, 118, 130, 223, 257, 357
Beyoncé, 229

Bill Cosby, 259
Bill Raymond, 100, 109, 250, 251, 317
Blaise Pascal, 80
Bob Dylan, 115, 188, 237, 302, 304
Bob Fosse, 78
Bob Jones, 138
Bob Wilson, 72, 103, 176, 249,
Book, de Gerald Thomas, 168, 169
Burn Notice (série de TV), 225

Cacá Diegues, 84
Caetano Veloso, 84, 99, 110, 118, 282, 284
Calderón de la Barca, 81, 269
Camila Morgado, 257
Candy Jernigan, 137, 139, 188
Cara de Cavalo (Manoel Moreira), 85, 280
Carl Jung, 122
Carlinhos do Pandeiro, 85
Carlos Castaneda 115
Carlos Fuentes, 241
Carlos Leonam, 85
Carlos Rangel, 94
Carlos Vergara, 83
CarmemComFiltro, de Gerald Thomas, 118, 138, 142, 148, 366
Carmen Miranda 84
Carrie Fisher, 188
Carruagens de fogo, de Hugh Hudson, 322
Cartola, 85, 86
Celebration Day, de John Paul Jones, 205
Cesária Évora, 228
Charles Darwin, 216, 273
Charles Ludlam, 72

Che Guevara, 94
Chico Buarque, 112, 282
Chief Butterknife, de Gerald Thomas, 180, 190
Christine Acrimonious, 179, 180
Cinco Vezes Comédia, de Hamilton Vaz Pereira, 257
Claudio Abbado, 179
Clement Greenberg, 84
Cleópatra, 165
Cotton Club, de Francis F. Coppola, 135
Cream (banda), 103, 104, 288

Damien Hirst, 45
Daniela Alves Pinto Thomas, 38, 87, 88, 95, 97, 106, 118, 136, 138, 139, 148, 199, 200, 201, 204, 218, 308
Daniella Visco, 143, 275, 326-327, 363
Dante Alighieri, 36, 39, 251
Darcílio Lima, 83
David Chapman, 96
David Letterman, 205
David Miranda, 264
David Sylvester, 324
Décio Pignatari, 115
Deirdre Bair, 73
Denis Diderot, 136
Denise Milan, 112
despertar da Primavera, O, de Frank Wedekind, 63
Detlef Heusinger, 192, 143
Diário de um ladrão, de Jean Genet, 81
Diego Velázquez, 166
Dmitri Shostakovich, 35, 137, 302
Dodi Fayed, 322
Dom Evaristo Arns, 94

Don Johnson, 135
Donald Trump, 238, 264
Doutor Fausto, de Ferruccio Busoni, 165, 168, 190
Dudu Continentino, 95
Dylan Thomas, 128

E, mortos, caminhamos (grupo), 13, 14, 47, 65, 67, 167, 224, 309, 310, 353
Ed Snowden, 264, 316
Edgar Alan Poe, 24
Edi Botelho, 352
Edney Silvestre, 313
Edward R. Murrow, 76, 265
Egberto Gismonti, 299, 304, 309, 310
Eine kleine Nachtmusik, de Mozart, 249
Ela é carioca, de Ruy Castro, 284, 285
EletraComCreta, de Gerald Thomas, 118, 119, 366
Elizabeth Swados, 72
Ellen DeGeneres, 242
Ellen K., 336
Ellen Lilly Renate (Landsberg) Sievers, 105, 112
Ellen Stewart, 62, 63, 66, 69, 73, 108, 112, 129, 131, 141, 178, 196, 251, 357, 365
Elmar Zorn, 210, 328, 330
Émile Zola, 34, 232
Enoch Powell, 281
Entredentes, de Gerald Thomas, 108, 219, 275
Eric Hobsbawm, 34
Erich Honecker, 160, 354
Espaço vazio, de Peter Brook, 56
Eugene Mihaesco, 89, 90
Evel Knievel, 312

Fabiana Gugli, 106, 307, 341, 342, 357, 358
Fábio Sabag, 142
Família Collor de Mello, 259
Fausto, de Goethe, 113, 163-166, 181, 272, 273
Federico Fellini, 268
Fernanda Montenegro, 71, 120, 121, 123, 130, 177, 322, 366
Fernanda Torres, 71, 106, 121-123, 129, 130, 131, 132, 134, 177-179, 257, 285, 358, 366
Fernando Gabeira, 93, 99
Fernando Thomas, 78, 92, 95, 111, 123, 322
Finnegans Wake, de James Joyce, 113, 116, 126, 128, 215, 301
Flávio Zanatta, 96, 97
Francis Bacon, 76, 89, 113, 212, 229, 297, 310, 324
Francis Ford Coppola, 135, 320
Francisco de Goya, 166
Francisco Franco, 164, 207
Frank Lloyd Wright, 168
Frank Rich, 251
Frankfurter Rundschau (jornal), 70, 141
Franz Kafka, 19, 36, 81, 110, 162, 165, 232, 277, 329
   A metamorfose, *19*, *81*, *137*, *138*, *148*
   Na colônia penal, 137
   O processo, 81, 137, 138
   Praga, 138
Fred Neumann, 100, 118, 135, 141, 250
Frederick Buechner, 36
Friedrich Engels, 34
Friedrich Hegel, 34, 80

Friedrich Schiller, 36, 232
Fritz Haberer, 199, 201

Gal Costa, 84
Galileu Galilei, 216
Garrastazu Médici, 207
Georg Solti, 171
George Bartenieff, 70, 71, 118, 135, 141
George Harrison, 102, 103, 345
   "All Things Must Pass", 102, 345
   "Beware of Darkness", 102, 262
George Orwell, 232
George W. Bush, 51, 242, 341
Georges Duthuit, 116
Georges Wolinski, 220
Gerald Thomas: Cidadão do mundo, de Edi Botelho, 352
Gerhard Brunner, 167, 330
Gert Gliewe, 147
Gertrude Stein, 34, 63, 115
Ghost Sonata, de August Strindberg, 338
Gilberto Gil, 84
Gilda Midani, 106, 196, 197
"Gimme Shelter", de The Rolling Stones, 325
Giorgio de Chirico, 89
Giulia Gam, 106
Giuseppe Verdi, 299
"Give Peace a Chance", de John Lennon, 103
Glauber Rocha, 84
Gleiss Wroughter, 53
Glenn Greenwald, 264
Godfrey Reggio, 136, 257
Guernica, de Pablo Picasso, 74, 158, 195, 300

Günther Beelitz, 192, 330
Gustav Mahler, 22, 35, 132

Hajj, de Lee Breuer, 250
Hamilton Vaz Pereira, 257
Hans Aschenbach, 321, 323
Hans Günther Sievers, 114, 116, 199, 202, 235, 299
Harold Bloom, 17, 147
   Shakespeare: A invenção do humano, 17
Haroldo de Campos, 34, 56, 105, 113-116, 118, 119, 277, 278, 289
   Bereshith, 105
   Galáxias, 56, 116
   Graal: retrato de um fauno quando jovem, 113
   PanaROMA de Finnegans Wake, 116
Harry Tzalas, 24, 25
Harvey Fierstein, 72
Heiner Müller, 71, 72, 142, 224, 365
Heinrich Heine, 36
Hélio Oiticica, 38, 77, 78, 83-86, 102, 114, 115, 117-119, 143, 266, 280, 281
Henry Kissinger, 241, 261
Henryk Górecki, 177
Herbert von Karajan, 223
Hilaria Frechia, 88
Holm Keller, 143
Honora Ferguson, 250, 317
Howard Thies, 141
Hugh Hudson, 195, 319
Hugo Chávez, 162
Humphrey Bogart, 27

Ian Holm, 320
Ilion Troya, 135
Immanuel Kant, 34, 45, 272
Inspector, de Saul Steinberg, 353
Iramaya Benjamin, 94
Isaac Bashevis Singer, 100
Isaac Karabtchevsky, 132
Isaac Newton, 216
Ivan Serpa, 83, 86
Ivo Meirelles, 86

J. Edgar Hoover, 32, 283
Jacek Strauch, 165
Jack Abbott, 250
Jack Garfein, 67, 252
Jack Kerouac, 115
Jack Lang, 170
Jackson Pollock, 146
Jacó Guinsburg, 118, 261
Jacques Derrida, 34, 147
James Joyce, 34, 62, 113, 115, 128, 146, 166, 215, 232, 288, 289, 301-303
James Mason, 273
James Taylor, 109, 110
Jan Kott, 147
Janet Jackson, 242
Janis Joplin, 185
Jasper Johns, 84, 299, 300
Jean Baudrillard, 147
Jean Genet, 38, 81, 101, 102, 104, 108, 110
Jean Piaget, 112
Jean Pierre Leaud, 254
Jean-Étienne Liotard, 39
Jean-Jacques Rousseau, 55
Jean-Luc Godard, 84
Jean-Michel Basquiat, 21, 100
Jean-Paul Sartre, 86
Jed Wheeler, 138, 176, 178

Jerelle Kraus, 89, 100, 101
Jeremy Irons, 320
Jerome Lyndon, 215
Jerry Rubin, 100, 237
Jerzy Grotowski, 72, 174, 178
Jerzy Kosinski, 115
Jill Drower, 78, 213
Jim Morrison, 185, 237
Jimi Hendrix, 85, 103, 104, 185, 186, 217, 237
Joan Rivers, 155
Joan Wilder, 251, 252
JoAnne Akalaitis, 250
João Paradeiro, 314
Joseph (Joe) Papp, 110, 250, 317
Joe Strand, 100, 101
Johann Sebastian Bach, 137, 208, 299, 302-306, 309, 310
Johann Wolfgang von Goethe, 34, 36, 113, 163, 165-167, 190, 232, 270
Johannes Brahms, 49
John Cage, 84, 271
John Cassavetes, 243
John F. Kennedy, 217
John Fante, 271
John Jessurun, 68
John Lennon, 96, 97, 99, 100, 103, 354, 355
John Lithgow, 243
John Paul Jones 203, 205, 338
Jorge Luis Borges, 22, 24, 36, 136, 232
Jorge Rafael Videla, 207
Josef Albers, 229
Josef Stalin, 160, 164, 207
Joseph Conrad, 36
Joseph Goebbels, 285

Joseph McCarthy, 283
Judith Malina, 70, 135, 141, 243, 244, 318
Judy Garland, 239
Julian Assange, 316
Julian Beck, 63, 70, 71 117, 118, 135, 141, 142, 184, 222, 247, 328, 359, 365
Júlio Bressane, 84
Julio Cortázar, 257
Justin Brown, 171, 175, 176, 179

Karl Marx, 34, 80, 83, 232
   Das Kapital, 47
Kenneth Anger, 84
Klaus-Peter Kehr, 212, 330
Koyaanisqatsi, de Godfrey Reggio, 256, 257
Krzysztof Penderecki, 177
Kurt Cobain, 217, 229
Kurt Weill, 268

Lance Armstrong, 259
LB Dallas, 250, 317
Led Zeppelin, 204, 325, 336-338
   "Kashmir", 325
Lee Breuer, 100, 109, 110, 112, 249, 250, 252, 317
Lelio Basso, 257
Leni Riefenstahl, 210
Leonard (Lenny) Easter, 277, 319, 320, 327
Leon Browne, 291
Leon Cakoff, 322
Leonardo da Vinci, 119, 310
Let the Artists Die, de Tadeusz Kantor, 103
Lindsay Kemp, 81, 103, 104

Lisa Giobbi, 106, 107, 143, 319, 322
Liszt Vieira, 93
Lou Reed, 263-265, 281
Luciano Berio, 170-180, 248
Lucinda Childs, 180
Ludwig van Beethoven, 146, 196, 208, 302
Luigi Nono, 177
Luiz Damasceno, 118, 357
Luiz Schwarcz, 286
Lygia Pape, 117

M.O.R.T.E (*Movimentos Obsessivos e Redundantes para Tanta Estética*), de Gerald Thomas, 119, 174, 178, 366
Mabou Mines, 88, 100, 108, 109, 249-251, 317
Macksen Luiz, 147
Manifesto, de Gerald Thomas, 184, 204, 304, 359
Mao Tsé-Tung, 216
Marcel Breuer, 249
Marcel Duchamp, 15, 84, 88, 93, 103, 116, 146, 266, 271, 283, 299, 300, 304, 310
Marcel Marceau, 312
Marco Nanini, 314, 341, 342, 366
Margot Fonteyn, 256, 258
Maria de Lima, 357
Marilyn Monroe, 164, 217
Mario Cesar Carvalho, 119
Mário de Andrade, 116
Marion Strecker, 322
Marisa Alvarez Lima, 85
Mark Rothko, 310
Marlon Brando, 250

Martin Ennals, 92
Martin Luther King, 125, 157, 165, 182, 237
Marty Fox, 137
Matt Mattox, 78
MattoGrosso, de Gerald Thomas, 140, 141, 148, 188, 330, 366
Maurizia Settembri, 178
Max Bense, 116
Max Brod, 277
Max Ernst, 116
Max Frisch, 62
Merce Cunningham, 84
Message in a Bottle, de Sting, 304
Miami Vice, de Don Johnson, 135
Michael Blanco, 67, 75, 76, 79, 96, 100, 106, 114, 120, 154, 167, 171, 175, 176, 179, 192, 273, 312-314, 316
Michael Galasso, 136
Michael Riesman, 148
Michel Foucault, 147
Michel Guy, 73
Michelangelo, 166, 299, 306, 310
Michelle DiBucci, 143
Michio Kushi, 96, 97
Mick Jagger, 103, 143, 329
Miguel Arraes, 93
Mike Wallace, 265
Mileny (filha de Gerald Thomas), 322, 333
Miley Cyrus, 289
Milton Glaser, 239
Mira Trailovic, 141
Missa, de Leos Janacek, 304
Miúcha Buarque, 112
Monique Gardenberg, 106, 140

Moses Und Aron, de Arnold Schönberg, 166, 181, 197, 198, 366
Muhammad Ali, 20, 229, 234, 236, 237
Murphy Brown, 242

Naná Vasconcelos, 110, 250
Neil Armstrong, 211
Nelson Cavaquinho, 86
Nelson Mandela, 207, 226, 227, 302
Nelson Rodrigues Filho, 94
Ney Latorraca, 326, 327
Nicolae Ceausescu, 72, 164
Nikita Kruchev, 160
Nise da Silveira, 84
No ventre da besta: cartas da prisão, de Jack Abbott, 250
Norma Jeane, 217
Norman Mailer, 128, 250
Nossa Senhora das Flores, de Jean Genet, 81
  produção de Lindsay Kemp, 104
Nowhere Man, de Gerald Thomas, 37, 180, 190, 251, 272

O balcão, de Jean Genet, 101, 102, 108
O cão andaluz, de Gerald Thomas, 196
O dorminhoco, de Woody Allen, 222
O espião que sabia demais, de John Le Carré, 32, 187, 354
O outro e eu, de G. Thomas e D. Thomas, 136
O outro, Jorge Luis Borges, 136
O rapto do serralho, de Mozart, 174, 176
O.J. Simpson, 259
Oliver Twist, de Charles Dickens, 320
Olodum, 188

Omar Sharif, 289
Oprah Winfrey, 129, 259
Os cantos, de Ezra Pound, 113
Oscar Niemeyer, 332
Oswald de Andrade, 116
Ovídio, 56

Pablo Picasso, 20, 74, 89, 158, 166, 195, 271, 297, 300, 310
Papa Doc Duvalier (François Duvallier), 207
Papa Francisco, 321, 322
Parts Unknown, de Anthony Bourdain, 276
Paul Bowles, 222
Paul Keeler, 213
Paul Simon, 188, 302
Paula Landsberg Thomas, 104
Paulinho da Viola, 85
Paulo Francis, 145
Pedra Canga, de Tereza Albues, 339
Pedro Almodóvar, 99, 110
Perseu e Andrômeda, de Salvatore Sciarrino, 174
Peter Benenson, 92
Peter Brook, 45, 56, 59, 63, 73, 252, 309
Peter Iden, 70, 141, 142, 147
Peter Kent, 78, 162
Philip Agee, 93
Philip Glass, 15, 72, 114, 133, 136-139, 148-151, 170, 188, 189, 249, 256, 257, 281, 289, 302, 304, 310, 317, 318, 330, 340, 351, 365
  Akhnaten, 138
  "Einstein on the Beach", 136, 172, 179
  Powaqqatsi (trilha sonora), 137

"The Light", 140
The Photographer, 136
Philip Seymour Hoffman, 318
Philippe Petit, 100, 312
Pierre Boulez, 170
Pina Bausch, 103, 104, 329
Pol Pot, 164, 207
Prelúdio a Morte em Veneza, de Lee Breuer, 112, 249
Princesa Diana, 50, 322, 354

Quartett, de Heiner Müller, 71, 136, 190
Quatro vezes Beckett, de Gerald Thomas, 142

Raul Julia, 27, 100, 243, 244, 252
Rembrandt van Rijn, 158, 183-185, 203, 204, 299, 306, 310, 359
René Descartes, 34, 80, 93, 165, 303
Renzo Rossi, 94
Réquiem, de Gabriel Fauré, 304
Revolução, de Hugh Hudson, 322
Richard Foreman, 249, 252
Richard Nixon, 125, 182, 237, 259
Richard Wagner, 35, 36, 113, 114, 137, 145, 148, 166, 175, 178, 190, 208-212, 302, 308, 366
  O holandês voador, 132, 209
  "Liebestod" (*Tristão e Isolda*), 35
  Tristão e Isolda, 35, 113, 114, 145, 211, 307, 308, 321, 366
Ridley Scott, 320
Robert de Niro, 72
Robert Eisenstat, 339
Robert Langdon-Lloyd, 59, 60, 252
Robert Rauschenberg, 84, 299, 300
Robert Shaw, 139
Robert Wilson, 72, 103, 108, 176, 249
Robin Williams, 155, 219, 318
Rogério Sganzerla, 84
Roget Blin, 43
Roland Barthes, 34, 147
Ronald Hayman, 81
Ronald Reagan, 241
Rosemarie Schneider, 329
Rubens Gerchman, 83
Rupert Murdoch, 259
Rupert Sheldrake, 262
Ruth Escobar, 38, 63, 101, 102, 108-112, 118, 224, 249, 322, 357
Ruth Maleczech, 317, 318
Ruy Ohtake, 110
Ryan Cutrona, 59, 239, 251, 252

Saints and Clowns, de Gerald Thomas, 122
Samuel Beckett, 23, 39, 42, 43, 45, 57, 59, 63, 65-68, 71-73, 81, 87, 88, 113, 114, 116, 118, 135, 136, 141, 144-146, 166, 168, 170, 174, 178, 212, 215, 224, 229, 245, 249, 251, 252, 256, 261-263, 278, 300, 303, 304, 314, 323, 357, 365
  All Strange Away, 59, 68, 137, 202, 213, 239, 240, 251, 252, 261, 365
  Companhia, 23
  Dias (in)felizes, 278
  Esperando Godot, 39, 43, 174, 278, 314, 315
  Fim de partida, 145, 278
  Malone morre, 73
  Molloy, 114
  O despovoador, 88

That Time, 135, 365
The Lost Ones, 167, 245
Samuel Cunard, 271
Saul Steinberg, 15, 38, 39, 87, 88-90, 105, 283, 310, 352, 353
Scott Muni, 97, 355
Seán MacBride, 92
Sérgio Britto, 118, 136, 142
Sérgio Mamberti, 142
Sérgio Vieira de Mello, 271
Sergio Zelis, 154
Seymour Chwast, 239, 240
Shirley MacLaine, 109
Sigmund Freud, 217, 219, 307, 308, 329, 359
Silvia Pasello, 106, 131, 132
"Sinfonia n. 2", de Gustav Mahler, 22
Slobodan Milošević, 164, 207
"Sonata ao luar", de Beethoven, 195
Sonho de uma noite de verão, produção de Peter Brook, 45, 59, 252
Sonia Polari, 96
Stefan Zweig, 214, 216, 229
Stéphane Mallarmé, 34
Stephen Hawking, 153
Stephen Toulmin, 262
Steve Biko, 227
Steven Berkoff, 81
Steven Keats, 100, 317
Steven Spielberg, 135
Sting, 268, 304, 320
Stokes Howell, 137, 318
Survivor (programa de TV), 30
Susan Sontag, 116, 133, 136, 146, 224
Sydney Smirke, 80

Tadeusz Kantor, 103, 104, 119, 171, 176
Tania Nomura, 105
Ted Kennedy, 259
Tennessee Williams, 251
Tereza Albues, 339-343
Terry Fonville, 131, 133, 134
The Beatles, 37, 102
   "Nowhere Man", 37
   "While My Guitar Gently Weeps", 102, 345
The Bride and the Bachelors, de Calvin Tomkins, 300
The Bride Stripped Bare by Her Bachelors, Even, ou *The Large Glass*, de Marcel Duchamp, 93, 300
The Celebrity Apprentice, de Donald Trump (programa de TV), 264
The Flash and Crash Days, de Gerald Thomas, 71, 121, 122, 130, 177, 366
The Golem, de H. Leivick, 252
The Gospel at Colonus, de Lee Breuer, 250
The Incredible Orlando (Jack Birkett), 104
The Making of Americans, de Gertrude Stein, 63
The Rhythm of the Saints, de Paul Simon, 188
The Said Eyes of Karlheinz Öhl, de Gerald Thomas, 146
The Tempest, direção de Lee Breuer e produção de Gerald Thomas, 252
The Tempest in the Park, de Joe Papp, 110, 317
The Voice of America (programa de rádio), 45

The Woosters Group, 249
Theodor W. Adorno, 34, 147, 315
Thomas Hammarberg, 92
Thomas Hudson, 288, 320
Throats, de Gerald Thomas, 184, 366
Thurgood Marshall, 237
Timothy (Tim) Leary, 245, 247
Tio Vânia, de Anton Tchecov, 146
Today is my Birthday, de Tadeusz Kantor, 103
Tom Walker, 135
Tom Wolfe, 19
Tom Zé, 110
Tônia Carrero, 136
Tony Blair, 51
Trilogia Kafka, de Gerald Thomas, 81, 110, 118, 131, 137, 148, 150, 328, 366
Tristan Tzara, 116
True Lies, de James Cameron, 297
Tunga (Antônio José de Barros Carvalho e Mello Mourão), 147

Um circo de rins e fígados, de Gerald Thomas, 314, 341, 342, 366
Um encenador de si mesmo: Gerald Thomas, de Silvia Fernandes e Jacob Guinsburg, 119
Umberto Eco, 115
Urs Allenspach, 221, 363

Ventriloquist, de Gerald Thomas, 285, 357, 366

Vincent Van Gogh, 146, 152, 184
Victor Garcia, 63, 81, 101-103, 108

Wagner Pinto, 118
Walter Benjamin, 216, 229
Walter Cronkite, 76, 265
Waly Salomão, 117
Warren Hoge, 31, 32, 294
Warrior Ant, de Lee Breuer, 250
Wie Wirklich ist die Wirklichkeit, de Peter Iden, 70, 142
William S. Burroughs, 115, 222
William Shakespeare, 12, 27, 100, 122, 123, 259
  A tempestade, 100
  Hamlet, 117, 122, 123
Wolfgang Wagner, 210, 212
Woody Allen, 222

Xuxa, 277

Yasser Arafat, 241
Yehudi Menuhin, 49
Yoko Ono, 96, 355
Yukio Mishima, 229

Zaide, de Mozart, 170, 171, 174-176, 179, 180, 181
Ziraldo, 85, 88, 96, 139, 202, 285, 322

Este livro foi composto na tipologia Minion
Pro Regular, em corpo 11/16, e impresso em
papel off-white no Sistema Cameron da
Divisão Gráfica da Distribuidora Record.